Irmhild Müller-Wiegand
Zeigt mir, was Ihr könnt!

Irmhild Müller-Wiegand

Zeigt mir, was Ihr könnt!
Punks in der Jugendarbeit.
Praxisbeispiele aus Großbritannien
und der Bundesrepublik

Leske + Budrich, Opladen 1998

Gedruckt auf säurefreiem und altersbeständigem Papier.

ISBN 3-8100-2158-X

© 1998 Leske + Budrich, Opladen

Das Werk einschließlich aller seiner Teile ist urheberrechtlich geschützt. Jede Verwertung außerhalb der engen Grenzen des Urheberrechtsgesetzes ist ohne Zustimmung des Verlages unzulässig und strafbar. Das gilt insbesondere für Vervielfältigungen, Übersetzungen, Mikroverfilmungen und die Einspeicherung und Verarbeitung in elektronischen Systemen.

Druck: Druck Partner Rübelmann, Hemsbach
Printed in Germany

Für Marita, die mir seit unserer frühsten Jugend das Geschenk macht, meine 'beste' Freundin zu sein.

Ich danke ganz besonders folgenden Kolleginnen und Kollegen, die mir in zum Teil langen und intensiven Gesprächen zur Verfügung standen und ohne die diese vorliegende Arbeit so nicht möglich gewesen wäre:

Bettina Licht,	Sozialpädagogin und Diplom-Pädagogin, langjährige Mitarbeiterin im Punker-Projekt Fulda
Michael Bolz,	Student des Sozialwesen, langjähriger Mitarbeiter im Punker-Projekt Fulda
Frank Pawlowski,	Student des Sozialwesen, Mitleiter des Jugendaustauschs
Bruce Senior,	youth-worker in Bristol
Yvonne Edwards,	youth- and community-worker in Knowle-West, Bristol
Dan Lloyd,	Grants-officer beim Bristol City Council
John Nation,	youth-worker im youth-centre Barton Hill, Bristol
Tracy Pike,	youth-worker im Cyrenian Day Centre in St. Judes, Bristol
Dr. phil. Mick Woodcock,	Mitarbeiter bei Self Help Housing Association in St. Pauls, Bristol
Pippa Adamson,	youth- and housing-worker and coordinator bei East Bristol youth housing, Easton, Bristol
Pedro Conner,	youth officer beim Education Department im City Council in Sheffield
Martin Williamson,	Streetworker in Sheffield
Jim Kenny,	Mitarbeiter im Roundabout Nightshelter in Sheffield
Christine Holt,	youth-worker in Sheffield
Dr. Bernard Davies,	Sozialwissenschaftler, Mitarbeiter im 'Training, Development and Research Ressource Centre' in Sheffield
David Campbell,	senior field worker in Sheffield
Andrea Booth,	administration-worker beim Department of Education, youth-service in Sheffield
Rick Williams,	youth-worker in Manchester
David Bradley,	principal senior youth officer im City Council in Manchester
Tony Walker,	part-time youth-worker in Manchester
Pierre West,	youth-worker in Manchester
Elizabeth Holland,	part-time youth-worker in Manchester
Doris Westphal,	Diplom-Pädagogin und Mitarbeiterin im Projekt Frankfurt
Andreas Kämper,	Diplom-Soziologe, Stadtverwaltung Bielefeld
Lutger Böwing,	Sozialarbeiter im Punker-Pavillion in Bielefeld
Michaela Palm,	Sozialarbeiterin im Punker-Pavillion in Bielefeld
Charlotte Branding,	Sozialarbeiterin im Punker-Pavillion in Bielefeld

Inhalt

Inhalt	7
Vorwort	11
Einleitung	13
1. Punks und Jugendhilfe -	
Auseinandersetzung mit dem Forschungsstand	19
1.1 Methodologie - Darstellung der Untersuchungsmethode	25
1.2 Zur Veränderung der Lebenslagen von Jugendlichen -	
Jugend im Wandel	30
1.3 Zur Relevanz jugendkultureller Gruppen	33
1.3.1 Zur Funktion von jugend(sub)kulturellen Gruppen	36
1.3.2 Zur Typologie jugendkultureller Gruppen	38
1.4 Die Bedeutung von 'Raum' für Jugendliche - am Beispiel	
sozialräumlicher Aneignung öffentlicher Plätze	39
1.5 Historische Perspektive: Zur Entstehung und Entwicklung	
der Jugendkultur der Punks	44
1.6 Zur Lebenswelt von Punks zu Beginn der 90er Jahre -	
Veränderungen und deren Ursachen	49
1.6.1 Zur Rolle der Mädchen und jungen Frauen	
in der Punker-Szene	53
2. Lebensweltanalyse und aktuelle Problemlagen -	
Zur Lebenswelt von Punks in der Bundesrepublik	57
2.1 Armut bei Jugendlichen und Punks	57
2.2 Obdachlosigkeit und Wohnungsnot von Jugendlichen	
und Punks	60
2.3 Jugendarbeitslosigkeit und Arbeitslosigkeit von Punks	64

3. Zur Lebenswelt von Punks in Großbritannien 69

3.1 Die Jugendkultur der Punks heute 69
3.2 Allgemeine wirtschaftliche und sozialpolitische Situation in Großbritannien 71
3.3 Lebensweltanalyse und aktuelle Problemlagen von Punks in Großbritannien 73
   3.3.1 Armut bei Jugendlichen 73
   3.3.2 Obdachlosigkeit und Wohnungsnot 75
   3.3.3 Jugendarbeitslosigkeit 76
3.4 Allgemeine Ausführungen zur Jugendhilfe in Großbritannien 80

4. Projektansätze und Maßnahmen für Punks in Großbritannien 83

4.1 Finanzierung von Jugendhilfe-Maßnahmen am Beispiel Bristol 83
4.2 Projekte und Einrichtungen in Bristol 86
   4.2.1 Vorbemerkungen zu Bristol 86
   4.2.2 'Self Help Community Housing Association' - Wohnraumvermittlung 87
   4.2.3 'Cyrenians' Day Centre' - niedrigschwelliges Drop-In 91
4.3 Projekte und Maßnahmen in Sheffield 96
   4.3.1 Vorbemerkungen 96
   4.3.2 'Roundabout-Nigtshelter' - Emergency Sleep-In 98
   4.3.3 Streetwork in Sheffield - Gespräch mit einem Streetworker 99
   4.3.4 Gespräch mit dem Sozialwissenschaftler Bernard Davies 102
   4.3.5 Interview mit Christine Holt, langjährige Jugendarbeiterin 103
4.4 Projekte und Maßnahmen in Manchester 105
   4.4.1 Vorbemerkungen 105
   4.4.2 Jugendaustausch mit Punks aus Manchester und Fulda 106

5. Projekte mit Punks in der Bundesrepublik 114

5.1 Projekt Frankfurt/Main 115
   5.1.1 Vorbemerkungen zu Frankfurt/Main 115
   5.1.2 'Verein für soziale Arbeit im Stadtteil' 116
   5.1.3 Erstes Wohnprojekt "Assenheimer Straße" 120
   5.1.4 Wohn- und Arbeitsprojekt "Stoltzestraße" 123
   5.1.5 Arbeitsprojekt "Rütteln und Poltern" 126
5.2 Projekt Bielefeld 128
   5.2.1 Vorbemerkungen 128

5.2.2 Analyse von Presseartikeln als Beispiel öffentlicher Berichterstattung von Vorgängen um die Punks	129
5.2.3 'Punker-Pavillion Bielefeld'	134
5.3 Projekt Fulda	137
5.3.1 Vorbemerkungen	137
5.3.2 Die Einrichtung der Arbeiterwohlfahrt	138
5.3.3 Projekt "Wohnen, Arbeiten und Leben von Punks in der Provinz"	138
5.3.4 Bereich Wohnen - begleitete Wohngemeinschaften	144
5.3.5 Tagescafé	147
5.3.6 Fahrradwerkstatt/Renovierung	150
6. Darstellung der Untersuchungsergebnisse	**157**
6.1 Einschätzung der Effizienz aus der Sicht der Befragten	157
6.1.1 Streetwork	157
6.1.2 Drop-In-Centren/Tagestreff	159
6.1.3 Bereich Wohnen	161
6.1.4 Arbeitsprojekte und -initiativen/Aktivitäten	164
6.1.5 Jugendaustausch mit Punks aus Manchester und Fulda	165
7. Darstellung und Diskussion der Untersuchungsergebnisse	**169**
7.1 Eigene Einschätzung der Effizienz	169
7.1.1 Streetwork	169
7.1.2 Drop-In-Centren/Tagestreff	171
7.1.3 Bereich Wohnen	173
7.1.4 Arbeitsprojekte und -initiativen/Aktivitäten	179
7.1.5 Jugendaustausch mit Punks aus Manchester und Fulda	183
7.1.6 Zum Selbstverständnis der Mitarbeiter und Mitarbeiterinnen	186
7.2 Reflexion der Ergebnisse entlang meiner Arbeitshypothesen und Fragestellungen	191
7.3 Schlußfolgerungen für eine zielgruppenadäquate Jugendhilfe mit Punks	200
7.3.1 Streetwork und Drop-In-Centren als bewährte Ansätze in der Jugendhilfe mit Punks	200
7.3.2 Aufgaben, Möglichkeiten und Grenzen der Jugendhilfe	208
Zusammenfassung	**213**
Literaturverzeichnis	**219**

Vorwort

Die vorliegende Dissertation zu schreiben war eine große Herausforderung und ein Lernprozeß eigener Art für mich.
Zunächst möchte ich meinen Eltern recht herzlich danken, die mich immer vielfältig unterstützt und mich zum Durchhalten ermutigt haben; ohne ihre Hilfe wäre die vorliegende Arbeit nicht möglich geworden.
Der Hans-Böckler-Stiftung danke ich dafür, daß sie mir ein Promotionsstipendium gewährt hat.
Folgenden Personen möchte ich besonders danken:
Meinen wissenschaftlichen Betreuern, Herrn Prof. Dr. Helmut Becker, der zwei Monate vor meinem Abgabetermin überraschend verstorben ist;
Herrn Prof. Dr. Benno Hafeneger, von dem ich in den vergangenen Jahren Wesentliches lernen konnte; beide haben meinen wissenschaftlichen Weg grundlegend geprägt und mich mit kritischen Fragen konstruktiv angespornt und begleitet;
Herrn Prof. Dr. Egon Becker, der sich nach dem Tod meines Doktorvaters trotz großer beruflicher Belastung bereit erklärt hat, die Funktion des Erstgutachters zu übernehmen.
Ich danke Bettina Licht für ihre intensive Hilfestellung, ihre Geduld und für so manche Fachdiskussion, die wir seit mehr als zehn Jahren miteinander führen,
Prof. Dr. Susanne Zeller für ihre beständige Ermutigung und Unterstützung und meinem englischen Fachkollegen Rick Williams für seine treue Zusammenarbeit 'über die Grenzen'.
Meinen Kolleginnen und Kollegen in Bristol, Sheffield und Manchester sowie in Bielefeld, Frankfurt und Fulda danke ich für ihre Bereitschaft, mir in langen Gesprächen meine Fragen zu beantworten.
Ich danke auch Hilmar Sauer, der mich geduldig gelehrt hat, einen Computer zu bedienen.
Dank schulde ich auch meinen engsten Freundinnen und Freunden, die mir besonders in Arbeitskrisen mit so manchen Gesten und Einladungen wieder zum inneren Gleichgewicht verhalfen.

Einleitung

Die Punker gelten als eher expressive und 'anstößige' jugendkulturelle Bewegung und Jugendszene, die vor allem Ende der 70er und in den 80er Jahren durch provozierenden und auffallenden Habitus sowie durch ihr 'zum Bürgerschreck' inszeniertes Äußeres die Gesellschaft schockierten und die "familienorientierte Wohnstuben-Ordnung" (Baacke 1987) übertraten. Meines Erachtens wurde deren eigentliche Intention als 'jugendkulturelle Bewegung' mit ihrer berechtigten Kritik (und deren Ausdrucksformen) an gesellschaftlichen Mißständen und ihrer subjektiven Lebenslage weitgehend verkannt, wozu die mediale und kommerzielle Vermarktung nicht unwesentlich beigetragen hat.

Bis zu den sogenannten 'Chaos-Tagen' im August 1995 in Hannover, als die Punks durch die Berichterstattung der Medien wieder ins öffentliche Bewußtsein rückten, waren die Punks in den letzten Jahren weniger durch spektakuläre Aktionen (wie z.b. Hausbesetzungen oder Konzerte etc.) öffentlich geworden. Noch in den 80er Jahren zogen sie vor allem durch ihr schrilles Äußeres mit ihren bizarren, grell gefärbten Frisuren die Blicke von Passanten in den Innenstädten auf sich.

Mittlerweile scheint sich die öffentliche Wahrnehmung von Punks auf das Geschehen an öffentlichen Plätzen in den Zentren der Innenstädte eingeschränkt zu haben. Sie erregen als subkulturelle Gruppe Aufsehen, werden zum 'Störfall bürgerlicher Alltagsroutinen' und zum öffentlichen Ärgernis für Ladenbesitzer, Anwohner und Passanten (Keppeler 1989, S.16). Ferchhoff/Neubauer skizzieren die Punks zu Beginn der 90er als Subkultur, die sich "in latenter Aggressivität vor den Konsumtempeln in den Fußgängerzonen ihre eigenen Terrains und Areale geschaffen haben" (Ferchhoff/Neubauer 1989, S.101). Diese für mich eingeschränkte und auf die Erscheinungsebene reduzierte Sichtweise wirft die Frage auf, ob das Geschehen an öffentlichen Trefforten die Inszenierung des eigenen kulturellen Lebensgefühls der Punks ausdrückt, oder ob der Aufenthalt hier auch ihre soziale Lebenslage (wie Wohnungsnot, Arbeitslosigkeit) reflektiert und ob möglicherweise von Jugendhilfe zur Verfügung gestellte Treffmöglichkeiten - vor allem auch bei schlechtem Wetter - eine Alternative für die Jugendlichen sein könnten.

Hier läßt sich jedoch problematisieren, ob die Punks ihrerseits überhaupt Zugang zu existierenden Jugendhilfe-Einrichtungen suchen oder dies etwa aus Gründen eigener Autonomiebestrebungen ablehnen. Ebenso muß problematisiert werden, ob Jugendhilfe überhaupt Interventionsberechtigung zugesprochen werden kann und wenn ja, mit welchen Begründungen; denn Jugendkulturen als solche können nicht Gegenstand von Jugendhilfe sein. Vielmehr ist Jugendhilfe dann gefordert zu handeln, wenn Jugendliche durch Notlagen existentiell bedroht sind, sichtbar unversorgt bleiben und durch gesellschaftliche Stigmatisierungsprozesse in eine sozial randständige Position gedrängt werden, wodurch selbstschädigendes Verhalten (etwa exzessiver Alkoholkonsum) und Dissozialität ausgelöst werden kann. Hier sind sozialpolitische Maßnahmen erforderlich, die lebensweltnah auf die komplexen Problemlagen reagieren. Es kann jedoch nicht Intention von Jugendhilfe sein, Punks zum "Objekt sozialer Fürsorge" (May 1986, S.120) zu machen. Es müssen Bedingungen geschaffen werden, die den Jugendlichen solche Erkenntnisse und Erfahrungen ermöglichen, die die vorhandenen eigenen Ressourcen reaktivieren, damit sie selbst Einfluß auf die Gestaltung ihrer Lebenssituation und -lage nehmen können, um weiteres soziales Abgleiten zu verhindern.

Auf dem Hintergrund meiner langjährigen Tätigkeit als Sozialarbeiterin in Jugendprojekten der offenen Jugendarbeit kam ich 1987 auch in Kontakt mit Punks, die die Einrichtung, in der ich beschäftigt war, hin und wieder aufsuchten. In der folgenden Zeit 'eigneten' sich die Punks das bereits damals regelmäßig stattfindende 'Arbeitslosenfrühstück' an, wodurch unser Projekt immer mehr zu einem Treff für die Punks wurde und ein Einblick in die Binnenstruktur und 'Philosophie' der Subkultur der Punks möglich war (ausführliche Kontaktgeschichte in Kap.5.3.).

Aufgrund ihrer wiederholt geäußerten Bedürfnisse (Mittagessen, Wohngemeinschaft, Jobs) entstand die Idee, ein eigenes Projekt für diese Gruppe zu initiieren und eine Konzeptvorlage zu erarbeiten. Bereits bei der Projektkonzipierung sah sich unser Team mit der Tatsache konfrontiert, daß es bis dahin wenig Verwertbares über Jugendhilfeprojekte mit dieser Zielgruppe gab und kaum Erfahrungen aus anderen Städten vorlagen, auf die hätte rekurriert werden können. Ebenso fehlten bundesweit Austauschmöglichkeiten mit Kollegen, die mit Punks in Kontakt waren, so daß wir auf unsere eigenen Sichtweisen und Vorstellungen angewiesen waren. In dem Modellprojekt - gefördert durch das Bundesministerium für Jugend und in Trägerschaft eines freien Wohlfahrtsverbandes - sollten 'neue Wege in der Jugendhilfe erprobt' und die Wirksamkeit von Maßnahmen für die Zielgruppe analysiert werden. Das Projekt wurde im Zeitraum von April 1989 bis Ende 1991 durchgeführt.

Die sich im alltäglichen Kontakt aufgebaute Vertrauensbeziehung und die Akzeptanz meiner Person machte es möglich, daß ich im Rahmen meiner Diplomarbeit (1990) an der Goethe-Universität Frankfurt narrative Interviews mit zehn Punks zu ihrer 'Selbstdefinition und Lebenslage' durchführen konnte. Als wesentliche Ergebnisse ließen sich feststellen, daß die Jugendlichen aufgrund biographischer Brüche in zum Teil prekäre Lebenslagen 'abgerutscht' waren, in der kulturellen Gruppe der Punks ein stützendes Identitätsgefühl und freundschaftliche Beziehungen fanden und das Projekt in den drei konzipierten Teilbereichen Wohngemeinschaft, Tagescafé und Zweirad-Werkstatt/Renovierung als für sie nützlich definierten. Aus den Erfahrungen der skizzierten Ausgangsproblematik bei der Konzepterarbeitung und letztlich des gesamten Projektverlaufs ergab sich mein Interesse für die Wahl meines Themas der vorliegenden Arbeit.

Wie die Darstellung des Forschungsstands in Kap. 1. aufzeigen wird, liegen bislang keine zusammenfassenden Ergebnisse und Erkenntnisse über die Wirksamkeit von Maßnahmen der Jugendhilfe mit Punks vor; auch fehlen Ergebnisse im internationalen Vergleich - hier vor allem aus Großbritannien als Ursprungsland des Punk.

Ich gehe von folgender Annahme aus: Vorhandenes empirisches Wissen in einzelnen Einrichtungen der Jugendhilfe, die mit Punks arbeiten (nicht nur in Modell-, sondern auch in Regeleinrichtungen oder einmalige Maßnahmen) wird - sofern die Projekte oder Maßnahmen nicht wissenschaftlich begleitet werden - nur selten oder gar nicht veröffentlicht. Dadurch gehen wesentliche Alltagserfahrungen und Erkenntnisse der Praxis verloren, sie fehlen dem Transfer für eine weiterführende Theoriebildung und auch als handlungsleitende Orientierungshilfen für die Praxis mit der Zielgruppe.

Auf diesem Hintergrund lassen sich als zentrale Fragestellungen meiner Untersuchung formulieren: Welche Erfahrungen liegen in Einrichtungen der Jugendhilfe über die Wirksamkeit von Maßnahmen mit Punks vor und welche Erkenntnisse und Schlußfolgerungen lassen sich hieraus für eine zielgruppen-angemessene Jugendarbeit mit Punks gewinnen? Daraus ergibt sich die Frage: Welche institutionellen Strukturen und Merkmale - unter Berücksichtigung der Eigenheit der Jugendkultur der Punks - lassen sich als eher positiv-förderlich, aber auch negativ-hinderlich in der Projektarbeit identifizieren? Welches Selbstverständniskonzept der Mitarbeiter liegt ihrer Arbeit zugrunde? Welche Relevanz lassen die Maßnahmen in einer eher kurz- oder langfristig positiven Wirksamkeit für die Punks erkennen?

Mein zentrales Anliegen war, die Mitarbeiter und Mitarbeiterinnen von Einrichtungen selbst zu Wort kommen zu lassen. Der Schwerpunkt der Untersuchung liegt auf deren Perspektive und Beurteilung zur Effizienz von Maßnahmen für Punks. Anhand der skizzierten Fragestellungen leitet sich die Hypothese der Arbeit ab: Auch für Jugendliche aus subkulturellen Milieus, zu denen die Punks gehören, lassen sich im Spektrum der Jugendhilfe unter bestimmten Voraussetzungen und Bedingungen, die es zu entfalten gilt, zielgruppenadäquate und effiziente Maßnahmen durchführen, die zur Verbesserung ihrer Lebenslage beitragen.

Um diese These zu überprüfen, erschien es mir notwendig, in den Jahren von 1991 bis 1994 eine eigene empirische Untersuchung durchzuführen. In jeweils drei Städten Großbritanniens und der Bundesrepublik Deutschland führte ich mit qualitativen Interviews und vorbereiteter Frageleitfäden zahlreiche Gespräche mit Mitarbeitern und Mitarbeiterinnen in ausgewählten Jugendhilfe-Projekten durch, in denen bereits Punks involviert waren. Das methodologische Konzept der Untersuchung, Anmerkungen zur Durchführung und weitere Fragestellungen, die sich aus dem theoretischen Bezugrahmen der Arbeit ableiten, werden im Anschluß an die Auseinandersetzung mit dem Forschungsstand ausführlicher dargestellt.

Die vorliegende Arbeit soll ein Beitrag zur Praxisforschung sein. Sie versucht, durch den Blick auf die vorhandene sozialwissenschaftliche Fachliteratur und aus den Ergebnissen der empirischen Untersuchung einen Beitrag zur Praxisforschung zu liefern, der die Praxis und Wirkung sozialer Arbeit mit der Erforschung von Ursachen und vom Ausmaß sozialer Probleme bei den Jugendlichen verknüpft. Ziel ist weiter, die Einflußbeziehungen von Jugendarbeit, ihre Möglichkeiten und Grenzen im Umgang mit Punks zu bestimmen.

Nach Ferchhoff/Neubauer (1989) ist es auch Aufgabe von Jugendforschung, "die Verhaltensweisen und Lebensformen der Jugendlichen in ihren Selbstzeugnissen, Darstellungen, Interpretationen, Deutungen und Definitionen vorzustellen, ihre eigenen Kommentare, Erklärungsansätze und ihr Selbstbewußtsein ernst zu nehmen und zu verstehen" (S.111); dem kann in der vorliegenden Arbeit nicht entsprochen werden. Dieser Aufgabe bin ich bereits in meiner Diplomarbeit nachgegangen. Eine zusätzliche Analyse der Frage, wie die Punks ihrerseits die Effizienz der Projekte einschätzen, hätte den zeitlichen und arbeitstechnischen Rahmen dieser Untersuchung gesprengt und könnte Aufgabe der weiteren Jugendforschung sein. Ebenso war eine systematische Erfassung aller Einrichtungen in der Bundesrepublik, die mit Punks in Kontakt sind, nicht möglich. Die Bregrenzung auf 'Stichproben' in den ausgewählten Projekten - auch mit Blick auf Großbritannien - basierte auf der Überlegung, daß Ausgangslage, Grundproblematik und -strukturen in anderen Städten und Einrichtungen, in denen auch Punks zu den Adressaten zählen, zumindest Ähnlichkeiten aufweisen.

Als Einführung in das Thema richte ich nach der Auseinandersetzung mit dem Forschungsstand, der Darstellung des methodologischen Konzepts sowie weiterer Fragestellungen der Untersuchung im ersten Kapitel zunächst den Blick auf die Veränderungen in der 'Lebensphase Jugend' heute. Ausführungen über die Relevanz jugendkultureller Gruppen und die sozialräumlichen Aneignungsversuche und deren Bedeutung für Jugendliche folgen. Daran schließt sich skizzenhaft die Geschichte der Punk-Kultur an. Mit der Lebenswelt der Punks zu Beginn der 90er Jahre, mit Veränderungen in deren Lebensalltag und möglichen Ursachen sowie einem Blick auf die

Rolle der Mädchen und Frauen in der Punker-Szene schließt das erste Kapitel ab.

Mit der Darstellung der Problemlagen - als Teil von Lebensweltanalyse - der 'Punks heute' soll im zweiten und dritten Kapitel sowohl für die Bundesrepublik als auch für Großbritannien versucht werden, die Hintergründe für die Verschärfung ihrer Probleme zu untersuchen. Denn bevor vorhandene Praxisansätze in einen Reflexionszusammenhang von Bedarfslage und angemessener Hilfsmöglichkeiten für ein adressatenspezifisches pädagogisches Handeln gestellt werden können, ist es notwendig, zunächst eine Analyse der Problemlagen vorzunehmen. Anmerkungen zur Jugendhilfe in Großbritannien schließen das dritte Kapitel ab.

Den Hauptteil der Arbeit, die Kapitel vier und fünf, stellen meine empirischen Forschungsergebnisse aus Großbritannien und der Bundesrepublik vor, wobei ich zunächst eher deskriptiv die besuchten Jugendprojekte und Maßnahmen in Bristol und Sheffield darstelle, sowie den Jugendaustausch mit Punks aus Manchester und dem Fuldaer Projekt, der sich durch meinen Forschungsaufenthalt entwickelt hat. Vorbemerkungen zu den strukturellen und ökonomischen Gegebenheiten der einzelnen Städte ergänzen jeweils die Ausführungen. In diesen Teil fließen die Darstellungen der Interviews mit einem Streetworker, einem Sozialwissenschaftler und einer Jugendarbeiterin ein, die ich in Großbritannien durchgeführt habe.

Ausführlich wird die Darstellung der Projekte in Frankfurt, Bielefeld und Fulda, da es sich hierbei ausschließlich um Maßnahmen mit Punks handelte.

Nach dieser umfassenden deskriptiven Darstellung werden im sechsten Kapitel die *Untersuchungsergebnisse* vorgestellt, verglichen und diskutiert. Zunächst zeige ich hierbei anhand meiner skizzierten Fragestellungen die Einschätzungen der interviewten Mitarbeiter und Mitarbeiterinnen über die Effizienz von Projektmaßnahmen für Punks aus deren Sicht auf. An diese schließt sich dann meine eigene Einschätzung und Interpretation der Ergebnisse an. Im letzten Abschnitt dieses Kapitel wird auch das Selbstverständniskonzept der Mitarbeiter und Mitarbeiterinnen vorgestellt und diskutiert. Eine kurze Beschreibung von gescheiterten Vorhaben in einzelnen Projekten wird in den Projektdarstellungen aufgezeigt.

Anschließend werden die Arbeitshypothesen und Fragestellungen der Untersuchung entlang der Untersuchungsergebnisse reflektiert und beantwortet.

Im abschließenden siebten Kapitel werde ich auch aufgrund der gewonnenen Ergebnisse Schlußfolgerungen für eine zielgruppenangemessene Jugendhilfe mit Punks vorstellen und exemplarisch die Bereiche 'Streetwork' und 'Drop-In-Centren' als niedrigschwellige Methoden zusammenfassend skizzieren sowie Aufgaben und Grenzen der Jugendhilfe reflektieren.

1. Punks und Jugendhilfe - Auseinandersetzung mit dem Forschungsstand

In der Jugendforschung wird in den letzten Jahren eine Debatte um die 'Krise der Jugendarbeit', den 'Attraktivitätsverlust' und den 'Professionalitäts- und Bedeutungsverlust' der Jugendarbeit - mit dem Hinweis auf fehlenden qualifizierten Nachwuchs - geführt (Böhnisch/Münchmeier 1987; Hafeneger 1990, 1992, 1993; Nörber/Hafeneger 1993; Wendt 1994). Fehlende, auch finanzielle, Anerkennung der Profession Jugendarbeit, unflexible Arbeitszeiten - auch an den Wochenenden, Dauerbelastungen der Mitarbeiter und Mitarbeiterinnen durch erhöhte Anforderungen, Streß, burn-out, begrenzte Perspektiven und Aufstiegsmöglichkeiten - um nur einige Gründe zu nennen - führen dazu, daß in vielen Bereichen der Jugendarbeit offene Stellen nicht (mehr) besetzt werden. Mangelnde Lehrangebote und nicht besetzte Professuren an den Hochschulen verweisen in den Bereichen Jugendhilfe-Jugendarbeit auf eine veränderte Gewichtung der Stellenpläne. Auch für die Studierenden selbst scheint die Attraktivität dieses Bereichs weniger interessant und rangiert in der hierarchischen Bewertung sozialer Berufszweige relativ unten, Behindertenpädagogik, Beratung und Gesundheit hingegen eher oben (Nörber/Hafeneger 1993, S.39).

Auf dem Hintergrund wachsender und sich verändernder Anforderungen an Jugendliche heute (vgl. Kap. 1.2.) - und damit auch an Jugendarbeit - erscheint vor allem die Sozialarbeit mit sogenannten 'Randgruppen' der Gesellschaft - als wesentliche Adressaten sozialer Arbeit - von noch geringerem Interesse zu sein. Die Befürchtung, wie Kraußlach u.a. es bereits 1976 formulieren, selbst 'zum Randständigen gestempelt' zu werden, wenn man parteilich für Randgruppen arbeitet (1990, S.225f) und vorhandene Berührungsängste, etwa mit Jugendlichen aus subkulturellen Milieus, tragen dazu bei, daß sowohl Studierende als auch qualifizierte Sozialarbeiter und Sozialarbeiterinnen diese Tätigkeitsfelder eher meiden[1].

Aber auch Jugendliche aus subkulturellen Milieus wie die Punks zeigen ihrerseits - selbst unter prekären Lebenslagen, die Hilfestellung erfordern - Abwehr und Widerstand, Hilfsangebote von Seiten der Jugendarbeit anzunehmen.

---

[1] diese Einschätzung stützt sich auf Erfahrungen meiner langjährigen Tätigkeit als Lehrbeauftragte an Fachhochschulen im Bereich Jugendarbeit

In den jüngeren Publikationen der Jugendforschung werden die Punks den subkulturellen Szenen zugeordnet, die in der Regel für Beratungsangebote der Jugendhilfe nicht erreichbar sind und die sich traditionellen Hilfsangeboten gegenüber als 'resistent' erweisen (Thiersch 1991, S.13; Stüwe/Weigel 1991, S.385). Mißtrauen und Vorbehalte, die aus negativen Erfahrungen mit Erwachsenen (Eltern, Lehrern, Heimleitern, Polizei, aber auch mit Sozialarbeitern) resultieren, können dazu führen, sich nicht auf vorhandene Hilfsangebote (z.B. Jugendamt, Jugendzentrum etc.) einzulassen. Negative Erfahrungen können sich somit verfestigen und werden generalisiert, und nach Thiersch 'entziehen' sich die Jugendlichen diesen Angeboten oder 'sabotieren' sie gar (ebd.).

"Sozialarbeiter verjagen. Laßt Euch nicht zähmen!" - diese Sprühschrift auf der Hauswand des 'Punker-Pavillion' in Bielefeld drückt den aktiven Widerstand der Punks aus, Integrationsversuchen von Sozialarbeit entgegenzuwirken. Aber auch Träger sozialer Einrichtungen, Jugendhäuser, Vereine und Verbände vermeiden die Konfrontation mit dieser Zielgruppe, zeigen sich verunsichert und hilflos, zum Teil bestehen Ängste davor, die Probleme der Jugendlichen nicht handhaben zu können. Oder es bestehen Vorurteile und Ablehnung gegenüber der Zielgruppe selbst. Stüwe/Weigel merken in ihrem Vorwort des Abschlußberichts über das Frankfurter Wohnprojekt (vgl. Kap. 5.1.) hierzu an: "Die Zielgruppe erschien den offiziellen Stellen offensichtlich als zu wenig kalkulierbar und politisch problematisch" (1991, S.2); in Frankfurt habe es zum Zeitpunkt der Projektimplementation keinen im Bereich Jugendwohnen tätigen etablierten Träger gegeben, der sich auf eine solche Zielgruppe einlassen wollte (vgl. Stüwe/Weigel 1991, S.8; vgl. hierzu auch Strauch 1994, S.49). Walter Specht (1991) zählt auch die Punks zu den "gefährdeten Jugendlichen in subkulturellen Gruppen", die jedoch in Konfliktsitutaionen nicht die nach wie vor mittelschichtsorientierte Beratungspraxis außerhalb ihres Lebensfeldes aufsuchen (S.20). Und Becker/May (1991) merken an, daß Jugendliche aus dem subkulturellen Milieu für die überwiegend mittelschichtsozialisierten Pädagogen eine Herausforderung (etwa als 'Studienobjekte' oder 'Theoriegegenstand'), aber auch eine Bedrohung darstellen (S.44).

Die bereits erwähnten und bei Mitarbeitern und Mitarbeiterinnen von Jugendarbeit häufig vorhandenen 'Berührungsängste' mit der Zielgruppe sind verständlich. Durch ihr martialisches Erscheinungsbild, ihren oftmals eher rauhen Umgangston und ihren gesamten Habitus vermitteln die Punks zuweilen ein aggressives Bild, wodurch Bedrohlichkeitsgefühle aufkommen; auch bei Trägern von Jugendhilfe kann dadurch die Befürchtung entstehen, daß die Einrichtung beschädigt wird. Die Überwindung dieser 'Berührungsängste' ist jedoch für die Arbeit mit 'Randgruppen' - als wesentliche Addressaten sozialer Arbeit - notwendig. Gelingt dies nicht, kann, so befürchtet Thiersch - es zu einer Praxis des Abschiebens und Ausgrenzens kommen - als Signal von Überforderung und Resignation - wodurch Sozialarbeit seiner Ansicht nach allerdings ihren Selbstanspruch der Hilfestellung für diese Adressaten aufgabe und die Jugendlichen dann anderen Instanzen überlassen würden, etwa der Polizei und Justiz (1991, S.13). Mit ordnungspolitischen Maßnahmen, Disziplinierung und Bestrafung werde dann - so Walter Specht - 'abweichendem Verhalten' begegnet und mit dem "Versprechen der Abwendung von Chaos und der Aufrechterhaltung von Sicherheit und Ordnung" würde dieses überholte Konzept noch immer gesellschaftlich legitimiert (1991, S.19 u.23). Nach Krafeld (1992 b) richtet sich das Blickfeld auf die Probleme, die die Jugendlichen *schaffen*, und nicht auf die Probleme, die sie *haben* (S.311). Soziale und strukturelle Zusammenhänge für die Erklärung ihrer Probleme treten so in den Hintergrund und werden aus dem Blickfeld ausgeklammert; es geht um das Verhalten der Jugendlichen und nicht um ihre Lebensverhältnisse. Kraußlach u.a.[2] äußern, daß auf soziale Auffälligkeiten unerbittlich reagiert werde, ohne nach den Ursachen zu fragen (Krußlach u.a. 1990, S.43). Etikettierungen und Schuldzuweisungsmuster der Umwelt führen zu Stigmatisierungs- und weiteren Ausgrenzungsprozessen (Specht 1991, S.23). Ferchhoff ordnet in einem Beitrag über 'Jugendkulturen zu Beginn der 90er Jahre' auch die Punks zum jugendsubkulturellen Milieu, das auch insbesondere von Pädagogen lieber vermieden werde (1991, S.21).

Mittlerweile liegen einige Erfahrungen und Ergebnisse aus Projekten und Maßnahmen aus dem Jugendhilfebereich mit Punks vor, die dokumentieren, daß sowohl Mitarbeiter und Mitarbeiterinnen als auch die Punks sich aufeinander einlassen und Hilfsangebote der Jugendhilfe entwickelt werden können.

Die zahlreichen Publikationen der 80er Jahre über Punks setzen sich vorwiegend mit ihrer Jugendkultur, ihrer Geschichte und Ausdrucksformen (Musik, Stil, Bricolage), ihrer Milieubeschreibung und sozialisatorischen Bedeutung auseinander (für den deutschsprachigen Raum Zinnecker 1981; Penth-Franzen 1982; Reimitz 1986; Bucher/Pohl im Sammelband 'Schock und Schöpfung' 1986; Baacke 1987; Kämper 1989; Wartenberg 1990; Hafeneger 1991b und für den englischsprachigen Raum Clarke 1979; Brake

---

[2] Krußlach, Düwer und Fellberg legten bereits 1976 eine beeindruckende Schilderung ihrer Praxiserfahrungen über die Arbeit mit 'aggressiven' Jugendlichen und 'Rockern' in einem Hamburger Clubkeller vor. Ihre darin beschriebenen Grundeinstellungen und Haltungen sowie ihr Selbstverständniskonzept im täglichen Umgang mit den Jugendlichen betrachte ich als 'Pionierarbeit' einer 'akzeptierenden Jugendarbeit'; dieser durch Franz-Josef Krafelds Ergebnisse aus der Praxisberatung und -begleitung in Projekten mit 'rechtsorientierten' Jugendcliquen in Bremen Anfang der 90er Jahre geprägteTerminus in der Jugendforschung verschleiert m.E. die Tatsache, daß Krußlach u.a. bereits 20 Jahre früher grundlegende Ansätze einer 'akzeptierenden Jugendarbeit' geprägt haben. Bei Krafelds Veröffentlichungen fehlt jedoch der Hinweis auf Krußlach u.a. in der Literaturangabe völlig

1981; Firth 1981; Hebdige 1979, 1983). Auf die wissenschaftliche Literatur wird in den nachfolgenden Abschnitten des 1. Kapitel noch eingegangen.

Becker, Hafemann, May legten 1984 Ergebnisse eines im Zeitraum 1981-1984 durchgeführten Forschungsprojekts "Zur Bedeutung des Handlungsraums von Jugendlichen als Teil ihrer Lebenswelt" vor, in dem u.a. auch die sozialräumlichen Aneignungsversuche einer Gruppe von Punks in einem Jugendzentrum im Spannungsfeld von vorhandenen Regeln, Strukturen und der Rolle der pädagogischen Mitarbeiter und Mitarbeiterinnen als 'Raumwärter' dargestellt werden. Die Bedeutung der Verfügbarkeit von 'Raum' für die Punks wird auf dem Hintergrund der Entfaltung der eigenen Gegenkultur, also der individuellen Entfaltungsmöglichkeiten im Rückhalt der Gruppe sowie in der Erfahrung kollektiven Erlebens gesehen. Zumindest zeitweilig gelingt die Aneignung des Flurs im oberen Stockwerk des Jugendzentrums, was z.B. durch das Aufsprühen von Graffities und das Abspielen von Szene-Musik der Punks dokumentiert wird (S.187ff, das Beispiel wird in Kap. 1.4. näher skizziert).

Michael May legt 1986 den Beitrag 'Provokation Punk' vor, der ebenfalls im Rahmen des o.g. Forschungsprojekts entstand. Er kritisiert darin, daß bisherige Jugendforschung vorwiegend am Generationskonflikt interessiert und am Integrationsgedanken orientiert sei (S.173f). Er schildert die Erfahrungen seiner zweijährigen teilnehmenden Beobachtung im Lebenszusammenhang einer Punk-Clique und deren Versuche, sich sozial und räumlich Rahmenbedingungen zu schaffen, um eigene Bedürfnisse entfalten zu können (S.2). Aus seiner Perspektive müsse Jugendforschung als 'praktisch-einhakende' Sozialforschung sich stärker in den Lebens- und Handlungszusammenhang seiner Adressaten einlassen. Dieser Ansicht möchte ich zustimmen, denn es geht - so Michael May - "um ein Wissen, das tauglich ist, die Lebenssituation einer unterdrückten sozialen Gruppe zu verändern" (S.8).

Wie bereits in der Einleitung erwähnt, gehe ich davon aus, daß Erfahrungen mit Punks im professionellen Alltagsgeschehen von Jugendhilfe nicht veröffentlicht werden. Oftmals mögen Überlastungen der Mitarbeiter, fehlendes Interesse daran, Praxiserfahrungen zu veröffentlichen oder auch die Tatsache, daß neben Punks auch andere Jugendliche die Einrichtung aufsuchen, Ursachen hierfür sein[3].

Wenn erworbene Erkenntnisse und Problemlösungswissen jedoch nicht in die Theoriediskussion zurückfließen, kann dies dazu führen, daß der

---

[3] So war es z.B. meinem englischen Kollegen Rick Williams als Leiter des Jugendaustauschs mit den Punks (vgl. Kap. 4.4.1.) bis heute nicht möglich, seine in Manchester bislang einzigartigen und bis heute andauernden Erfahrungen mit der Zielgruppe zu publizieren. Als Gründe nennt er Arbeitsbelastung sowie die Tatsache, daß die Punks für ihn nur *eine* Zielgruppe neben anderen seiner Tätigkeit sei

wissenschaftliche Diskurs abseits vom Alltagsgeschehen geführt wird. "Von der Praxis losgelöste Einsicht ist wirkungslos." Diese Aussage Erich Fromms (1976, S.167) war ein wesentlicher Leitgedanke für die Durchführung meiner Untersuchung.

Erst ab Beginn der 90er Jahre liegen vereinzelt Praxisberichte aus der Jugendarbeit mit Punks vor, was darauf verweist, daß sich ab Mitte der 80er Jahre Probleme bei den Punks verdichteten und daher ein Handlungsbedarf der Jugendhilfe einsetzte. 1991 legten Stüwe/Weigel einen kurzen Bericht über das Frankfurter Wohnprojekt mit Punks vor. Dieses Projekt wurde in meine Untersuchung aufgenommen (vgl. Kap.5).

Mit einem Blick nach Österreich schildert der Streetworker Georg Rudolf in einem Beitrag (1991) sozialarbeiterische Interventionen in der Hausbesetzer-, Punker- und Autonomenszene am Beispiel Wiens. Handlungsleitend für den Einsatz von Jugendhilfe seien Probleme der Jugendlichen mit Polizei, Bürokratie, Gesundheit sowie Kriminalisierungsprozesse gewesen. Erste Hilfsangebote waren Gefängnisbesuche und Gerichtsbeistand, Streetwork in besetzten Häusern (in denen 80 - 100 Jugendliche lebten) sowie ein Sleep-In (mit 80 Schlafplätzen). Parteilichkeit, Freiwilligkeit und die Übernahme einer Anwaltsfunktion waren handlungsleitende Prinzipien.

Rudolf schildert, daß zunächst eine Arzt-Praxis im autonomen Jugendzentrum (als sozialmedizinische Betreuung im niederschwelligen Bereich) eingerichtet wurde, die zweimal wöchentlich abends von 18 bis zeitweilig 24 Uhr ehrenamtlich vom Leiter der Drogenambulanz und Psychiatrischen Uni-Klinik Wien geöffnet wurde. Die 'hohe Nutzung' der medizinischen Betreuung erklärten sich die Mitarbeiter und Mitarbeiterinnen damit, daß sie unentgeltlich und anonym stattfand - dies war wesentliche Voraussetzung, da die Jugendlichen aufgrund Konflikten mit Behörden und Gerichten eine Registrierung verweigerten (S.52f). Als das Gebäude des autonomen Jugendzentrums abgerissen wurde, funktionierten die Mitarbeiter und Mitarbeiterinnen einen Streetwork-Bus in einen Medizin-Bus um und plazierten diesen einmal wöchentlich im Umfeld zweier besetzter Häuser. In einem initiierten Video-Projekt mit dem Titel 'Wir Negativen' werden die Dreharbeiten in die besetzten Häuser verlagert, um die 'Problematik von Hausbesetzerschicksalen' zu dokumentieren.

1993 veröffentlichen Hafeneger, Stüwe und Weigel in ihrer Funktion als 'Wissenschaftliche Begleitung' die Abschlußberichte der Projekte Frankfurt und Fulda. Da die Ergebnisse in die vorliegende Arbeit einfließen, sollen sie an dieser Stelle nicht antizipiert werden (vgl. Kap. 5 u. 7).

Als jüngste und letzte mir zugängliche Publikation zählt Rainer Strauchs Beitrag 1994 eines 'Altbau-Sanierungs-Projekts mit Punks in Berlin', das in Trägerschaft der Arbeiterwohlfahrt und des Jugendaufbauwerks Berlin durchgeführt wurde. Das Scheitern dieses Projekts - so Strauch - sei von vielen vorhergesagt worden, es sei aber dennoch erfolgreich verlaufen.

Eine Gruppe von 20 Punks, die sich von keiner gesellschaftlichen Instanz vereinnahmen lassen wollten (vgl. Strauch 1994, S.49), lebten mit ausgeprägten Autonomievorstellungen in einem 'verrotteten Altbau' in Berlin (ebd.). Unter dem Druck der Räumung wandten die Punks sich an einen sozialpädagogischen Träger alternativer und selbstverwalteter Wohnprojekte, der daraufhin eine Instandsetzung des Gebäudes initiiert. Der Autor beschreibt die Punks vor Beginn der Maßnahme als Gruppe, die 'von Sozialhilfe und Kleinkriminalität lebten' und die unter Alkohol- und Drogeneinfluß 'perspektivlos dahinvegetierten' (S.48). Nach Ansicht des Autors gab es zwei Voraussetzungen für das Gelingen des Projekts: die Kooperationsbereitschaft der Administration (der Senat bewilligte finanzielle Mittel für die Bauleitung durch ein Baubüro, für zwei Projektleiter sowie Arbeitsbeschaffungs-Maßnahmen für die Jugendlichen und für Sozialpädagogen und Sozialpädagoginnen), und die 'menschliche' Fähigkeit der verantwortlichen Mitarbeiter und Mitarbeiterinnen, sich auf die 'schwierige' Gruppe der Punks einzulassen (Strauch 1994, S.54).

Der skizzierte Forschungsstand erfordert weitere Fragestellungen: Es gibt bislang keine jugend- und sozialwissenschaftlichen Forschungsergebnisse, die der Frage nachgegangen wären, was aus den (jugendlichen) Punkern der Spät-70er und 80er Jahre geworden ist. Haben diese sich aus der Jugendkultur der Punks "ausgeblendet"? Haben sie sich anderen jugendkulturellen Gruppen zugewendet? Haben sie sich in die Gesellschaft "integriert"? Auch diese Fragestellungen sollen in meiner Untersuchung berücksichtigt werden.

Bezogen auf die soziale Lebenslage der Punks ist von Interesse, wie sich diese den von mir befragten Mitarbeitern und Mitarbeiterinnen darstellt und welche konkreten Probleme, Belastungen und Schwierigkeiten sie erkennen. Ausgehend von der These, daß Konzepte und Maßnahmen oftmals am "grünen Tisch" der Mitarbeiter und Mitarbeiterinnen geplant werden, ist die Frage relevant, welche Ausgangsüberlegungen zu welchen Zieldefinitionen führten und ob eigene Vorstellungen der Punks bei der Planung von Maßnahmen berücksichtigt und entsprechend umgesetzt werden konnten.

Auf der Grundlage vorhandener ausgeprägter Autonomiebestrebungen der Punks ist die Frage bedeutsam, welche Bedingungen im Projektgeschehen als förderlich erkannt werden können, die die Selbststeuerungsfähigkeit der Punks (Unterstützung von Lernprozessen, Entwicklung von Eigenständigkeit, Selbstbestimmung, Verselbständigung) besonders unterstützten. Hieran schließt sich die Frage, welche spezifischen Problemkonstellationen sich im Interaktionsprozeß mit den Punks erkennen ließen, was die zentralen Herausforderungen (bezogen auf das Verhalten der Punks) für die Mitarbeiter und Mitarbeiterinnen waren und wie darauf reagiert wurde.

Wie den vorangehenden Ausführungen zu entnehmen ist, ist der Zugang zur Zielgruppe eher erschwert bzw. wird von den Punks selbst abgelehnt. Daher ist die Frage bedeutsam, welche Zugangsmöglichkeiten sich bewährt haben und welcher Beachtungen es hierbei im besonderen bedarf.

Ausgehend von der These, daß Punks - wenn überhaupt - eher Zugang zu freien Trägern finden und kommunalen Einrichtungen fernbleiben, ist für mich von Interesse, in den Interviews mit den Mitarbeitern und Mitarbeiterinnen der Frage nachzugehen, ob sich trägerspezifische Voraussetzungen erkennen lassen und wie diese sich darstellen.

1.1 Methodologie -
Darstellung der Untersuchungsmethode

Meine Untersuchung ist ein Beitrag zur empirischen Sozialforschung. In drei englischen und zwei deutschen Städten führte ich mit Mitarbeitern und Mitarbeiterinnen in verschiedenen Projekten oder Einzelmaßnahmen, in die Punks involviert waren, qualitative Interviews mit offenen Gesprächselementen anhand vorbereiteter Frageleitfäden durch, die sich aus dem theoretischen Bezugsrahmen der Arbeit ableiten. In Großbritannien führte ich zunächst Gespräche mit leitenden Mitarbeitern und Mitarbeiterinnen in den jeweiligen Jugendbehörden; damit war intendiert, einen Überblick über vorhandene Fördermaßnahmen zu erhalten, vor allem jedoch, um die 'richtigen Informanten aufzufinden' (Atteslander 1992, S.168), also diejenigen Fachkollegen und -kolleginnen, die vor Ort über die für meine Fragestellungen relevanten Erfahrungen und Informationen verfügen. Ergänzend führte ich ein Gespräch mit einem Sozialwissenschaftler in Sheffield, der mir aus der einschlägigen englischen Fachliteratur her bekannt war und der in Sheffield ein Jugend-Forschungsinstitut leitet.

Die Auswahl der Städte traf ich auf dem Hintergrund folgender Überlegungen: Für die Bundesrepublik wählte ich Frankfurt und Bielefeld, da mir bekannt war, daß es hier ein Projekt bzw. eine Einrichtung für Punks gab. Fulda wurde als dritte Stadt in die Untersuchung miteinbezogen, weil es sich hier um ein in der BRD erstmalig in einer nichtgroßstädtischen, eher ländlichen Region durchgeführtes Modellprojekt mit der Zielgruppe handelt. Für Großbritannien wählte ich Bristol in Südengland sowie Sheffield und Manchester im Norden Englands (als einstige 'Hochburgen' des Punk); zudem folgte ich in Bristol der Einladung eines mir bekannten Jugendarbeiters, der seit zehn Jahren Kontakt zu Jugendlichen aus subkulturellen Szenen hat.

Folgende Überlegungen veranlaßten mich zur Wahl meiner Untersuchungsmethode:

- Die Herstellung eines persönlichen Kontakts fördert die Bereitschaft zum Gespräch und bietet Bewegungsspielraum für einzelne Schwerpunkte;
- das offene oder halboffene Interview bietet Gestaltungsmöglichkeiten, die sich auf Qualität und Umfang der Aussagen positiv auswirken;
- die jeweilige Situation vor Ort (Sozialpolitik der Kommune im Kontext allgemeiner Problemlagen) kann jeweils berücksichtigt werden;
- einzelne Segmente können vertieft, präzisiert oder erweitert, die Abfolge der Fragen kann variiert werden, was insbesondere der Erfassung qualitativer Momente dient;
- Antwortkategorien entfallen, die Interviewpartner können ihre Antworten selbständig formulieren;
- die Möglichkeit, Projekte wiederholt aufzusuchen, um evtl. nochmals Nachfragen zu stellen, erhöht den Grad an Vollständigkeit;
- die offene Gesprächssituation bietet den Vorteil, daß der Interviewpartner seine eigenen Perspektiven, Deutungen und Relevanzen zum Ausdruck bringen kann;
- ein Frageleitfaden hilft, das Gespräch zu strukturieren, ohne den Gesprächspartner zu sehr einzuschränken (vgl. Mühlfeld 1981).

Die Methode einer schriftlichen Befragung wurde von mir nicht in Betracht gezogen (auch wenn sie wesentlich kostengünstiger und weniger zeitintensiv gewesen wäre), da ich über keine Kontakte zu Jugendprojekten in Großbritannien verfügte und folgende Nachteile sah:
- die Fragen kommen per Post, die Erhebung ist eher anonym, der persönliche Kontakt entfällt;
- Fragen können nicht präzisiert werden, es besteht die Gefahr, daß einzelne Fragen unvollständig, ungenau, unsorgfältig, stereotyp oder gar nicht beantwortet werden;
- Fragen sind zu wenig ausführlich oder nicht detailliert beantwortet, Nachfragen sind nicht möglich;
- einzelne Segmente können nicht vertieft, Gewichtungen nicht flexibel gehandhabt werden;
- die Befragungssituation ist nicht kontrollierbar, Antworten können durch andere Personen (z.B. Vorgesetzte) beeinflußt werden;
- eine Rücksendung ist nicht garantiert, Fragen bleiben unbeachtet liegen oder werden in der Ablage vergessen[4].

---

[4] Aus meiner 12-jährigen Tätigkeit in Jugendmodellprojekten ist mir bekannt, wie wenig Beachtung von uns diversen, durch die Post versandten Fragebögen zuweilen gewidmet wurde - weniger aus Desinteresse oder Mißtrauen, sondern eher aus Zeitmangel und anderen Prioritätensetzungen im Alltagsgeschehen

In meine Untersuchung fließen Modellprojekte und Regeleinrichtungen (in unterschiedlicher Trägerschaft) sowie Einzelmaßnahmen mit ein. Trotz vorhandenem Wissen über die Anforderungen, die Hektik und die Belastungen des Alltagsgeschehens in Projekten ging ich von der Annahme aus, daß bei den Mitarbeitern und Mitarbeiterinnen die Bereitschaft für ein Gespräch vorhanden ist, da aufgrund meiner Erfahrungen Kontakte und Reflexion mit Fachkollegen und -kolleginnen - vor allem aus anderen Städten oder aus dem Ausland - gern aufgegriffen werden.

Verlauf der empirischen Untersuchung

Das entscheidende Kriterium einer wissenschaftlichen Befragung sieht Atteslander (1992) in der "theoriegeleiteten Kontrolle der gesamten Befragung" (S.129). Mühlfeld u.a. (1981) weisen in ihrem Beitrag darauf hin, daß in der methodologischen Diskussion Übereinstimmung darüber herrscht, daß letztlich jedes Forschungsinstrument unvollkommen sei, Verzerrungen vorkommen und mögliche Fehlerquellen reflektiert sein müssen (S.330). Auch Atteslander weist auf eine Reihe möglicher Störvariablen hin, die den Interviewprozess und die Zuverlässigkeit der Ergebnisse beeinflussen und verzerren können (die Neigung der Befragten, im Sinne sozialer Erwünschtheit zu antworten, die momentane Stimmung der Befragten, räumliche und zeitliche Bedingungen des Interviews, antizipierte Erwartungen des Interviewers/der Interviewerin, der Wunsch der Befragten, ein hilfreicher und guter Gesprächspartner zu sein usw.) (vgl. Atteslander 1992, S.126ff).

Als zentrale Herausforderung erkannte ich meine emotionale Nähe zum und mein Engagement für mein Thema. Daher habe ich versucht, meine eigene Meinung, Erfahrung und Perspektive sowie Ergebnisse und Erkenntnisse aus vorangegangenen Interviews zurückzuhalten, um hier nicht manipulativ zu agieren. Ein Erfahrungsaustausch fand eher in jeweils sich anschließenden, informellen Gesprächen statt. Beim Aufbau der Interviewleitfäden habe ich besonders auf kurze, möglichst konkrete Fragestellungen und logisch aufeinander aufbauende Fragen ohne Suggestivelemente geachtet.

Atteslander gibt zur Kontaktaufnahme folgenden Hinweis: "Die Bereitschaft des Befragten, bei der Befragung mitzumachen, ist meist größer, wenn man ihn rechtzeitig über Sinn und Zweck orientiert und ihn Zeit und Ort des Interviews selbst wählen läßt" (1971, S.112). Bereits bei der telefonischen Kontaktaufnahme teilte ich meinem Gesprächspartner bzw. meiner Gesprächspartnerin neben meinem Forschungsinteresse auch mit, daß ich selbst seit Jahren als Pädagogin in Jugendprojekten - auch mit der Zielgruppe - tätig bin; hierdurch konnten die häufig in der Praxis bestehenden Vorbehalte gegenüber wissenschaftlichen Institutionen und Forschern / Forscherinnen verringert bzw. ausgeschlossen werden. Vor allem in Großbritannien erhöhte die Tatsache, daß ich zur Erhebung meiner Daten persönlich nach Großbritannien gereist war und mich drei Monate im Land aufhielt, die Bereitschaft und das Interesse für ein Interview. Da ich mich jeweils einen Monat in einer Stadt aufhielt, konnte ich zunächst nach telefonisch erfolgter Kontaktaufnahme kurze, persönliche Vorgespräche führen, um mich und mein Forschungsinteresse vorzustellen sowie einen geeigneten Termin und Zeitrahmen für das Interview abzusprechen.

Bei den Befragten handelt es sich um zum Teil langjährige Mitarbeiter und Mitarbeiterinnen in Jugendprojekten, um ausschließlich leitende Mitarbeiter und Mitarbeiterinnen in Jugendbehörden (nur in GB) sowie einen Sozialwissenschaftler und Jugendforscher (GB). Alle Gesprächspartner- und partnerinnen waren in hohem Maße bereit, ihre Erfahrungen, Sichtweisen und Einschätzungen mitzuteilen.

Die Gespräche dauerten im Durchschnitt ein bis zwei Stunden, in einigen Einrichtungen hielt ich mich auf Einladung der Mitarbeiter und Mitarbeiterinnen auch einen Nachmittag auf; einige Projekte besuchte ich mehrmals.

Die Gesprächsatmosphäre war jeweils entspannt, zum Teil engagiert und lebhaft. Einige Gespräche nahm ich auf Tonband auf und transkribierte sie anschließend; bei Gesprächen, wo Tonbandaufzeichnungen nicht möglich oder nicht gewünscht waren, notierte ich die Antworten so genau wie möglich. Zur besseren Verständlichkeit wurden die Antworten der englischen Fachkollegen und -kolleginnen für die Auswertung von mir ins Deutsche übersetzt; einige Originalaussagen beziehe ich dennoch in die Ausführungen mit ein.

In allen Projekten erhielt ich umfangreiches schriftliches Material (Broschüren, einzelne Protokolle über Mitarbeiterbesprechungen, Presseartikel, Jahresberichte und - soweit vorhanden - Zwischenberichte und Endberichte), das ebenfalls in die Auswertung der vorliegenden Arbeit miteinfließt.

In den Universitäten und 'Polytechnic' - Fachhochschulen in Bristol und Sheffield wurde mir gestattet, die Bibliothek zu nutzen; so konnte ich in zahlreiche Publikationen und Fachzeitschriften (auch der vergangenen Jahrgänge) Einblick nehmen.

Während meines Aufenthalts in Großbritannien entwickelte sich durch die Hilfs- und Kooperationsbereitschaft der Projektmitarbeiter und -mitarbeiterinnen eine Eigendynamik, die mir den Zugang zu einer Vielzahl sehr unterschiedlicher Projekte ermöglichte. Auch meine Gesprächspartner und -partnerinnen in den Behörden in Großbritannien, die ich zunächst im 'City-Council' oder der 'City-Hall' (Verwaltungsbehörde bzw. Rathaus) aufsuchte, um den zuständigen Führungskräften der Jugendhilfe-Bereiche mein Anliegen vorzutragen und Interviewtermine abzusprechen, zeigten sich sehr kooperativ. Sie versorgten mich nach unseren Gesprächen mit umfangreichem statistischem Material und langen Adressenlisten mit Telefonnummern von Kontaktpersonen jeweils vor Ort, aber auch in anderen Städten.

In Sheffield erfuhr ich in einem Gespräch im 'Education Department', daß der mir bereits aus der britischen Fachliteratur her bekannte Sozialwissenschaftler und Jugendforscher Bernard Davies im 'Training, Development and Research Ressource Centre' in Sheffield tätig ist und einige Jugendprojekte wissenschaftlich begleitet. Bereits bei der telefonischen Kontaktaufnahme zeigte sich Bernard Davies sehr interessiert an einem Gespräch, das wir dann einige Tage später führen konnten.

In Sheffield war es mir auch möglich, ein Interview mit einem Streetworker zu führen und hierdurch Einblicke in seine professionelle Alltagsrealität am 'Arbeitsplatz Straße' zu erhalten.

Aus dem Gespräch mit Rick Williams in Manchester, der mir vom Leiter der Jugendbehörde als 'einzigen youth-worker in Manchester, der mit Randgruppen in Kontakt ist', empfohlen wurde, entwickelte sich das Konzept einer bereits viermal durchgeführten Jugendbegegnung mit Punks aus Manchester und Fulda, die in Kap. 4 noch genauer dargestellt wird.

Für die Auswertung der Interviews und aus dem teilweise umfangreichen Schriftmaterial aus den Projekten und Einrichtungen habe ich anhand meiner Fragestellungen Schwerpunkt-Kategorien gebildet, die auf die wesentlichen Hilfsmöglichkeiten und Ansätze in der Jugendarbeit mit Punks hinweisen; hier werden relevante Aussagen und Auszüge zusammengefaßt dargestellt und anschließend diskutiert.

Schwierigkeiten bei der Durchführung der empirischen Untersuchung

Gleich zu Beginn meines Aufenthalts in Großbritannien konnte ich durch ein Gespräch mit Dan Lloyd, Mitarbeiter im 'Bristol City Council', in Erfahrung bringen, daß hier keine Projekte oder Maßnahmen existieren, die sich im besonderen der Zielgruppe der Punks zuwenden. Dan Lloyd begründet dies damit, daß einerseits die Problemlagen der Punks im Kontext eines 'allgemeinen Jugendproblems' gesehen würden, andererseits jedoch auch bei den Kommunen die Befürchtung vorhanden sei, die Bewilligung finanzieller Zuschüsse für Maßnahmen explizit mit Punks - wenn auch im Jugendhilfebereich angesiedelt - unterstütze und stabilisiere die Lebenskultur und -philosophie dieser Jugendkultur, was weder im Sinne der Behörden noch der Öffentlichkeit sei, zumal diese auch keine Sympathie für die Punks hege (Lloyd 1991). Diese Tatsache verwies mich auf allgemeine Jugendhilfemaßnahmen und Projekte, in denen Punks als eine Zielgruppe neben anderen involviert waren. Da die Interviewleitfäden ausschließlich für Punk-Projekte vorbereitet waren, mußten diese in Großbritannien leicht modifiziert werden.

Auch in den Hochschulbibliotheken konnte ich in Fachzeitschriften und Buchbibliographien keine Hinweise zu meinem Untersuchungsgegenstand finden. Die Schwerpunkte der neueren Veröffentlichungen lagen auf der Reflexion derzeit aktueller Problemlagen Jugendlicher allgemein und behandelten vorrangig die Auswirkungen von Jugendarbeitslosigkeit und Obdachlosigkeit, allgemeine Jugendprobleme, Jugendsubkulturen (Teds, Mods, Skinheads, Rastas). Nur die früheren Publikationen gehen explizit auf die Subkultur der Punks sowie allgemeiner Fragestellungen zur Jugendarbeit ein (Hall/Jefferson 1976; Hebdige 1979; Cashmore 1984; Davies 1986; Airs/Cattermole 1987; Banks/Ullah 1988; Jeffs/Smith 1988, 1990; Smith 1988; Burton/Forrest/Stewart 1989; White/McRae 1989; Oppenheim 1990; Davis 1990; Wolmar 1991). Die oben ausgeführten Äußerungen des Mitarbeiters im 'Bristol City Council', Dan Lloyd, wurden dadurch bestätigt: Die Problemlagen der Punks in Großbritannien werden unter 'allgemeinen Jugendproblemen' subsumiert und nicht differenziert betrachtet.

1.2 Zur Veränderung der Lebenslagen von Jugendlichen - Jugend im Wandel

In den letzten Jahren hat sich innerhalb der Jugendforschung eine breite Diskussion entfaltet, die die komplexen gesellschaftlichen Veränderungen und deren Auswirkungen auf die Lebenslage Jugendlicher zu ergründen und erklären sucht.

Will Sozialwissenschaft und Jugendpädagogik authentisch seriös und gehaltvoll über Jugendkulturen und -phänomene sprechen, forschen, deuten und urteilen, so ist nach Ferchhoff/Neubauer (1989) im Kontext der Datengewinnung notwendigerweise der Blick auf die veränderten gesellschaftsstrukturellen Bedingungen, Verschiebungen und Wandlungen des Aufwachsens und Lebens zu richten (S.103). In den sozialwissenschaftlichen und jugendtheoretischen Publikationen der letzten Jahre wird wiederholt auf den 'Wandel der Jugendphase' hingewiesen (Ferchhoff 1985; Hornstein 1988; Ferchhoff/Neubauer 1989; Böhnisch/Münchmeier 1989 (erstmals 1987), 1990; Achter Jugendbericht 1990; Heitmeyer/Olk 1990; Thiersch 1992; Simon 1995). Diese Diskussion kann auch zum besseren Verständnis gegenwärtiger 'Jugendphänomene' beitragen (Keppeler 1989, S.17). In diesen Ausführungen wird immer wieder von den vielfältigen gesellschaftlichen Veränderungen, einem gesellschaftlichen 'Strukturwandel' der letzten Jahrzehnte, einer fortschreitenden 'Individualisierung' der sozialen Verhältnisse, 'Pluralisierung' von Lebenslagen und -stilen sowie der Lebensentwürfe und der 'Brüchigkeit' familiärer Beziehungen, der 'Erosion traditioneller Lebens- und Normkonzepte' gesprochen (Ferchhoff 1985; Ferchoff/Neubauer 1989; Böhnisch/Münchmeier 1989; Achter Jugendbericht 1990; Thiersch 1992). Das weist darauf hin, daß 'Jugend' heute zu einem eigenständigen Lebensabschnitt geworden ist und die traditionellen Schemata von Jugend als 'Übergang von der Kindheit ins Erwachsenenalter' ihre Gültigkeit verloren haben. Die einstige 'Übergangsphase' wird heute als eigenständiger Lebensabschnitt gesehen. Insgesamt wird von einer 'Entstrukturierung der Jugendphase', einer 'Destandardisierung des Lebenslaufs' gesprochen und es wird dafür plädiert, Abschied zu nehmen von 'der Jugend' im Singular und eher von 'Jugenden' oder 'Jugend im Plural' zu sprechen (Ferchhoff 1985; Ferchhoff/Neubauer 1989; Böhnisch/Münchmeier 1989,1990; Thiersch 1992; in einem neueren Beitrag auch Scherr 1995 und Simon 1995).

Einerseits besteht bei den Jugendlichen eine frühere sozio-kulturelle Verselbständigung durch Ablösung und Abgrenzung von traditionellen Werten, familiären Bindungen, Neuorientierung in Gleichaltrigengruppen und Peer-Gruppen, die auch von der Vielfalt der Angebote im Freizeit- und Konsumbereich verstärkt wird. Andererseits verlängert sich die Phase der ökonomischen Abhängigkeit durch längere Schulausbildungszeiten, berufsvorbereitende Maßnahmen, verlängerte Ausbildungszeiten oder durch Zeiten von Arbeitslosigkeit - als wesentlicher Aspekt des Strukturwandels. Dies bringt eine längere finanzielle Unterstützung von den Eltern oder eine Abhängigkeit von staatlichen Transferleistungen mit sich. "Jugend ist zwar soziokulturell emanzipiert, bleibt aber an die ökonomische Unselbständigkeit gebunden, und das altersmäßig länger als früher ... Jugend stellt sich heute ... als Sozialgruppe mit komplexen Problemen der Lebensbewältigung dar" (Böhnisch/Münchmeier 1989, S.16). Jugendliche heute befinden sich somit in einer Phase, in der persönlichkeitsorientierte Entwicklungsaufgaben *und* soziale Existenzfragen gleichzeitig bewältigt werden müssen. Das beinhaltet auch, daßsich bereits ältere Jugendliche in einer historisch neuen Lebenskonstellation befinden: Sie sind "soziokulturell selbständig - ökonomisch abhängig" (ebd., S. 52).

Die einstmals eher auf eine zielgerichtete Zukunftsplanung orientierte Lebensphase Jugend ist heute einer breiten Gegenwartsorientierung gewichen, die durch die Auswirkungen gesellschaftlicher Individualisierungsprozesse und zunehmender Vereinzelungs-, Entfremdungs- und Konkurrenztendenzen verstärkt wird. Von Wolffersdorff sieht in dieser 'Gegenwartsorientierung' weniger die Möglichkeit einer Suche nach neuen intensiven Erfahrungen, sondern eher eine Überlebensstrategie: "Über die Runden kommen in einer unübersichtlich gewordenen Alltagsrealität; sich zurechtfinden unter erschwerten Arbeitsmarkt- und Berufsperspektiven; sich im Zeichen fortschreitender ökologischer Verwüstungen überhaupt noch einen Glauben an den Sinn des Weiterlebens bewahren - kurz: Lebensbewältigung im Zeichen der Allgegenwärtigkeit von Risiken und Krisenerfahrungen" (von Wolffersdorff 1993, S.45ff). Ferchhoff verdeutlicht, daß nicht die Jugendlichen problematischer geworden sind, sondern die strukturellen Lebensbedingungen, unter denen sie aufwachsen (1985, S.63 und Ferchoff/Neubauer 1989, S.133).

Konventionelle Lebensentwürfe im Sinne von Schule, Ausbildung, Berufstätigkeit, dadurch ökonomische Selbständigkeit und evtl. Heirat und Gründung einer Familie (in dieser Folge) haben für viele Jugendliche unter der Brüchigkeit biographischer Verläufe ihre Sinnhaftigkeit verloren (Achter Jugendbericht 1990, S.29; Thiersch 1992, S.20). Simon (1995) spricht von einer 'Aufweichung traditioneller Lebensprägungen' (S.61). Diese Veränderungen und Tendenzen - als 'Strukturmerkmale gegenwärtiger gesellschaftlicher Entwicklung' (Böhnisch/Münchmeier 1990, S.52) - bergen für die Jugendlichen Chancen und Risiken in sich. Individualisierung meint nicht nur die Verbesserung von Wahlmöglichkeiten und Optionen, sondern erhält eine herausfordernde Dimension der Neuorientierung durch die Tatsache, daß tradierte Normen und Werte als verhaltensanleitende Muster geschwächt oder nicht mehr relevant sind. Auch der Bedeutungsverlust von primären Sozialisationsinstanzen wie Familie, Schule, Bildung, evtl. Religion trägt hierzu bei. Jugendliche müssen daher zum 'Regisseur' ihrer Verhältnisse werden (Thiersch 1992, S.69).

Nach Böhnisch/Münchmeier meint Individualisierung auch "die sozialräumliche Pluralisierung der Biographien vor einem Horizont der Erreichbarkeit" (1990, S.52), der nicht mehr durchgängig sozialstaatlich garantiert, sondern eher marktgesteuert und daher risikobehaftet ist. Deshalb müssen die Individuen den 'Sinn' ihrer biographischen Verläufe selbst herstellen (ebd.). Diesen Sinn auch tatsächlich herstellen zu können und damit autonom handlungsfähig zu sein, verlangt jedoch eine eigene Identität (Heitmeyer 1992, S.17). Diese zu erlangen ist auf dem Hintergrund der skizzierten Veränderungen heute erschwert.

Simon (1995) kritisiert, daß diese Debatte in der Jugendforschung bislang nicht ausreichend schicht- und geschlechtsspezifisch differenziert betrachtet und geführt wird (S.59). Für Scherr (1995) gar verliert ein Jugendbegriff seine gesellschaftliche Basis, wenn er nicht zwischen denjenigen Gruppen, die zum privilegierten Kern der Gesellschaft gehören und den ökonomisch-politisch Marginalisierten differenziert (S.187). Daß die von Scherr erstgenannte Gruppe von den gesamtgesellschaftsstrukturellen Veränderungen ebenso betroffen ist, wurde aus den bisherigen Ausführungen deutlich. Dieser Gruppe stehen jedoch noch eher Ressourcen zur Verfügung (wie etwa finanzielle Unterstützung im Elternhaus, Flexibilität bei Bildungswegen und Berufswahl), die negative Auswirkungen dieser Tendenz 'abfedern' helfen. Für Jugendliche, die über diese nicht verfügen, kann infolge zusammenwirkender Faktoren (etwa Arbeitslosigkeit, Obdachlosigkeit, Verarmung) ein Marginalisierungsprozeß einsetzen[5]. Diese skizzierte Entwicklung hat Konsequenzen für die Lebensentwürfe und -perspektiven der Jugendlichen allgemein. Tiefgreifende Veränderungen im Bildungs- und Ausbildungssektor, Ausbildungsnot und Arbeitsplatzmangel verweisen viele Jugendliche in 'Warteschleifen' (vgl. hierzu auch Kap.2). Wer "den Anschluß verpaßt" läuft Gefahr, in die soziale Marginalität abgedrängt zu werden, in risikoreiche und unqualifizierte Arbeitsverhältnisse oder in längere Arbeitslosigkeit. Baethge (1990) spricht in diesem Zusammenhang von einem inhaltlichen Programm 'normativer Ansprüche' wie Selbständigkeit, Flexibilität, kommunikative Sensibilität, kognitive und psychosoziale Kompetenzen. "Wer diese Ansprüche nicht einlöst, wird weitgehend hoffnungslos an den Rand gedrängt (marginalisiert)" (ebd., in: Fitzek 1990, S. 14). Baethge weist in seiner Marginalitätsdefinition auch auf den Stigmatisierungseffekt hin: "Marginalisierung bedeutet nicht allein, daß Jugendliche durch die Zuweisung ökonomisch benachteiligter und risikoreicher Positionen auch sozial an den Rand der Gesellschaft, gleichsam ins Abseits, gedrängt werden. Marginalisierung bedeutet darüber hinaus, daß ihnen im öffentlichen Bewußtsein die Verursachung für diese soziale Plazierung als individuelles Versagen selbst zugeschrieben wird" (ebd)[6]. Thiersch (1992) gelangt zu der Einschätzung, daß die Erfahrungen Jugendlicher des 'Am-Rande-Lebens', des 'Zu-Kurz-Kommens' mit besonderer Leidenschaft wahrgenommen und in eigene Reaktionen umgesetzt werden (S.68). Als eine dieser Reaktionsformen kann sicher die Zuordnung Jugendlicher zu jugend(sub)kulturellen Szenen interpretiert werden, was im nachfolgenden Abschnitt kurz durchleuchtet werden soll.

1.3 Zur Relevanz jugendkultureller Gruppen

Die Zugehörigkeit zu Gleichaltrigengruppen hatte im Leben Jugendlicher schon immer eine wesentliche Bedeutung[7]. Auf die historische Entwicklung

---

[5] vgl. hierzu ausführlicher Kap. 2

[6] Auf diesen Punkt wird später noch ausführlicher eingegangen

[7] Der historische Blick weist schon auf 'Jugendkulturen' (Wyneken und Bernfeld) zu Beginn dieses Jahrhunderts hin. In der proletarischen Jugendbewegung formierten sich jugendliche Lehrlinge und Jungarbeiter, um für eine Verbesserung ihrer Arbeits- und Freizeitbedingungen solidarisch zu streiten (vgl. Böhnisch/Münchmeier 1989, S.93f), und die bürgerliche Jugendbewegung der 'Wandervögel' mit ihrer Natur- und Lagerfeuerromantik, der Pflege von Volkstanz und Liedgut kann auch in ihrer Nähe zu zentralen Fragen bürgerlicher Befindlichkeit als Beispiel der bürgerlichen Jugend dieser Zeit betrachtet werden (vgl. Autorengruppe Fritz, Ha-

und Vielfalt der Jugendbewegungen bis in die Moderne soll hier nicht differenzierter eingegangen werden[8]. Böhnisch/Münchmeier weisen darauf hin, daß in den Jugendbewegungen zu Beginn des Jahrhunderts das Grundelement jeder Jugendarbeit - nämlich die Gleichaltrigen-Beziehung und die Gleichaltrigen-Gruppe - hier ihren historischen Ursprung hat (1989, S.94).

Für die Zeit nach dem zweiten Weltkrieg bis heute kann festgehalten werden: Seit den 50er Jahren sind jugendkulturelle Phänomene in vielfältiger Weise in Erscheinung getreten. In einem Vortrag 1985 führte Gerd Wartenberg aus, daß sich in diesen Phänomenen exemplarisch der "Trend der Gesamtjugend zur Abkehr von Vorbildern, zur Medien- und Gleichaltrigen-Orientierung und zur pessimistischen Distanzierung vom Konsumismus der Industriekultur" zeigt (Wartenberg 1990, S.9). Allerdings erscheint mir diese Einschätzung Wartenbergs aufgrund der jugendkulturellen Pluralisierung und Differenzierung der Lebensstile mit ihren unterschiedlichen Facetten heute nicht mehr zutreffend zu sein. Einige der jugendkulturellen Strömungen - Becker u.a. haben diese 1984 den 'manieristischen Strömungen' zugeordnet -, definieren sich vor allem auch durch den Konsum in der Industriekultur. Wartenberg weist ferner darauf hin, daß alle subkulturellen Jugendbewegungen über England, Frankreich und die USA 'importiert' und von der Mentalität dieser Länder beeinflußt sind (ebd.)[9].

Als einer der ersten Jugendforscher, der sich ausführlich mit Jugendsubkulturen und deren Definition befaßte, gilt Rolf Schwendter (1971). Er definiert Subkultur als "Teil einer konkreten Gesellschaft, der sich in seinen Institutionen, Bräuchen, Werkzeugen, Normen, Wertordnungssystemen, Präferenzen, Bedürfnissen usw. in einem wesentlichen Ausmaß von den herrschenden Institutionen etc. der jeweiligen Gesamtgesellschaft unterscheidet" (1978, 3.Aufl., S.11). Diese Definition erscheint mir auch heute noch zutreffend. Jedoch die von Schwendter zu Beginn der 70er Jahre noch vorgenommenen Kategorisierungen in zwei Hauptströmungen jugendlicher Subkulturen in 'progressive' (als gesellschaftsverändernde Impulse setzende) und 'regressive' (als tradierte Normen und Werte erhaltende) Subkulturen müssen heute differenzierter betrachtet werden und erscheinen in dieser Eingrenzung unzureichend. Hingegen hat die Ende der 70er Jahre von den

---

feneger, Krahulec und Thaetner 1990, S.165). Für die Autoren ist die Entstehung der Jugendbewegung zu Anfang dieses Jahrhunderts paradigmatisch für die gesellschaftlichen Problemlagen und die Mentalität dieser Zeit; und sie interpretieren die Jugendbewegung der Wandervögel als Versuch der bürgerlichen Jugend, eine Antwort zu finden auf die Konflikte und Brüche ihrer Zeit (vgl.ebd.)

[8] vgl. hierzu ausführlich Simon, Titus 1995, Raufhändel und Randale. Eine Sozialgeschichte aggressiver Jugendkulturen und pädagogische Bemühungen von 1880-1995

[9] Um so erstaunlicher ist m.E. die Tatsache, daß die seit einigen Jahren bestehende 'Techno- und Rave-Szene' mit ihren 'Love-Parades' in der Bundesrepublik entstand und sich nun langsam in angrenzende Länder ausweitet

englischen Jugendforschern Clarke, Hall, Jefferson und Roberts des Birminghamer 'Centre for Contemporary Cultural Studies' (CCCS)[10] vorgenommene Definition von 'Kultur' als ein Aspekt von Jugend bis heute nicht ihre Gültigkeit verloren. 'Kultur' ist demnach "jene Ebene, auf der gesellschaftliche Gruppen selbständige Lebensformen entwickeln und ihrer sozialen und materiellen Lebenserfahrungen *Ausdrucksform* verleihen. Kultur ist die Art, die Form, in der Gruppen das Rohmaterial ihrer sozialen und materiellen Existenz bearbeiten" (Clarke et.al. 1979, S.40f). Auch die Interpretation Schäfers, der Subkulturen als "relativ selbständige Ausprägungen kultureller Systeme, die für einzelne soziale Gruppen einen hohen Grad an Verbindlichkeit haben" definiert (1984, S.214), besitzt heute noch große Gültigkeit. Sowohl die Toleranzfähigkeit der Gesellschaft als auch die Radikalität der jeweiligen Subkultur beeinflussen die Frage, ob diese als Erscheinung einer pluralistischen Gesellschaft oder als abweichend gesehen und diskriminiert werden (ebd.). Walter Specht führt hierzu aus, daß gesellschaftliche Reaktionen auf subkulturelle Gruppen und Cliquen häufig in denunzierende Etikettierungen wie etwa 'Verführungsinstanzen' und 'krankmachendes Milieu' münden (1991, S.20).

1987 plädiert Dieter Baacke dafür, den Terminus 'Subkultur' heute nicht mehr zu verwenden, da der Begriff "suggeriert, es handele sich um kulturelle Sphären, die *unterhalb* der akzeptierten elitären Kultur liegen - von teilweise zweifelhaftem Wert und jedenfalls einem irgendwie 'unteren' Bereich zugehörig" (1987, S.95). Diese Deutungen entsprechen nicht den Tatsachen - so Baacke - und assoziieren, daß es sich um 'Teilsegmente' der Gesellschaft handelt, die exakt auszudifferenzieren sind (ebd.). Die Subkultur-Theorien gingen laut Baacke davon aus, daß einzelne Subkulturen präzise lokalisierbar seien (etwa in einer bestimmten Schicht oder politischen Haltung). Daß dies nur bedingt zutreffe, versucht Baacke am Beispiel der Punks zu verdeutlichen, die weder 'links' noch 'rechts' noch 'grün' und keinem eindeutigen Raster zuzuordnen seien (ebd.). Allerdings erscheint mir das Beispiel der Punks hier unzulänglich. Campino, Sänger der ersten und bekanntesten deutschen Punk-Band 'Die Toten Hosen', definiert die Punks als 'Außenseiterszene mit Hang zu linkslastigen Ideologien' und durch ihre Musiktexte kämpfen sie engagiert gegen Rechtsradikalismus und Ausländerhass (Frankfurter Rundschau 8.12.1992).

Ein wesentliches Element der terminologischen Definition von 'Subkultur' sei - so Baacke - jedoch weiterhin haltbar, nämlich die 'Betonung der Eigenständigkeit *kultureller* Systeme' (ebd., S.96). Diese Eigenständigkeit impliziere - und Baacke liefert hier eine treffende Interpretation -, daß 'kulturell' hier nicht als Überbau-Phänomen gedeutet wird, sondern als ein spe-

---

[10] Die Mitarbeiter erforschten in den 70er Jahren jugendliche Subkulturen, wobei sich die Studien vorrangig auf männliche Arbeiterjugendliche in englischen Großstädten konzentrierten

zifischer Habitus, der bis in die Motive ökonomischer Lebenssicherung und politischer Selbstverortung hineinreicht" (ebd.).

Entgegen den oben genannten Einwänden gegen eine weitere Verwendung des Terminus 'Subkulturen' konnte ich bei der Durchsicht der neueren relevanten Fachliteratur feststellen, daß Baackes Vorschlag nicht von allen Autoren/Autorinnen aufgegriffen wird. Auch ich werde in der vorliegenden Arbeit zeitweilig wieder auf die ursprüngliche Bezeichnung 'Subkultur' zurückgreifen, weil diese die Elemente (und die berechtigten Anliegen) des 'Gegen'-kulturellen (also im Gegensatz zum 'bürgerlichen' Kulturbereich) schärfer verdeutlicht und außerdem von den Jugendlichen häufig selbst verwandt wird, um dadurch - so meine Erfahrung - eine deutlichere Grenzmarkierung (zu allem 'Bürgerlichen') vorzunehmen.

1.3.1 Zur Funktion von jugend(sub)kulturellen Gruppen

Jugendkulturellen Gruppen kommt heute aufgrund der skizzierten gesellschaftlichen Veränderungen eine differenzierter zu betrachtende Funktion zu. Auf dem Hintergrund des Kompetenzverlustes traditioneller Sozialisationsagenturen erhält die jugendkulturelle Clique eine bedeutende Aufgabe. Die Bindungsbereitschaft Jugendlicher an traditionelle Vereine und Verbände sinkt, immer weniger Jugendliche organisieren sich in Sportvereinen oder kirchlichen und gewerkschaftlichen Jugendverbänden (vgl. Hafeneger 1991a, S.19; Deutsche Jugend Nr.7-8, 1992; Ferchhoff 1993, S.341). Dies weist darauf hin, daß Vereine und Verbände nicht mehr angemessen auf die Bedürfnisse der Jugendlichen heute reagieren[11].

Angesichts der 'Brüchigkeit' biographischer Verläufe und Lebensentwürfe befinden sich Jugendliche heute mehr denn je in einem 'Balanceakt', und in diesem Identitätsbildungsprozeß "von Orientierung und Sinnfindung sind Lern- und Erfahrungsfelder notwendig, die Experimente und Suchbewegungen zulassen" (Hafeneger 1991a, S.19). Da viele Jugendliche heute angesichts des beschriebenen Orientierungsverlustes diesen notwendigen experimentellen Raum in den traditionellen Bildungsinstanzen sowie den Vereinen und Verbänden nicht mehr vorfinden, erlangen jugendkulturelle Gruppen nach Ansicht Ferchhoffs zunehmende Relevanz. In ihnen können nach innen Zugehörigkeit und nach außen Grenzlinien markiert werden (Ferchhoff 1991, S.17).

Diese erweiterten Herausforderungen an Jugendliche heute führen auch dazu, daß gerade in der Phase notwendiger Sinn- und Orientierungssuche - also individueller Identitätsbildung - viele Fragen für Jugendliche offen

---

[11] vgl. hierzu auch den Artikel von Stoppe 1995, S.230ff

bleiben. Hornstein (1984) gelangt zu der Einschätzung, daß traditionelle Sozialisations- und Bildungsinstanzen heute kaum noch in der Lage sind, "für die Heranwachsenden einen individuell erfahrbaren und zugleich auch gesellschaftlich gestützten Sinn, also eine Antwort auf die Frage vermitteln, was das Ganze eigentlich soll" (in: Böhnisch/Münchmeier 1987, S.77). Da die Fragen der Jugendlichen unbeantwortet bleiben, müssen sie "die Sinnfrage für sich selbst lösen, auf eigene Faust sozusagen; und sie tun dies in den vielfältigen Formen jugendlicher Subkulturen" (ebd.). Diese Sichtweise knüpft an die Analyse Ulrich Becks an, der jugendkulturelle Gruppen als 'Suchbewegungen' (1986) definiert. Suchbewegungen, die in den verschiedenen Varianten der Alternativ- und Jugendsubkultur experimentelle Umgangsweisen mit dem eigenen Leben, dem eigenen Körper (auch indem dieser 'inszeniert' wird, Anm. I.M-W) und mit sozialen Beziehungen erproben (ebd., S.119f).

Jugendsubkulturen dienen jedoch auch als (schützender) 'Rahmen', um eigene Einstellungen, Sichtweisen und Deutungen deutlich nach außen zu artikulieren oder um auf gesellschaftliche Mißstände hinzuweisen. Jugendkulturen sind 'Seismographen' (Naumann 1986; Bopp 1988), die 'feinste Erschütterungen des Zeitgeistes verzeichnen, vorwegnehmen und spektakulär agieren' (Naumann 1986, S.131).

Wenngleich eine Untersuchung von Klaus Allerbeck und Wendy Hoag (1985) ermittelt hat, daß nur 2 bis 5% der Jugendlichen sich jugendsubkulturellen Szenen zuordnet, so verweist doch die Tatsache, daß die Zugehörigkeit zu einzelnen Szenen wechseln kann und für einige nur vorübergehend relevant ist, darauf, daß Jugendkulturen eine große Anziehungskraft auf viele Jugendlichen ausüben: "Insofern sind Sub- oder Jugendkulturen ein heute auffälliger und kulturell bemerkenswerter Bestandteil von 'Jugend' und als permanentes Angebot an alle jeder Beachtung wert" (Baacke 1987, S.91).

Mittlerweile tritt eine nahezu unüberschaubare Vielfalt jugendsubkultureller Phänomene in Erscheinung. So läßt sich zu Anfang der 90er Jahre feststellen, daß unter den 'Jugendbildern' eine Pluralität und Uneinheitlichkeit besteht, die sich vor allem in den 80er Jahren auf vielfältige Weise vermehrt und ausdifferenziert hat. Diese sind in ihren Orientierungen, Einstellungen, Ausformungen und Stilisierungen kaum mehr überschaubar (vgl. Ferchhoff/Neubauer 1989, S.135). Lenz verweist in diesem Kontext auf die nicht zu unterschätzende Rolle und den Einfluß der Medien, da das medial vermittelte Bild von Jugend sich stark am Auffälligen orientiere (Lenz 1988, S.155). Das Neue, das Spektakuläre wird so vermarktet, was die Gefahr einer Generalisierung von 'der Jugend heute' in sich birgt. Dies über die Massenmedien transportierte Bild 'der Jugend' "ist sicherlich im Sinne einer adäquaten repräsentativen empirischen Wiedergabe nicht immer haltbar und manchmal auch ideologisch zurechtgestutzt" (Ferchhoff/Neubauer 1989,

S.136). Die Autoren führen aus, daß das Exzentrische und Exotische, das Abwegige und Bizarre publikationswürdiger und marktgängiger sei, was die Gefahr berge, daß Mehrheiten der Jugendkohorten in den Hintergrund treten, wodurch ein 'getrübtes Bild' der Jugend entstehe und die absurde 'Nicht-Normalität' in den Status der Normalität versetzt werde (ebd., S.137). Dieser Aspekt muß etwas differenzierter betrachtet werden. Einerseits scheint mir dieser Einwand der Autoren berechtigt, betrachtet man z.B. die mediale Berichterstattung über rechtsorientierte bzw. -extreme Jugendformationen, kann leicht der Eindruck erweckt werden, 'die Jugend heute' sei allgemein tendenziell rechtsorientiert. Andererseits sehe ich jedoch das, was Ferchhoff/Neubauer als die 'absurde Nicht-Normalität' bezeichnen, für eine zunehmende Anzahl Jugendlicher zur 'Normalität' werden. Wenn Jugendliche Negativerlebnisse, Diskriminierungs- und Stigmatisierungserfahrungen, Armut, Not, Obdachlosigkeit etc. oder einfach nur ihre Vorstellungen von einem anderen Leben in 'extremer', d.h. deutlicher, auffälliger Art und Weise artikulieren (z.B. in 'exotisch-bizarren' Jugendsubkulturen), erscheint mir das durchaus folgerichtig: als eine Reaktion auf die Lebensumstände bzw. die empfundene Befindlichkeit darüber und insofern eine 'normale Reaktion'. Dieses Verhalten wird dann von Teilen der Gesellschaft jedoch als 'abweichendes Verhalten' definiert. Hieran schließt sich die Sichtweise Kraußlachs u.a.(1976), daß jugendkulturelle Gruppen auch als 'Notgemeinschaften' fungieren und ihrer Ansicht nach eine Reaktion auf gesellschaftliche Deprivation sind (S.44).

Im jugendtheoretischen Diskurs herrscht Übereinstimmung darüber, daß den jeweiligen Bezugsgruppen Jugendlicher eine wichtige Sozialisationsfunktion zukommt. Die Gruppe gibt Sicherheit, schafft Solidarität und ein Wir-Gefühl, vor allem jedoch bietet sie den Erfahrungs- und Selbsterprobungsraum, der als wesentlicher Beitrag zur Identitätsentwicklung angesehen werden kann (Clarke 1979; Brake 1981; Cashmore 1984; Baacke 1987; Böhnisch/Münchmeier 1989, 1990; Hafeneger 1991, 1992, 1993; Simon 1995).

1.3.2 Zur Typologie jugendkultureller Gruppen

Die Typologie jugendkultureller Gruppen wird im Jugendforschungsdiskurs durchaus unterschiedlich verhandelt. Ferchhoff/Neubauer weisen auf Schwierigkeiten wie etwa ungenügende Trennschärfe, Überlappungen, empirische Zuordnungsprobleme und Vereinfachungen hin, die nicht immer die soziokulturellen, lebenslagenbezogenen und alltagskulturellen Aspekte berücksichtigen (1989, S.140). So begrenzt Lenz beispielsweise seine Typologie auf vier 'jugendliche Handlungstypen', nämlich den familien-, den hedonistisch-, den maskulinen- und den subjektorientierten Handlungstyp (vgl. Lenz 1988, S.22). Diese Typologie erscheint mir unzureichend, da sie dem sozialen Milieu, dem direkten Lebensumfeld Jugendlicher, zu wenig Beachtung einräumt. Becker, Eigenbrodt und May berücksichtigen diesen Aspekt jedoch bereits 1984 in ihrer Typologie. Sie unterscheiden subkulturelle Milieus, gegenkulturelle Milieus, Milieus maniristischer Strömungen und die institutionell-integrierten Milieus. Auch Ferchhoff differenziert Jugendkulturen nach jugendlichen Lebensmilieus und benennt fünf Typologien: die Religiös-Spirituellen, die Kritisch-Engagierten, die Körper-und Action-Orientierten, die Manieristisch-Postalternativen und die Institutionell-Integrierten (vgl. Ferchhoff 1991, S.20f), die nicht wesentlich von Bekkers u.a. vorgenommenen Typologie abweicht[12]. Ich teile Baackes Aussage, der betont, daß es in allen Szenen Jugendlichen darum geht, eine Antwort auf die Frage zu finden, "wer man sei und welche Chancen man als Subjekt habe... welches Subjekt es sei, das da 'Ich' sagen will" (1987, S.31 u.33). Diese 'Ich'-Findung, also die Erfahrung von Identität, verlangt Räume, in denen Selbstinszenierung möglich wird (Böhnisch/Münchmeier 1990, S.17). Die Bedeutung von Raum und Ausdrucksformen sozialräumlicher Aneignung Jugendlicher soll im folgenden kurz reflektiert werden.

1.4 Die Bedeutung von 'Raum' für Jugendliche - am Beispiel sozialräumlicher Aneignung öffentlicher Plätze

In den 80er Jahren ist im theoretischen Diskurs der Jugendforschung die 'sozialräumliche' Diskussion um 'Raumbedürfnis' und 'Raumaneignung' Jugendlicher wieder neu in das Blickfeld der Jugendforschung gerückt. Bereits in den 30er Jahren legte Martha Muchow eine Studie zum Lebensraum des Großstadtkindes vor; auf ihren Untersuchungsmethoden basieren heute z.T. sozialökologische Forschungsansätze im Kontext von 'Raumaneignung' (auf dem Hintergrund der materialistischen Aneignungstheorie Leontjews) (vgl. Deinet 1990, S.59).

Die Rekonstruktion des 'Raumbezugs' wird in der Jugendforschung auf die ökonomischen und soziokulturellen Veränderungen der Lebenslagen Jugendlicher sowie auf strukturelle Veränderungen im urbanen Raum begründet. "Die Suche nach 'Jugendräumen' bedeutet für Jugendliche gerade heute wesentlich mehr als Suche nach eigener, 'jugendgemäßer' Freizeit. Es ist die Suche nach generationseigenen Ausdrucksformen *und* lebensphasen-

---

[12] vgl. hierzu auch Ferchhoff/Neubauer 1989, S.141f, die hier eine noch differenziertere Typologie darstellen

spezifischer Lebensbewältigung" (Böhnisch/Münchmeier 1989, S.17). Auf dem Hintergrund der heute früheren soziokulturellen Selbständigkeit sei es jedoch historisch neu, - so die Autoren -, daß Jugendliche "vermehrt Räume und Aneignungsmöglichkeiten von Räumen im engeren und weiteren Sinn brauchen, um sich unter den veränderten Bedingungen und Anforderungen ausdrücken, selbst finden und ihre existentiellen Lebensprobleme bewältigen zu können" (ebd., S.80). Dies sei heute auch deshalb so dringlich, weil Jugendliche nur noch beschränkte Zugangsmöglichkeiten zu Öffentlichkeiten und Lebensräumen haben (vgl. ebd.). Schon 1983 weisen Helmut Becker u.a. auf die zentrale Bedeutung von 'Raum' für Jugendliche hin, die z.B. in den Siedlungsghettos der Großstädte durch so veränderte Strukturen kaum mehr Möglichkeiten haben, sich 'eigenen Raum' zu gestalten: "Die Umwelt tritt den Individuen als kodifizierter, verregelter Raum gegenüber, der kaum mehr Qualitäten an sich besitzt, sondern nur mehr Mittel für andere Zwecke ist. In einer solchen Ein-Zweck-Welt betonierter Langeweile, wo es nichts anzugreifen, einzugreifen und zu handeln gibt, wo keine Kontraste an Personen, Aktivitäten und Formen die Gefühle und Aufmerksamkeiten auf sich ziehen und zu Reaktionen auffordern können, erstirbt erforschendes und spielendes Verhalten" (Becker u.a. 1983, S.125).

Lessing u.a. machen auf zwei Marginalisierungsaspekte aufmerksam, die besonders Jugendliche im urbanen Raum betreffen: Zum einen bedeute der unter monofunktionalen Gesichtspunkten strukturierte und verödete städtische Lebensraum für Kinder und Jugendliche, daß sie hauptsächlich 'enteignete' (vgl. hierzu bereits 1983 Becker u.a., S.125ff) Räume vorfinden und daher ausgegrenzt sind. Zum anderen werde durch zunehmende Armut die räumliche Segmentierung Jugendlicher beschleunigt; durch steigende Wohnraumverteuerung und gleichzeitiger Verknappung des allgemeinen Wohnraums werde der Lebensraum Jugendlicher heute verengt und die ökonomische Verselbständigung verzögert (1986, S.79f). Der Stadtteil verliert vor allem auch für Jugendliche jegliche Bindungs- oder gar Integrationsfunktion; diese 'Verengung' des Lebensraums und die hier vorgefundene 'Erlebnisarmut' treibt die Jugendlichen in den Innenstadtbereich, was durch gute Verkehrsanbindungen erleichtert wird ('Schwarzfahren').

Noch in den 70ern und zu Beginn der 80er Jahre stellten die Jugendzentren und Jugendhäuser unter dem Sammelbegriff 'Freizeitpädagogik' Jugendlichen Raum zur Verfügung. Wie bereits aufgezeigt hat sich der 'sozialräumliche' Diskurs in der Jugendforschung in den 80er Jahren neu belebt. Gerade jugendliche Cliquen und peer-groups drücken symbolisch ihre Zugehörigkeit über angeeignete und von ihnen deutlich markierte Räume aus. Becker, Eigenbrodt (später Hafemann) und May (1984 a u. b) näherten sich der Frage jugendlicher Cliquen und ihrer Sozialräume als eine der ersten in der neueren Jugendforschung. Die Forschergruppe untersuchte die Raumaneignung Jugendlicher an Straßenecken und öffentlichen Plätzen, an

Bus-Wartehäuschen, in öffentlichen Ecken und Nischen sowie die Raumstruktur in einem Jugendzentrum in Schwalbach (bei Frankfurt). Die Raumaneignung einer jugendkulturellen Gruppe wird von den Autoren am Beispiel einer Gruppe Punks anschaulich beschrieben, die sich im Jugendzentrum nicht genutzte Räume (inclusive Treppenhaus) eroberten. Dieser Prozeß soll hier exemplarisch etwas ausführlicher aufgezeigt werden, da zum einen das Beispiel einmal mehr zeigt, welche Möglichkeiten zu Beginn der 80er Jahre - im Gegensatz zu heute - in den Jugendhäusern auch für Punks noch vorhanden waren, zum anderen jedoch auch deutlich macht, wie letztlich durch administrative Vorgaben und eine unflexible, bürokratische Handhabung sinnstiftende Aktivitäten Jugendlicher blockiert bzw. ganz verhindert werden: Der zunächst von den Punks wiederholt geäußerte Wunsch nach einem Raum bezog sich jedoch "weniger auf die Verfügung über Raum im Sinne von Privatbesitz als vielmehr auf die Verfügbarkeit im Sinne der Entfaltungsmöglichkeit der eigenen Gegenkultur" (Becker, Hafemann, May 1984b, S.188f). Aufgrund fehlender Verfügungsmöglichkeiten über Räume hatte sich - so die Autoren - das Gefühl der materiellen Ausgrenzung von der Gesellschaft an der Raumfrage festgemacht. Die Raumaneignung des Flurs im oberen Stockwerk des Jugendzentrums wird durch laute Musik, Unterhaltung, lässiges Sitzen auch auf den Kanten der Sessel, im Rahmen des geöffneten Fensters, anlehnen an Wände und Heizkörper verdeutlicht. Die Musik als wesentliches Element markiert den Raum "und das, was sich in ihm entfalten soll" (ebd., S.192). Die Autorengruppe weiter: "Man will sich nicht abkapseln, ist offen gegenüber dem Außen. Dies wird schon deutlich im Sitzen am geöffneten Fenster, das Kontakte nach außen möglich macht (ja in der Demonstration ihrer Anwesenheit als Punks provoziert) und bestätigt sich letztendlich darin, daß immer wieder Nicht-Punks hereinkommen können, ohne gleich vertrieben zu werden. Die Tatsache aber, daß es immer die Punks sind, die die Hereinkommenden ansprechen, und die Art und Weise ihrer Anfragen machen - untermauert durch die Musik - unzweifelhaft deutlich, wessen Vorstellung von Zusammenleben, ja Leben überhaupt, hier gelten soll" (ebd.). Die Wände des Flurs werden "als sichtbares Zeichen der Aneignung" mit Graffities gestaltet, die sich im Laufe der Zeit zu einer umfassenden Collage entfalten "und auf diese Weise Zeugnis gibt von dem, was sich bei ihren Schöpfern an Orientierungen und Erfahrungen entwickelt hat" (ebd., S.190). Auch der Versuch, sich 'ihren Raum' herzurichten und alte Tapeten zu entfernen sowie Wände abzuspachteln geht einher mit Elementen von Körperlichkeit, Dynamik und Action: "Deutlich wird, wie die Punks der Spontanität und Lust freien Lauf gewähren, wie sie Energie, Kraft und Unmittelbarkeit sinnlicher Erfahrung gegenüber der Mühsal von Arbeit betonen" (ebd., S.193). Der Versuch scheitert jedoch an den administrativen Verzögerungen der Bewilligung von Geldern für Farbe und andere Materialien, die erst zwei Monate nach Beantragung eintrifft. Die Punks geben letztlich auf und verlagern ihre Treffpunkte wieder nach außen (vgl. ebd., S.194).

Mitte der 80er Jahre setzte eine bundesweit zu beobachtende Tendenz ein: Jugendliche blieben den Jugendhäusern fern und viele Jugendzentren mußten schließen. Die Jugendhäuser kamen bei unflexiblen Öffnungszeiten (z.B. abends und an den Wochenenden geschlossen) den Bedürfnissen Jugendlicher nach selbstbestimmten Räumen und unreglementierten Treff- und Aufenthaltsmöglichkeiten nicht nach. Auch durch die in den Jugendzentren bestehenden Vorgaben und Regeln (die 'Ära' der selbstverwalteten Jugendzentren ging zudem dem Ende zu) sowie die ihnen auferlegte Funktion der 'freizeitpädagogischen Animation' wurde diese Entwicklung beschleunigt. Die Mitarbeiter und Mitarbeiterinnen bestimmten vorrangig über die 'Angebote' und 'Aktivitäten'. So wurde den Jugendlichen die Beschäftigung als Aneignungsform vorgegeben (vgl. Lessing u.a. 1986, S.65). Verstärkt wurde diese Tendenz auch durch die Tatsache, daß sich jugend(sub)kulturelle (Rand)Gruppen einerseits von den dortigen 'Angeboten' ohnehin nicht angesprochen fühlten, andererseits waren diese Jugendlichen in den Jugendzentren nicht gern gesehen, weil sie zu auffällig, zu laut, zu aggressiv waren. So eigneten sich gerade diese Jugendlichen ihre selbstbestimmten Räume außerhalb in den Innenstädten und auf öffentlichen Plätzen und in Fußgängerzonen an. Durch die Abkehr von traditionellen Gesellungsformen entfalten sich, als Folge dieser Entwicklung, neue Treffrituale, und der innerstädtische Raum wird zugleich zum Lebensraum, Lebensfeld und Erlebnisraum. Die selbständige Aneignung von Territorien impliziert vor allem für Jugendliche in jugendkulturellen Gruppen auch die Notwendigkeit, diese kontrollieren zu können. Fungiert dieser Prozeß zunächst identitätsstiftend, so erlangt er letztlich auch eine soziale Reproduktionsfunktion, d.h. das eigene Handlungsspektrum wird durch die Aneignung von Sozialraum erweitert. Das Leben auf öffentlichen Plätzen birgt für Jugendliche eine eigene Faszination, hier wird Spannung und 'Action' erlebt, es geht um 'sehen und gesehen werden', auch um 'sich in Szene setzen', um Inszenierung. Aber auch problembehaftete Lebenshintergründe wie Obdachlosigkeit, Langzeitarbeitslosigkeit, vielfach erlebte Ausgrenzung etc. veranlassen Jugendliche, sich auf öffentlichen Plätzen aufzuhalten. Dies trägt wesentlich zur Strukturierung ihres Tages bei. Dieser Prozeß von Erschließung und Besetzung öffentlicher Plätze wird zunächst zum 'Freiraum' und trägt zur Identitätsfindung und zur sinnstiftenden Orientierung bei, dient im Binnengefüge als forderungsarmer, unreglementierter Raum, ist Rückzugsort von Erwachsenen und deren Ansprüchen. Hier will man sich dem kontrollierenden Zugriff entziehen: die Straße wird zum 'sozialen Ort', ist Treffpunkt für Kommunikation und Informationsaustausch. Die Aneignung öffentlicher Plätze und Räume ist auch Ausdruck eines Protests gegen die gesellschaftlich blockierten und besetzten Räume, die durch die Inbesitznahme so aktiv erschlossen und 'umdefiniert' werden.

Dieter Baacke schildert diese 'Umdefinition' von Räumen am Beispiel einer Punk-Gruppe am Hauptbahnhof in Hannover. Hier halten sie sich zum Biertrinken und geselligen Austausch an den Rolltreppen auf und akzeptieren so durch ihr Verhalten die eigentliche funktionale Bestimmung dieses Ortes nicht, nämlich die Reisenden möglichst rasch an die Fahrkartenschalter und Bahnsteige zu bringen. So gestalten sie sich aus diesem Raum einen kommunikativen Ort der Zeitverschwendung und des Konsums und machen diesen zur Provokation (vgl. Baacke 1987, S.118f). Öffentliche Räume und Plätze werden so funktionalisiert und zu 'Bühnen', auch im Sinne von "Gegen-Inszenierungen zur bürgerlichen 'Gemütlichkeit' " (Baacke 1987, S.121).

Solche Provokationen und Regelverletzungen bis hin zu Zerstörungswut und Vandalismus sind auch als Bewältigungsversuche zu interpretieren, Erlebnisarmut zu kompensieren. Becker/May (1991) haben hierfür den Begriff der 'Situationskontrolle' geprägt (S.42) und sehen in diesen Handlungen auch einen Versuch der Jugendlichen, "dem Mangel an Erlebnisqualität - der für sie gleichbedeutend ist mit einem Mangel an Sein - entgegenzusteuern" - gleichsam als Mittel zur Selbstvergewisserung (ebd., vgl. auch Becker/Eigen-brodt/May 1983, S.129). Gesellungsformen, 'Umfunktionierung' der Räume und das Verhalten der Jugendlichen, z.B. laute Begrüßungsrituale, Trinkrituale und exzessiver Alkoholkonsum an öffentlichen Plätzen wird so zum 'öffentlichen Ärgernis' und ruft spontan meist ablehnende Reaktionen bei Passanten hervor, die sich durch das scheinbare Nichtstun und den Habitus der Jugendlichen provoziert fühlen. Allzuoft erschöpfen sich diese Reaktionen im Ruf nach Disziplinierung, nach Bestrafung, dem Ruf nach Reglementierung oder der Polizei, was dazu führt, daß lokale 'Raumwärter' (Becker u.a. 1983, 1984 a u.b) in Aktion treten (Ordnungsamt, Polizei, Nachbarn, Geschäftsleute). Keppeler (1989) weist darauf hin, daß öffentliche Orte auch Räume der Zu- und Festschreibung delinquenten Verhaltens seien sowie durch repressive ordnungspolitische und polizeiliche Zugriffe Orte der potentiellen Kriminalisierung (S.19). So wird das Verhalten Jugendlicher rasch zum von der Norm 'abweichenden'[13] 'delinquenten' Verhalten und führt zu Konflikten mit öffentlichen Kontrollorganen[14].

---

[13] einen Überblick über die Theorien 'abweichenden' Verhaltens gibt Nikolaus Sidler 1989, S.55-112

[14] vgl. hierzu die 1991 von Arnold/Stüwe in Frankfurt vorgelegte Studie über die "Befragung von Jugendlichen und jungen Erwachsenen an öffentlichen Plätzen in der Innenstadt"; diese Studie wurde vom Magistrat der Stadt Frankfurt in Auftrag gegeben und beinhaltet wesentliche Erkenntnisse, die dem medial vermittelten Bild in der Öffentlichkeit vom 'Straßenleben'

Becker, Eigenbrodt und May weisen bereits 1983 auf die gewichtige Rolle der 'Besetzung von Räumen' gerade für die Subkultur der Punks hin. Sie interpretieren dies als Versuch, als kulturelle Akte symbolischer Formgebung eigene Territorien zu finden, aber auch als Versuche spezifischer Widerstandsformen, als Ausdruck ihrer Auseinandersetzung mit ihren Lebensverhältnissen und den herrschenden Regeln und Kontrollsystemen (S.129). Dies hat bis heute - Mitte der 90er Jahre - nichts an Aktualität verloren, vor allem im Hinblick auf Raumaneignung der Punks an öffentlichen Plätzen, was in der Darstellung der vorliegenden Untersuchung noch deutlich wird.

1.5 Historische Perspektive: Zur Entstehung und Entwicklung der Jugendkultur der Punks

Im folgenden Abschnitt wird kurz die Entstehung und Entwicklung der jugendsubkulturellen Bewegung der Punks skizziert, um die vorliegende Arbeit diesbezüglich nicht unvollständig zu lassen und die Veränderungen innerhalb der subkulturellen Szene der Punks, die sich seither vollzogen haben, zu verdeutlichen. Dadurch wird auch transparent, was der Bewegung heute verloren gegangen ist.

Im allgemeinen wird England als Ursprungsland der Punk-Kultur angegeben, wenngleich auch Einflüsse von Avantgarde-Musikern der Kunst-Szene New Yorks nicht unwesentlich zur Entwicklung beitrugen (vgl. Naumann/Penth 1986).

Die "Sex-Pistols", eine der ersten und bekanntesten Punk-Musikgruppen, provozierten schon 1976 die britische Gesellschaft mit ihren 'bissigen' Texten. Die Entstehung der Punk-Kultur muß jedoch auf dem Hintergrund der gesamten wirtschaftlichen und sozialen Situation Jugendlicher in Großbritannien betrachtet werden, die infolge einschneidender Rezession und damit einhergehend steigender Jugendarbeitslosigkeit für die Jugendlichen eine breite Sinn- und Perspektivlosigkeit mit sich brachte. Vor allem Jugendliche aus der Arbeiterklasse waren hiervon betroffen, und in Städten wie London, Birmingham, Liverpool und Manchester entwickelte

---

der Jugendlichen begegnen. Die beiden Jugendforscher werteten hierzu von Streetworkern durchgeführte narrative Interviews und von Experten und Praktikern die mit der Szene beruflich vertraut waren geführte Gespräche und Gruppendiskussionen aus und erhielten so authentische Informationen über die Lebenssituationen der 20 befragten Jugendlichen. Eine vergleichbare Untersuchung mit dem Titel "Youth on the Street" des englischen Jugendforschers Neil Mann aus Bristol liegt ebenfalls vor; er führte im Sommer 1990 in Bristol innerhalb eines Zeitraums von zehn Wochen eine ähnliche Studie zur Lebenslage Jugendlicher auf öffentlichen Plätzen durch; diese Studie wurde mir in Bristol freundlicherweise zur Verfügung gestellt

sich der Nährboden für einen Stil, der Jugendlichen die Möglichkeit bot, ihre Wut 'herauszuschreien' - ihre Wut über die Isolation und quasi verordnete Langeweile, über empfundene Ohnmachtsgefühle, Ausweglosigkeit und Perspektivlosigkeit. "No future" - dieser Ausdruck war fortan das Postulat der Bewegung und spiegelte so die eingeschränkten Zukunfts- und Berufsaussichten vor allem benachteiligter Schichten wieder (vgl. Firth 1981; Hebdige u.a. 1983; Baacke 1987).

Damit einher ging eine ausgedehnte Kommerzialisierung der gesamten Musikbranche in England, eine zunehmend ausgefeiltere Technisierung der Musik und die Marktkontrolle durch große Schallplattenfirmen. Schallplatten und Eintrittsgelder für Konzerte waren kostspielig und schlossen daher einen Großteil der Jugendlichen aus. Darüberhinaus beinhalteten die Musiktexte kaum noch den realen Bezug zur Lebenswelt dieser Jugendlichen. 'Punk' entwickelte sich aus dieser "no-future"-Stimmung heraus und bot den Jugendlichen eine authentische Ausdrucksform von Protest gegen die Zunahme staatlicher Repression und Restriktion, dem Leistungsgedanken und steigende Konkurrenz sowie allgemeiner Mißstände innerhalb der Gesellschaft. Somit bot dieser Stil eine aktive Verarbeitungsweise ihres Lebensalltags.

Es bildeten sich zahlreiche Musikbands; die Jugendlichen konnten ohne perfektionistischen Anspruch ihre Kreativität und Dynamik einbringen. Alle verfügbaren Utensilien dienten als Geräuschmacher. Es ging den Jugendlichen vorrangig um das Ausdrücken eigener Gefühle und Bedürfnisse, um Protest gegen den Staat und seine Repräsentanten. Die Musikbands gründeten eigene, unabhängige Labels (Plattenfirmen), und die Schallplatten wurden über Musik und Text, Arrangement bis hin zur Umschlaggestaltung selbst produziert - auch als Antwort auf die arrivierten, elitären Rockgruppen und deren kommerzialisierten Musikbranche. Die Konzerte hatten niedrige Eintrittspreise und waren somit für alle zugänglich. Parallel dazu entstanden sog. Fanzines (Fan - Szene = Fanzine), unprofessionelle und bunt zusammengewürfelte Magazine, Blätter und Zeitungen, die Mitteilungen über die Musikszene, Konzerttermine und allgemeine Themen der Punk-Bewegung enthielten; Liedtexte wurden abgedruckt, Insider-Geschichten sowie Informationen dargestellt, alles in witziger, provokativer, zum Teil aggressiver Form, mit Karikaturen und Cartoons versehen. Die Fanzines waren unabhängig und nicht kommerziell, einfach gestaltet und oft handschriftlich geschrieben, meist fotokopiert und wurden gegen einen geringen Betrag im Freundeskreis, in Szene-Kneipen oder unter der Hand weitergegeben. Der eigenen Initiative und Kreativität waren keine Grenzen gesetzt, die Fanzines wurden nicht zensiert, und jede(r) war aufgefordert, sich auszudrücken. Die von großen Musikzeitschriften oft völlig ignorierte Punk-Szene kreierte sich so ihr eigenes Sprachrohr, und der einzelne wurde zum Aktionisten, Protagonisten und Produzenten.

Zur Musik kam der "Pogo", der als Tanzstil der Punker eine 'Karikatur' aller sonstigen Tanzstile ist und konventionelle Tanzstile ad absurdum führt (vgl. Penth/Franzen 1982; May 1986). Durch die Bewegungen und die Eigendynamik wird Energie freigesetzt und angestaute Energie entladen. Helmut Becker u.a. beschreiben diese Dynamik anschaulich: "Man katapultiert seinen Körper in die Luft, bewegt im Flug alles, was sich bewegen läßt und landet unkontrolliert, aufgefangen durch die Körper der Mittanzenden. Daraus ergibt sich eine vielschichtige Dynamik, horizontal wie vertikal, die alle erfaßt" (Becker u.a. 1984a, S.142). Durch dieses 'Auffangen' der Körper entsteht ein Sicherheitsgefühl durch den Rückhalt der Gruppe. Pogo setzt einen Kontrapunkt gegen Einzel- und Paartänze und hat auch mit einer Ästhetik von Bewegungen oder dem Ausdruck erotischer Gefühle nichts gemein. Pogo lebt von der Bewegung, dem Rhythmus und der Dynamik aller (vgl. May 1986, S. 125). "Man spürt den Rhythmus im Bauch, spürt die Bewegungen der Mittanzenden, ihren Schweiß. Wird bewegt durch die anderen und bewegt mit der Motorik des eigenen Körpers die anderen. Punks, die erschöpft sind, lassen sich für eine Weile einfach hin und her schubsen, ehe sie selbst wieder zum Pogo ansetzen. Einige Jungen tanzen mit nacktem Oberkörper. Bei einigen Liedern werden die Texte mitgeschrien. Der Sänger klettert auf die Boxen am seitlichen Bühnenrand und springt unter Jubel der Punks in die Menge, 'pogt' für einige Minuten mit" (ebd.). Becker u.a. beschreiben den Ausdruck von individuellen und kollektiven Erfahrungen im Pogo: "Es ist das Zusammenwirken mit anderen Punks zur gleichen Zeit, das in einen Gemütszustand versetzt, den jeder Einzelne schon oft erfahren hat und der in dieser Weise die gemeinsame Erfahrung und Gruppenkultur wieder aufleben läßt, die durch solche Konzertereignisse geprägt und genährt worden ist" (Becker u.a. 1984a, S.141 ff).

Zur Musik, dem Pogo, den Labels und Fanzines kommt der eigene Stil und die Inszenierung des äußeren Erscheinungsbildes. Die visuelle und optische Wahrnehmbarkeit durch grell gefärbte, halbabrasierte und hochgestellte Haare (Irokesen), grell geschminkte Gesichter, Sicherheitsnadeln durch Ohr und Wange, Nietengürtel, zerrissene Kleidung, Netzstrümpfe, Lederjacken mit Nieten etc. sollte provozieren, war Ausdruck ihrer Gesinnung und ihres Protests gegen die Konsumgesellschaft. Die Punks fertigten Teile ihrer Kleidung selbst, holten sie aus Second-hand-Läden, vom Trödler oder aus dem Müll. "Punk erklärte den alten Zeichen den Krieg. Wie keine andere Subkultur zuvor, haben die Punks mit Stilen provoziert ... Ich spreche durch meine Kleider: Ich bin anders, ich bin vulgär, gemein, aggressiv; ich fühle mich entleert, dreckig und angekotzt; ich will provozieren. Dies erzählt der Stil. ... Kein Stück 'paßt' zum anderen. Es gibt keine Harmonie der Farben und der Formen" (Penth/Franzen 1982, S. 226).

Auch die Punker-Frauen stellen das herkömmlich diktierte Schönheitsideal in Frage: "Nicht nur die punkige Kleidung ist ein Farbbeutel auf dem

Schnittmuster der traditionellen Frauenmode, sondern auch die Frisur. Diese ist unweiblich kurz, zirkusbunt und völlig außerhalb abendländischer Haartrachttradition. Das Make-up dient ebenfalls nicht dazu, zu verschönern, besonders vorteilhafte Gesichtspartien herauszuheben und andere zu kaschieren; vielmehr bekommt das Gesicht die Qualität eines abstrakten Gemäldes oder einer Maske. Geometrische Formen, dunkle Flächen um die Augen, schwarze Münder - Kriegsbemalung, Frankensteins Braut" (Penth/Franzen 1982, S.227).

Mit ihrer 'Selbstinszenierung zum Bürgerschreck' (vgl. Reimnitz 1986) suchten die Punks die Konfrontation mit dem 'etablierten Bürger' und brachen radikal mit herkömmlichen Normen, Werten und Konventionen. Die Accessoires wie Sicherheitsnadeln und Hundeleinen am Hals sind Ausdruck empfundener gesellschaftlicher Fesseln und Zwänge, zerrissene Kleidung symbolisiert auch die materielle Lebenslage[15].

Mitte der 70er Jahre kam der Punk nach Deutschland und fand hier im Zuge wachsender Arbeits- und Perspektivlosigkeit von Jugendlichen rasch Verbreitung. Es gründeten sich zahlreiche Musikgruppen vor allem in größeren Städten (Berlin, Hamburg, Düsseldorf), die die vormals englischen Texte ins Deutsche übersetzten, aber auch eigene Texte kreierten. Labels wurden gegründet und Fanzines produziert, Graffities gesprüht. Dem "no-future"-Denken wurde auch hier mit eigener Kreativität begegnet. Dem öden und tristen Leben in den modernen Betonsilos der Großstädte, dem 'Konsumterror', dem Leistungs- und Konkurrenzdenken konnte so durch gemeinsames Erleben und Tun ein kollektives Lebensgefühl entgegengesetzt werden. Die Gruppe ist identitätsfördernd und bietet dem einzelnen einen sinnstiftenden Halt. "Die Gruppe stellt für den Einzelnen gleichermaßen eine Herausforderung dar, sich durch spezifische Akte in die Inszenierung einzubringen, wie sie ihm den dazu nötigen Rückhalt, das Sicherheitsgefühl, verschafft" (May 1986, S.128). Zu gemeinsamen Konzertbesuchen reiste man in andere Städte, die Eintrittspreise waren niedrig und somit erschwinglich für jede(n). Aufgrund des äußeren Erscheinungsbildes erkannte man sich auf öffentlichen Plätzen in anderen Städten, was zum Zusammenhalt und zur Solidarität miteinander beitrug. Manche Punks trugen Ratten bei sich, als Symbol des zähen Widerstands - Ratten werden mit Müll assoziiert, sie können sogar vom Müll leben - im Müll überleben.

In einigen bundesdeutschen Städten besetzen die Punks Häuser, und in größeren Städten wie Hamburg und Berlin engagierten sich die Punks aufgrund zunehmender Wohnungsnot in der Hausbesetzerszene und protestierten gegen den Abriß von preiswertem Wohnraum wie auch gegen eine

---

[15] Zu weiteren Aspekten des Punk und zu Stilelementen vgl. Brake 1981; Frith 1981; Penth/Franzen 1982; Hebdige 1983; Becker u.a. 1984 a,b; May 1986, Sammelband Schock und Schöpfung 1986; Baacke 1987

Wohnungspolitik, die aus Spekulationsmotiven Häuser leerstehen oder verfallen ließ.

Durch ihr martialisches Erscheinungsbild, das Mitführen von Ratten (später Hunden), dem unkonventionellen Verhalten, durch laute, teilweise aggressive Sprache usw. wird der Punker - von ihm auch voll beabsichtigt - von der Gesellschaft als 'Bürgerschreck' empfunden. Penth/Franzen verdeutlichen die von Bürgern wahrgenommene Bedrohung durch das Auftreten und den Habitus der Punks folgendermaßen: "Punkgewimmel in der U-Bahn. Ein Ekelschauer schüttelt den Bürger, er rafft die Platiktüten mit Tiefgefrorenem zusammen, der Griff um den Regenschirm wird fester: '...eines muß man dem Hitler lassen, solche Typen hätte es bei ihm nicht gegeben' " (Penth/Franzen 1982, S. 238 f).

Die Binnenstruktur der Gruppen ist geprägt von der Ablehnung jeglicher Führungsrolle oder einer Leitungsposition; es wird in finanziellen Angelegenheiten große Solidarität und Sozietät geübt, Hierarchie wird unbedingt abgelehnt, was auch nach außen hin deutlich artikuliert wird. Mit ihrer Expressivität, ihrem Habitus und ihrer Kreativität drückten die Punker ihre subjektiv empfundenen Lebensgefühle so authentisch aus. Die Musikbands griffen diese in ihren Texten auf und boten so eine Identifikationsmöglichkeit. Unabhängige Labels und Fanzines waren direkter Ausdruck eigener Kreativität, eigener Tatkraft und Vitalität. Die meisten Jugendlichen waren nicht nur Zuschauer, sondern selbst Akteure, worin ihr Autonomiebestreben unterstützt wurde. Zunehmend schlossen sich auch Schüler und 'Jung-Intellektuelle' der Punkerszene an, die Baacke als 'Hobbypunker' bezeichnet (vgl. Baacke 1987), da die Medien nun den Punk-Stil aufgriffen und wesentlich zu einer einsetzenden Vermarktung beitrugen. Durch die beginnende Kommerzialisierung der einzelnen Stilelemente (Verkauf von 'Punk-Mode' in Kaufhäusern und Edel-Boutiquen) wurde die Subkultur der Punks, ihre Stile und Symbole 'verwässert. Sie verlor an Eindeutigkeit. Penth/Franzen äußern dazu: "Offiziell wurde 'punkig' als letzter Modeschrei ausgerufen. Damit verkommt eine subversiv gemeinte und wirkende Haltung zur Pose. Vor allen Dingen löst sie sich auch aus der sozialen Gruppe und verliert an Wirkung als Erkennungszeichen für eine Subkultur. Sie wird um ihre Zeichen beraubt, enteignet" (Penth/Franzen 1982, S. 236). Auch die Musik der Punks wurde zunehmend durch große Plattenfirmen vermarktet und verließ so die Ebene des kritischen Ausdrucks der gesellschaftlichen Lebenssituation. Sie bewegte sich hin zu allgemeinen (profitorientierten) Interessen einer größeren Musikindustrie.

Die Punk-Bewegung kann nach Ansicht Baackes durchaus als die auffälligste und kompromißloseste Jugendkultur der 80er Jahre bezeichnet werden, die mit ihrer Musik, ihrem Stil und ihrer Inszenierung rebellische und sozialkritische Aspekte demonstrierten. "Die Punk-Szene ist zu einer Bewegung geworden, die die Möglichkeiten provozierender Jugendkultur (bisher) am meisten vorangetrieben hat" (Baacke 1987, S.61). Die kulturelle Lebensäußerung und ihr Gruppenerleben war der Versuch, eigene - und vor allem andere - Lebensformen zu entwickeln. So bildeten sie eine Solidargemeinschaft durch gemeinsames Außenseitertum.

Wartenberg ordnet der Punk-Kultur eine besondere Bedeutung zu, da durch deren Inszenierung einer doppelt negativen Identität (negativ im Hinblick auf die Gesellschaft, negativ aber auch im Hinblick auf die eigene Erscheinungsform) der Lebenssinn und ihre marginalisierte Randposition durch Zeichen und Äußerlichkeiten im Besonderen eingeklagt wurde: "Sie inszenieren die Negation." (Wartenberg 1990, S.11). Durch den von den Punks angeeigneten Zeichen- und Symbolgebrauch demonstrierten diese in sichtbarem Ausdruck ihre Lebenshaltung: "Der Punk inszeniert sich als das, was er ist: ohne Kultur, ohne Zukunft, ohne Hoffnung, aber gerade dadurch steht er zu dem, was er ist. Er propagiert gleichsam eine andere ehrlichere Kommunikation, die aggressiv und unflätig sein mag, aber auf den falschen Schein von 'Persönlichkeit' verzichtet" (ebd.). Er weist jedoch daraufhin, daß eine solche 'Verteidigung der Sinnlosigkeit' leicht in hilflose Gewalt und Selbstdestruktivität umschlagen kann, die einer verhaltensregulierenden und reflektierten Sicherung bedarf (vgl.ebd.). Es wird daher zu prüfen sein, ob die in dieser Arbeit vorgestellten Projekte und Maßnahmen einen adäquaten Beitrag zu dieser 'Sicherung' leisten können.

Becker u.a. heben hervor, daß die Besonderheit der jugendkulturellen Gruppe der Punks auch darin liege, daß sich hier Jugendliche aus unterschiedlichen Schichten und Kulturtraditionen gemeinsam durch eine 'No-future'-Haltung verbinden. Sie differenzieren jedoch die Art der Selbstdarstellung in Punks aus proletarischem Milieu, bei denen die Selbstinterpretation durch eine 'extreme Betonung von Sinnlichkeit akzentuiert' sei, während bei denjenigen des Mittelschichtmilieus die 'intellektuelle Produktion' (etwa Texte, Musik, Fanzines) als 'Objektivierung des Selbst' eine große Rolle spiele (Becker/Eigenbrodt/May 1983, S.129). Diese noch in den 80er Jahren vorherrschende expressiv präsentierte Lebenshaltung der Punks und ihre kreative Ausdrucksfähigkeit ist zu Beginn der 90er Jahre deutlich geschwächt.

1.6 Zur Lebenswelt von Punks zu Beginn der 90er Jahre - Veränderungen und deren Ursachen

"Punker gehören zum Bild der Großstädte wie das Salz in der Suppe."
(Herding/Heins 1987, S.31)

Im Verlauf dieses Abschnitts soll der Frage nachgegangen werden, was bis heute aus der 1987 noch von Baacke als 'Bewegung' bezeichneten Jugendkultur der Punks geworden ist. Zunächst bleibt festzustellen, daß die Punker von heute der "dritten Generation" zugeordnet werden können. Aktuellen Medienberichten ist zu entnehmen, daß sowohl in den alten, vor allem jedoch in den neuen Bundesländern zunehmend wieder mehr jüngere Jugendliche sich der Punker-Szene anschließen.
   Welche Aussagen lassen sich in den jüngeren Beiträgen der Jugendforschung zu den Punks nun finden? Ferchhoff ordnet u.a. auch die Punks in die Gruppe des 'Körper- und Action-orientierten' jugendkulturellen Milieus. Dabei handele es sich "um ein Milieu der weitgehend Entrechteten, der Zukurzgekommenen", der Arbeitslosen und jungen Arbeiter, die Konflikte eher körperbetont und direkt austragen und in ihrer kulturellen Bedeutung eher marginalisiert seien (Ferchhoff 1991, S.20f). Benno Hafeneger untersuchte mit einer studentischen Gruppe in 1991 im Raum Fulda Jugendkulturen und Jugendszenen. Seine Studienergebnisse über die Punks lassen sich wie folgt zusammenfassen: Die meisten Punks leben von Sozialhilfe, einige haben Gelegenheitsjobs. Kontakte zum Elternhaus sind sporadisch oder ganz abgerissen. Die meisten der befragten Punks hatten Obdachlosenerfahrungen. Eine progressive, demokratische, tolerante und humane politische Orientierung gehe einher mit einer aggressiven und resignativen Distanz zur Gesellschaft. "Ihre Subkultur ist weniger affirmativ als unkonventionell, provozierend-antiautoritär, witzig und vital", resümiert Hafeneger (1991, S.22). Thomas Specht zählt die Punks Anfang der 90er Jahre zur Risikogruppe der Obdachlosen (Specht 1990a, S.233), und für Walther Specht gehören die Punks zu der Gruppe Jugendlicher, die auf der Straße leben. Die Straße wird hier zum bestimmenden Lebensraum, da auch für die Punks alternative 'Räume' als Lebensraum fehlen (Specht 1989, S.405; vgl. hierzu auch Kämper 1989, S.4ff). Specht ordnet die Punks 'als Zielgruppe mit problematischer Lebenslage' für die mobile Jugendarbeit ein (ebd., S.409f). Simon äußert in einem neueren Beitrag (1995), daß der Punk im Unterschied zu anderen Subkulturen durch Out-fit, Zeichen und Accessoires weniger Ausdruck der eigenen Betroffenheit gewesen sei, sondern eher die 'erlebte Befindlichkeit einer Gesellschaft' symbolisiert habe. Zeichen wie Hundeleinen um den Hals oder zerrissene Kleidung seien weniger Hinweise auf die eigene Lebenslage, sondern auf die anderer gewesen (S.140). Die

Sichtweise von Simon mag wohl teilweise für die Punks bis Mitte der 80er Jahre zutreffend und auf die sog. 'Edel- oder Freizeitpunks' bezogen sein; mittlerweile jedoch können die verwandten Symbole unmittelbar als Ausdruck ihrer eigenen sozialen Lage interpretiert werden. Das Verhalten der Punks in der Öffentlichkeit wird von Simon so eingeschätzt: "Da wird - speziell von den "Penner-Punks" der 2. und 3. Generation - ein bißchen gepöbelt, gerempelt und geschnorrt" (1995, S.139). Wenn Simon an mehreren Stellen seiner Ausführungen von 'Penner-Punks' spricht (S.139; S.215), so stigmatisiert er die Jugendlichen, indem er sie dem 'deklassierten Milieu der Wohnungslosenszene' (S.215) zuordnet, ohne näher auszuführen, welche Lebenslage sonst noch damit verbunden ist oder welche Lebenseinstellung die Punks heute haben.

Die Ausführungen lassen erkennen, daß sich die aktuelle Lebenslage der Punks in den letzten Jahren verschlechtert hat. Das äußere Erscheinungsbild bezüglich Kleidung und Accessoires wurde weitgehend beibehalten und so Zugehörigkeit zur Jugendkultur der Punks signalisiert. An die Stelle von früher mitgeführten Ratten sind heute Hunde getreten, die als 'Objekt' sozialer Fürsorge und Verantwortung wichtige Funktionen erfüllen. Die Ablehnung und Infragestellung von sogenannter Normalität und Bürgerlichkeit, die Suche nach anderen Lebensentwürfen und -perspektiven zu einem sinnstiftenden und selbstbestimmten Leben sind nach wie vor aktuell. Betroffen von Arbeitslosigkeit haben sie auf dem Arbeitsmarkt mittlerweile "den Anschluß verpaßt". So sind die Punks meist ohne feste Arbeit und ohne längere Erfahrung in einer Berufstätigkeit. Sie sind oftmals ohne festen Wohnsitz, übernachten bei Freunden, die eine Wohnung haben oder leben auf der Straße (vgl. Kämper 1989; Specht, Thomas 1990a). Sie sind häufig ohne jegliche materielle Absicherung - viele leben vom Betteln. Kontakte zu Eltern, einem Elternteil oder der Familie sind meist abgerissen. Erlebte Frustrationen, das Erkennen der eigenen Perspektivlosigkeit und beständige Ausgrenzung führen zu exzessivem Alkoholabusus. Vereinzelt gibt es Kontakte zur Drogenszene. So geraten sie leicht in einen Verwahrlosungs- und Verelendungsprozeß (vgl. Abschlußbericht Hafeneger 1992, S. 5). Viele haben Konflikte mit dem Gesetz, meist wegen Vergehen wie Diebstahl, Fahren ohne Führerschein und/oder bei Trunkenheit, Zerstörung fremden Eigentums, Körperverletzung. Sie werden oftmals ohne erkennbaren Grund von der Polizei angehalten, durchsucht und auf die Wache mitgenommen. Einige der Punks sind verschuldet (meist wegen nicht bezahlter Geldbußen), so daß sie - sofern sie eine Unterkunft oder Wohnung haben - vom Gerichtsvollzieher aufgesucht werden. Finanzielle Mittel für einen Rechtsanwalt oder guten Rechtsbeistand fehlen.

Jedwede Form von Bevormundung, Autorität und Fremdbestimmung wird extrem abgelehnt und absolute Eigenständigkeit betont. Es ist ein tiefgeprägtes Mißtrauen allgemein gegenüber Erwachsenen vorhanden, welches zum Teil aus negativen Erfahrungen und Erlebnissen resultiert und diese für sie die 'Repräsentanten' der bürgerlichen Welt darstellen.

Durch einen sich bedingenden Prozeß von Ablehnung/Verweigerung und Stigmatisierung, aggressivem Verhalten und Provokationen nach außen, aber auch Verweigerung, Rückzug und Abgrenzung nach innen, wird ein Circulus vitiosus ausgelöst. Sie machen sich selbst zu Außenseitern und werden dazu gemacht. So werden die Jugendlichen zur 'Randgruppe'. Zur Funktion von Randgruppen in unserer Gesellschaft schreiben Kraußlach u.a.: "Man kann auf sie mit Fingern zeigen. Man grenzt sich ab. An den Abweichlern, an den Asozialen, an den Kriminellen stellt der Anständige fest, daß er nicht abweicht, daß er sozial, daß er nicht kriminell ist, schlicht: er ist 'normal'. Gäbe es keine Randgruppen, müßten sie erfunden werden" (1990, S.108f)[16].

Selbstschädigende und selbstdestruktive Mechanismen bleiben oft unerkannt oder werden resignativ hingenommen. Auf der anderen Seite jedoch besteht ein erstaunlich großer Wirklichkeitssinn und soziale Sensibilität z.B. für andere Randgruppen der Gesellschaft. Der Wunsch nach mehr sozialer Gerechtigkeit und Gleichheit, für mehr Toleranz und Partizipation anderer stigmatisierter Randgruppen wie 'Berber', Ausländer, alte Menschen oder Behinderte, wird immer wieder von ihnen formuliert und ist ein Indikator für vorhandenes Unrechtsbewußtsein und soziale Sensibilität (vgl. Stüwe/Weigel 1991, S.6, vgl. hierzu auch die Ergebnisse aus narrativen Interviews mit Punks in meiner Diplomarbeit an der Goethe-Universität 1990). Dies wird deutlich an den Beziehungsmustern innerhalb der Binnenstruktur der Gruppen, die geprägt sind von sich gegenseitig unterstützendem, sozialen Verhalten zueinander/miteinander, vom Teilen der vorhandenen Mittel, was auf die Stabilität der Gruppenkohärenz förderlich wirkt. Häufig wird die Vorstellung einer 'geldlosen' Gesellschaft mit dem Tausch von Waren artikuliert.

Allerdings hat sich eine signifikante Veränderung ergeben: Ein Teil der expressiven, 'kulturellen' Kraft ist mittlerweile verlorengegangen. Die Punker der dritten Generation haben heute kaum noch Bezug zu den ursprünglichen Inhalten der jugendkulturellen Bewegung der 70er und 80er Jahre, vor allem nicht zu den kreativen Ausdrucksweisen in den bereits skizzierten Bereichen. Eigene Ausdrucksmöglichkeiten, die über das 'Out-fit' und die meist beibehaltenen Accessoires hinausgehen, sind heute nur noch rudimentär vorhanden oder fast ganz verschwunden. Die einstige Kreativität dieser jugendkulturellen Szene, die sich in expressiven Darstellungen durch das spontane Formieren in Musikgruppen, selbstverfassten Liedtexten mit

---

[16] zu weiteren Überlegungen zum Stellenwert von Randgruppen in der Gesellschaft vgl. auch Wenzel/Leibfried 1986, S.300 ff; einen Überblick über die 'Randgruppentheorien' findet sich bei Nikolaus Sidler 1989, S.143-167

Bezug zum eigenen Lebensgefühl in einer gesellschaftlich desolaten Welt, dem Herstellen von Fanzines u.a. äußerten, ist mittlerweile fast völlig in den Hintergrund getreten.

Der Verlust dieser expressiven Kraft der Punker heute ist als Folge erlebter längerer Ausgrenzung zu interpretieren, die nicht selten einhergeht mit Suchtproblemen und körperlichen Erkrankungen. Noch vorhandene Energie muß zur existentiellen Lebenssicherung verwandt werden. Gesundheitsrelevante Risikofaktoren, die aufgrund der Lebensbedingungen infolge langanhaltender Mangelzustände auftreten können, beschleunigen die Gefahr einer Chronifizierung von Erkrankungen und einen Verelendungsprozeß, der zu frühem Verfall führen kann. Huster nennt in seinem Aufsatz Langfristarbeitslosigkeit und Obdachlosigkeit als zwei besonders krasse Formen sozialer Benachteiligung mit erheblichen gesundheitlichen Risiken und weist explizit auf krankmachende Faktoren als Folge der Lebensumstände hin. Den häufigen Suchtmittelabusus - bei den Punks vor allem Alkohol - sieht er als Versuch von Betroffenen, den bedrückenden, pathogenen Lebensverhältnissen zu entkommen (vgl. Huster 1990, S.259). Auch Kraußlach u.a. sehen im Alkoholkonsum eine 'Reaktion auf viele Probleme', der dann schließlich selbst zum Problem werde (1990, S.146). Jedoch habe der Konsum in der Gruppe der Jugendlichen auch eine 'konstituierende' Bedeutung und sei Bestandteil des Kollektivgeschehens sowie Medium zur Kommunikation; der bedrohliche Aspekt der Gesundheitsgefährdung werde negiert und verdrängt (vgl. Kraußlach u.a. 1990, S.143f; vgl. Stüwe/Weigel 1991).

Aufgrund des Verlustes der expressiven Anteile der Punk-Bewegung ist auch die in den 80er Jahren stark expandierte Vermarktung von typischer Punker-Bekleidung und Accessoires in Kaufhäusern und 'Edel-Boutiquen' mittlerweile fast völlig verschwunden. Das 'Auffällige' - so Lenz - "hat eine kurze Konjunktur, schnell treten Gewöhnungseffekte ein" (Lenz 1988, S.155).

1.6.1 Zur Rolle der Mädchen und jungen Frauen in der Punker-Szene

Die Rolle von Mädchen und Frauen in Jugendsubkulturen, Straßencliquen und jugendkulturellen Szenen ist in der Jugendforschung bislang noch wenig berücksichtigt worden. Auch wenn es nicht Gegenstand der vorliegenden Arbeit ist, dieses Defizit aufzuarbeiten, so sollen doch wenigstens einige Ausführungen hierzu nicht fehlen.

Die britischen Mitarbeiterinnen des CCCS in Birmingham, Angela McRobbie und Jenny Garber, werfen in ihrem Beitrag (1979) die Fragen auf, ob diese 'Unsichtbarkeit' der Mädchen in der Fachliteratur eine Folge real fehlender Präsenz von Mädchen ist, oder ursächlich auch aus einem vorherrschend männlich dominierten Blick innerhalb der Jugendforschung resultiert (S.217ff). Auch Christa Specht (1991) führt hierzu aus, daß der Fokus auf die Mädchen innerhalb der Jugendforschung heute noch immer vernachlässigt würde. Diese orientiere sich eher an aggressiven, auffälligen und abweichenden Kommunikationsformen, wobei Mädchen sich stiller und zurückhaltender, analog der gesellschaftlichen Normen, verhielten (S.47). McRobbie und Garber untersuchten in ihrem Beitrag die Rolle der Mädchen in der Motorrad-Subkultur der Rocker, in der Mod-Kultur und der Subkultur der Hippies. Sie kommen zu der Einschätzung, daß subkulturelle Gruppen nicht der Ort sind, "an dem die Mädchen äquivalente Rituale, Reaktionen und Auseinandersetzungen austragen" (S.236). Christa Specht untersuchte die 'Unsichtbarkeit' der Mädchen im Rahmen eines Stuttgarter Forschungsprojekts zur 'Mobilen Jugendarbeit', wobei sie das Zentrum ihres Interesses auf die Mädchen in einer Straßenclique und ihre spezifische 'Raumaneignung' in deren Stadtteil richtete. Obwohl die Jungen vorrangig die Strukturen des Gruppenlebens am Treffort der Clique, einem Sportplatz mit Bänken, Spielplatz und Tischtennisplatte, bestimmen, sind die Mädchen doch "direkt oder indirekt an der Gestaltung des Cliquenlebens beteiligt" (S.61). Die Mädchen sorgten z.B. in aggressiv-gestimmten Situationen als Regulativ für eine 'gelingend-ausgleichende Kommunikation'. Sie organisierten Feste, machten Vorschläge für Ausflüge und Gruppenaktivitäten und entwickelten Selbstbewußtsein und Stärke durch die Durchsetzung ihrer Bedürfnisse.

Mit Blick auf die Subkultur der Rocker verweist Simon (1995) auf eine eher negative Bewertung eigenständiger Weiblichkeit, die männliche Vorherrschaft bedrohe. Die Rockerkultur stelle eine Hochburg männlicher Dominanz dar, in der eine gleichberechtigte Mitgliedschaft von Mädchen und Frauen nicht gegeben sei (vgl. S.156). Im traditionellen Klischee der 'Rockerbraut' seien die Mädchen darauf angewiesen, daß - wie McRobbie und Garber es formulieren - der männliche Motorradfahrer ihnen einen Platz auf dem Sozius anbietet (ebd., S.228).

Auch die Rolle von Mädchen und Frauen in der Punker-Szene ist in der Fachliteratur wenig thematisiert. Weibliche Mitglieder in Punk-Gruppen sind demgegenüber keine Seltenheit. Entgegen meiner eigenen langjährigen Beobachtungen fanden Stüwe/Weigel (1993) in der Frankfurter Punk-Projektgruppe jedoch eher die traditionelle Rollenverteilung repräsentiert. Sie ordnen den Frauen vorrangig eine 'Haltefunktion' innerhalb der Gruppe zu, wobei die Frauen die Gestaltung der Gruppenstrukturen und des Gruppenklimas atmosphärisch positiv beeinflußten und die Organisation des Alltags einschließlich Kassenführung übernahmen (S.46f). Auch Michael May geht in seiner Publikation (1986) nur kurz auf die Rolle der Mädchen in Punk-Gruppen ein. 'Fast schon sexistische Sprüche', die während Gesprächen mit einer Gruppe Punks geäußert wurden, interpretiert er auch als Ausdruck einer bestehenden Spannung zwischen stark sinnlich geprägten Genußformen der Punks bei gleichzeitig vorhandenem Gleichberechtigungsanspruch (S.119).

Meine eigenen Beobachtungen in unterschiedlichen Punker-Gruppen, mit denen ich durch meine Tätigkeit als Mitarbeiterin in Jugendprojekten Kontakt hatte (incl. der englischen Punker-Gruppen bei mehrmaligen Jugendbegegnungen), lassen mich zu anderen Einschätzungen kommen. Die Frauen nehmen hier keine periphere, sondern häufig eine zentrale Rolle ein. Sie sind durchaus eigenständige und gleichberechtigte Mitglieder, zeigen sich nicht als 'Anhängsel' oder hilflose, schutzbedürftige Wesen, und lassen sich im täglichen Miteinander nicht auf spezifische Aspekte der traditionellen Frauenrolle festlegen, auch dann nicht, wenn sie Kleinkinder haben. Eigene Meinungen werden lautstark vertreten, Forderungen formuliert und Interessen durchgesetzt. Dies wird auch dadurch begünstigt, daß der Punk-Stil mit seiner Inszenierung von Körperlichkeit und Sexualität Frauen eher Ausdrucksmöglichkeiten bietet, sich stark und aggressiv zu präsentieren. Das Out-fit löst mehr als in anderen Subkulturen traditionelle Geschlechterrollen auf und feminine Stilelemente werden auch von Männern tendenziell in Richtung Androgynität hin aufgegriffen. Durch Lederkleidung, Ketten und Tatoos wird eine - auch sexuelle - Ausdrucksmöglichkeit geschaffen, die die Rolle der Frauen als *Subjekt* betont und verstärkt und ihrer Reduzierung als Sexual*objekt* entgegenwirkt. Die eigene Kleidung wird - so meine Beobachtung - nicht selten von den Frauen kreativ selbst entworfen und geschneidert. Auf die Frage der Beziehungen zwischen Männern und Frauen in der Punk-Szene antwortet Zotty, Berliner Punkerin, in einem Gespräch mit Günther Franzen: "Ich denke schon, daß das anders ist...Ich werde in der Punk-Szene als Frau anders behandelt, weil wir uns von Anfang an anders gesehen haben...das ist keine Männerveranstaltung, in der die Frauen dann ihr Plätzchen bekommen haben...Die Frauen können sich entwickeln, wenn sie wollen. Wenn die Frauen mehr drauf haben als die Typen, können sie das hier zeigen" (Penth/Franzen 1982, S.183f).

2. Lebensweltanalyse und aktuelle Problemlagen - Zur Lebenswelt von Punks in der Bundesrepublik

Wie bereits in Kap. 1.6. kurz dargestellt, zeigt sich die Lebenswelt vieler Punks zu Beginn der 90er Jahre als äußerst problembelastet. Armut, Obdachlosigkeit und Langzeitarbeitslosigkeit - als die drei wesentlichen Problembereiche - kennzeichnen den Lebensalltag vieler Punks. Auf der Grundlage der sozialpädagogischen Theorie der Lebensweltorientierung von Hans Thiersch (1992, 1993) soll anschließend ein intensiver Blick auf diese Problemlagen gerichtet werden, um ein angemessenes Interventionsfeld für Jugendhilfe zu klären. In diesem Kontext ist es erforderlich, sich kurz mit dem aktuellen Forschungsstand der einzelnen Problembereiche auseinanderzusetzen, um daraus Rückschlüsse auf die Lebenslage der Jugendlichen zu ziehen.

2.1 Armut bei Jugendlichen und Punks

Kurze Vorbemerkungen

Trotz erhöhtem materiellen Wohlstandsniveau der letzten Jahrzehnte in der Gesellschaft (Döring u.a.1990) ist der Anteil der armen Bevölkerung gestiegen. Eine wachsende Anzahl wird "vom steigenden Wohlstand abgekoppelt und in randständige Lebenslagen abgedrängt" (Döring/Hanesch/Huster 1990, S.7). Die anhaltende Krise des Arbeitsmarktes, die Umverteilung von Erwerbsarbeit und der Strukturwandel der Wirtschaft sind für die Autoren Ursachen zunehmender 'materieller Existenzkrisen' (ebd.).

Beate Werth führt aus, daß Armut in früheren Jahren als sozialpsychologisches Problem kleiner Randgruppen galt und daß erst seit den 70er Jahren durch den Blickwinkel der Sozialwissenschaften gesellschaftliche Zusammenhänge und Ursachen von Armut benannt wurden (vgl. Werth 1991, S.1). Termini wie "Neue Armut", "Schere" und "die neue soziale Frage" werden in der sozialwissenschaftlichen Armutsforschung immer wieder verwendet (Werth 1991; Simon 1995). Immer wieder wird in den sozialwissenschaftlichen Beiträgen darauf hingewiesen, daß es für die Bundesrepublik bislang noch keine objektiven, wissenschaftlichen Kriterien von Armut allgemein gibt (Leibfried/Tennstedt 1985; Hanesch 1988; Bäcker 1990; Döring u.a. 1990; Werth 1991; von Wolffersdorff 1993). Döring u.a. merken an, daß jede bislang vorgenommene Armutsdefinition "politisch-normativer Natur" sei (Döring u.a. 1990, S.10). Allein das Zugrundelegen eines verfügbaren Einkommens reiche jedoch nicht aus, "differenziertere Aspekte von Unterausstattung und Unterversorgung zu erfahren und zu beschreiben" (ebd.). Überdies begrenzt eine Festlegung auf das Existenzminimum Armut ausschließlich auf materielle Armut und mißachtet, daß Armut eine Lebenslage ist, die mit fehlenden Partizipationsmöglichkeiten und dem Verlust von sozialer und kultureller Anteilnahme einhergeht. Simon verweist auf die vielfältigen Stigmata, denen arme Menschen ausgesetzt sind. 'Parasiten', 'Sozialbetrüger', 'Sozialhyänen' und 'Trittbrettfahrer des sozialen Systems' sind nur einige der verschiedenen Varianten (Simon 1995, S.58)[17]. Einseitige Schuldzuweisungen führen jedoch zur Individualisierung von Armut, ohne die gesellschaftlich produzierten Ursachen (wie Arbeitslosigkeit, Wohnungsnot etc.) miteinzubeziehen (vgl. Bäcker 1990; Werth 1991; von Wolffersdorff 1993.). Wie eingangs erwähnt reicht eine Armutsdefinition allein über den Zugang des zur Verfügung stehenden Einkommens nicht aus. Weitere Implikationen kommen daher noch am deutlichsten im 'Lebenslagenansatz' von Döring/Hanesch/Huster (1990) zum Tragen. Dieser erfaßt auch die psychosoziale Dimension des Armutsproblems, indem er über die Einkommensgrundlage hinaus nach der tatsächlichen Versorgungslage von Menschen oder sozialen Gruppen in ihren zentralen Lebensbereichen wie Arbeit, Wohnen, Bildung, Gesundheit und der Teilhabe am gesellschaftlichen, politischen und kulturellen Leben fragt. Die offiziellen Sozialhilfestatistiken geben das Gesamtproblem nur unzureichend wieder, da sie nur die 'bekämpfte' Armut, nicht aber die 'verdeckte' Armut widerspiegeln. Ca. ein Drittel der Berechtigten, so schätzen Sozialwissenschaftler (vgl. auch Simon 1995, S.57) nehmen ihre Ansprüche nicht wahr, etwa aus Angst vor Stigmatisierung oder vor dem Heranziehen von Angehörigen. Es sei hier lediglich darauf verwiesen, daß die Anzahl der Menschen, die finanzielle Hilfen nach dem Bundessozialhilfegesetz (BSHG) erhalten, in den letzten Jahren kontinuierlich angestiegen ist (vgl. Bäcker 1990, S.375).

Adamy/Hanesch betrachten die Zunahme der Armutsproblematik auf dem Hintergrund der geschlechts- und schichtenspezifischen Zugangs- und Beteiligungsbarrieren auf dem Arbeitsmarkt (vgl. Adamy/Hanesch 1990, S.161 ff). Bäcker kritisiert, daß es trotz der zahlreichen sozialwissenschaftli-

---

[17] In der mittelalterlichen Gesellschaft bspw. galt der Arme und Bettler als voll integriertes Mitglied, das keiner gesellschaftlichen Ächtung unterlag; erst ab dem 15. Jahrhundert begann ein Prozeß weitreichender Restriktionen gegen Arme, vgl. hierzu Sachße/Tennstedt 1980; Landwehr/Baron 1983, Zeller 1987; Gillen/Möller 1992

chen und -politischen Diskurse der letzten Jahre über das Thema Armut[18] in der praktischen Sozialpolitik zu keinem realen Fortschritt oder zu Verbesserungen für die betroffenen Menschen gekommen ist (vgl. Bäcker 1990, S. 376)[19].

Für Walter Hanesch sind fehlende Berufseinstiegs- und Qualifizierungschancen von unterversorgt gebliebenen Jugendlichen, gerade in den 80er Jahren, Ursachen eines erhöhten Armutsrisikos. Aus dem 8. Jugendbericht (1990) geht hervor, daß 1986 von allen Sozialhilfeempfängern mehr als 40% im Alter bis zu 25 Jahren waren (S.43). Die Jugendlichen und jungen Erwachsenen, die sich der Punker-Szene zugehörig fühlen und sich als Punks definieren, können mittlerweile auch als Teil der Armutsgruppe betrachtet werden (Hafeneger 1993). Für die Gruppe der Punker kommt erschwerend hinzu, daß sie infolge gebrochener Sozialbiographien und fehlender beruflicher Abschlüsse oder Tätigkeiten aus dem bestehenden System sozialer Sicherung herausfallen, da sie selten in einem regulären, länger andauernden sozialversicherungspflichtigen Arbeitsverhältnis beschäftigt waren und somit keine Ansprüche erworben haben. Dadurch sind sie häufig auf die Inanspruchnahme von Hilfe nach dem Bundessozialhilfegesetz angewiesen. Diese Hilfe wird jedoch auch heute noch von vielen Punks abgelehnt. Gründe dafür können sein[20]:
- eigene Autonomiebestrebungen allgemein und die Ablehnung der Gesellschaft und ihrer Verwaltungsorgane im Besonderen ("ich lehne den Staat ab, so wie er ist und will von ihm auch kein Geld");
- der Gang zum Sozialamt wird als "Spießrutenlauf" betrachtet, lange Wartezeiten auf den Fluren, das Verhalten von Sachbearbeitern und Sachbearbeiterinnen und das Prozedere der Formularhandhabung wird als demütigend empfunden;
- das Heranziehen der Angehörigen zur Anspruchsüberprüfung beim Einkommen der Eltern ergibt, daß dieses über der Grenze liegt; wenn die Eltern sich jedoch weigern, dem Jugendlichen finanzielle Unterstützung zu gewähren, wird ein rechtliches Einklagen auf Unterstützung (auch über das Sozialamt) vom Jugendlichen oft abgelehnt;
- das tägliche Vorsprechen obdachloser Punks in der Sozialbehörde zum Erhalt des Tagessatzes (derzeit 17,- DM täglich) wird ebenfalls abgelehnt;

---

[18] vgl. dazu auch Heiner Geißler 1976 über die "neue soziale Frage"

[19] Bäcker weist auf die gesellschaftliche Differenzierung von 'würdigen' Armen (dazu zählen ältere Frauen und Alleinerziehende) und 'unwürdigen' Armen (Arbeitslose, Ausländer und Jugendliche) hin (vgl. Bäcker 1990, S. 381 ff)

[20] Alle Angaben sind Ergebnisse, die ich durch narrative Interviews mit 10 Punks im Rahmen meiner Diplomarbeit 1990 gewonnen habe

- das Heranziehen von Sozialhilfeempfängern zu sogenannter 'gemeinnütziger Arbeit', die von manchen Sozialbehörden "zur Bekämpfung der Arbeitsentwöhnung" noch praktiziert wird (die Arbeitseinsätze finden z.B. im Gartenbauamt der Kommune, in Krankenhäusern oder der Straßenreinigung statt), wird abgelehnt (vgl. Müller-Wiegand 1990).

Die genannten Gründe führen somit häufig dazu, daß die den Jugendlichen nach dem BSHG zustehenden Rechtsansprüche gegenüber den Sozialbehörden nicht geltend gemacht werden. Viele der Jugendlichen sind daher mittellos. So ziehen Punks oftmals das Betteln an öffentlichen Plätzen vor. Ein Punker begründet dies wie folgt: "Ich schnorre die Leute um Geld an ('hast Du mal ne Mark?'), liege aber dem Staat nicht auf der Tasche. Ich rauche und trinke, und von jedem Bier und jeder Schachtel Zigos kriegt der Staat wieder Steuern und Geld zurück, und von dem Geld kauft der Staat Waffen und verpestet die Luft..." (obdachloser Punk, 25 Jahre alt, in: ZDF, Doppelpunkt 1991).

Zu den aufgeführten Armutsrisiken kommen bei Punkern häufig noch hohe Schulden hinzu, die meist aufgrund nicht bezahlter Geldbußen, die durch Mahngebühren und Porti anwachsen, zustande kommen. Rechtsanwaltsschulden, Mietschulden und/oder nicht bezahlte Gerichtskosten sind weitere Faktoren, die eine Verschuldung mitverursachen können. Internalisiertes Fluchtverhalten führt dazu, daß behördliche Schreiben nicht beachtet werden. Aufgrund der Verarmung muß dann oftmals eine 'Eidesstattliche Versicherung' (früher Offenbarungseid) abgelegt werden.

2.2 Obdachlosigkeit und Wohnungsnot von Jugendlichen und Punks

"Wer kein Dach über dem Kopf hat, verliert den Boden unter den Füßen"

Kurze Vorbemerkungen

Wohnungslosigkeit gilt als der sichtbarste und auffälligste Teil wachsender Armut in der Bundesrepublik Deutschland. Da offizielle Statistiken fehlen, variieren die Angaben über derzeit in der Bundesrepublik obdachlose Menschen: Die Bundesarbeitsgemeinschaft Nichtseßhaftenhilfe e.V. Bielefeld (BAG Nichtseßhaftenhilfe e.V.) geht von 1 Million betroffener Menschen aus (vgl. Sozialmagazin Nr. 12, 1991, S. 7), Thomas Specht nennt die Zahl von 1,2 Millionen und prognostiziert 1,5 bis 2 Millionen bis zum Jahr 2000 (vgl. Specht 1990 a, S.231). Der demonstrative Konsum der Mittelschichten wecke den Schein eines Wohlstands für alle (vgl.Specht 1990a, S. 227). Nicht nur Sozialwissenschaftler weisen wiederholt darauf hin, daß dies jedoch nicht zutrifft: zunehmend wird ein Notstand auch für die Öffentlichkeit deutlich sichtbar. Zunächst sollen erst einmal die verwendeten Termini geklärt werden: Der seit den 30er Jahren verwendete Terminus "Nichtseßhaftigkeit" - der zur offiziellen Charakterisierung des Zustands der Wohnungslosigkeit dient - wies den betroffenen Menschen die 'Schuld' für ihre Lebenslage selbst zu (die Unfähigkeit, 'seßhaft' zu werden, sich 'nicht integrieren wollen', 'vom Wandertrieb befallen zu sein' etc.) (vgl. Bauer u.a. 1987). Bauer u.a. kritisieren in ihrer "Denkschrift zum UNO-Jahr für Menschen in Wohnungsnot", daß Wohnungslosigkeit gar als eine Frage "ererbter oder erworbener Persönlichkeitsmängel" umdefiniert und somit eine "Situation materieller Not als Folge abweichender Persönlichkeitsmerkmale" erklärt wurde (Bauer u.a. 1987, S.23). Daher verwende ich nachfolgend ausschließlich den Terminus 'Obdachlose'. Dieser Terminus scheint mir treffender und vor allem wertfrei zu sein, da er lediglich die Lebenslage eines Menschen - nämlich ohne Obdach zu leben - beschreibt, wenngleich auch dieser Terminus sich zwischenzeitlich wieder als Stigma erweist.

Auch aus diesem Grund hat die 'BAG Nichtseßhaftenhilfe e.V.' ihren historisch nicht unbelasteten Namen im Juni 1991 geändert in 'BAG Wohnungslosenhilfe e.V.' (vgl. Sozialmagazin Nr. 12, 1991, S.7). Auf die Verhaftungen, Zwangssterilisationen und Vernichtung von obdachlosen Menschen im Nationalsozialismus sei in diesem Kontext explizit hingewiesen. Der immer noch vielfach vorherrschenden Tendenz, armen und obdachlosen Menschen die 'Schuld' für ihre Lebenslage selbst zuzuschreiben, soll im nachfolgenden Abschnitt durch einige Fakten begegnet werden. Dabei soll der Blick vorwiegend auf die Ursachen gerichtet werden, die zum Verlust der Wohnung führen. Auch soll darauf hingewiesen werden, daß Erscheinungsformen etwa von mangelnder Hygiene und/oder Suchterkrankungen (z.B. Alkoholismus) bei obdachlosen Menschen erst die Folgen anhaltender depravierter Lebenslagen sind, die aus diesen Umständen fast zwangsläufig resultieren. In den letzten Jahren ist die Anzahl obdachloser und von Obdachlosigkeit bedrohter Menschen in der Bundesrepublik deutlich angestiegen (Frankfurter Rundschau vom 20.11.1992; vgl. auch BAG (damals noch) Nichtseßhaftenhilfe e.V.1989; Specht,T. 1990a und b; Ulbrich 1990). In allen sozialwissenschaftlichen Berichten, Beiträgen und Untersuchungen wird auf die steigende Zahl besonders obdachloser Jugendlicher und Frauen hingewiesen (ebd.)[21].

Die verschärfte Lage auf dem Wohnungsmarkt kommt zustande durch gestiegene Arbeitslosigkeit (Abgleiten in Arbeitslosengeld, -hilfe oder Sozi-

---

[21] vgl. zur gesonderten Problematik obdachloser Frauen Specht, T. 1990 b; Frankfurter Rundschau 11.12.1991 u. 04.01.1993; Geiger/Steinert 1992; Geiger 1992; Dreifert 1992

alhilfe), Verschuldung, Mietrückstände, Räumungsklagen, Umwandlung von Altbauwohnungen in Eigentumswohnungen, Umwandlung von Mietwohnraum in Gewerberaum, allgemeine Mietpreiserhöhungen und Erhöhung der Mieten bei Neuvermietung (Bauer u.a. 1987; Ulbrich 1990; Specht,T. 1990 a u.b.; BAG Wohnungslosenhilfe 1991). Von den Kommunen werden obdachlose Menschen (vor allem Frauen und Jugendliche) zunehmend in Billig-Pensionen und Hotels untergebracht. So betrugen die Ausgaben für diese Unterbringung allein in Frankfurt 1990 ca. 27 Millionen DM (Frankfurter Rundschau vom 14.1.1992, S.19). Von den Sozialwissenschaftlern wird eine gestiegene Anzahl von Jugendlichen und jungen Erwachsenen konstatiert, die von Wohnungsnot bedroht/betroffen sind und über längere Zeiträume Erfahrungen eigener Obdachlosigkeit durchlebt haben (Bauer u.a. 1987; Specht,T. 1990 a u. b.; Ulbrich 1990; BAG Wohnungslose e.V. 1990, 1992; Frankfurter Rundschau vom 11.12.1991; Sozial Extra Heft 3/1991; Sozialmagazin Heft 1/1992). Specht zählt auch die Punks zu derjenigen Bevölkerungsgruppe, denen ein Zugangsrecht zum Sektor individueller Wohnformen meist über das Konstrukt 'fehlender Wohnfähigkeit' per se verweigert wird (Specht,T. 1990a, S. 233). Diese 'Wohnunfähigkeit' diene als Selektionsmechanismus nicht nur auf dem privaten, sondern auch dem öffentlichen und gemeinnützigen Sektor (ebd.). Ein weiterer Faktor, der die Chancen auf dem Wohnungsmarkt für die Punks erheblich reduziert, dürfte das martialische Erscheinungsbild der Punker darstellen sowie die Tatsache, daß die meisten Hunde halten. Kämper (1989) nennt folgende Gründe für Wohnungslosigkeit von Punkern: Nicht ausreichendes Einkommen kann zu Mietschulden führen; wenn diese nicht beglichen werden oder der Vermieter eine Verlängerung des Mietverhältnisses ablehnt, drohe Wohnungsverlust. Auch das häufige Übernachten von (obdachlosen) Freunden, das Hören lauter Musik und das Feiern von Partys bei Punks, die eine Wohnung haben, erhöhe das Risiko einer (fristlosen) Kündigung. Oder Punker verlassen aufgrund der vorgefundenen, sich zuspitzenden Konflikte ihr Elternhaus, in der Hoffnung, bei Freunden Unterschlupf zu finden (S.5f). "Wohnungslos gewordene Punks ziehen in der Regel nicht in eine Obdachlosenunterkunft, sondern sie leben ohne festen Wohnsitz bei Freunden und Bekannten" (Kämper 1989, S.6). Dies gilt auch für diejenigen, die aus eher ländlichen Gebieten in die Großstädte kommen; für sie beginnt oft ein Leben auf der Straße, sie schlafen in Bushäuschen, in Parks oder leerstehenden, verwahrlosten Häusern, selbst bei Minusgraden[22].

Wenn sie doch über eine Unterkunft verfügen, so ist diese nicht selten sanierungsbedürftig. Der häufig schlechte Allgemeinzustand der Gebäude (feuchte Wände mit Schimmelbefall, fehlende Heizung, undichte Fenster,

---

[22] vgl. Diplomarbeit I. Müller-Wiegand 1990

unzumutbare sanitäre Anlagen etc.) verhindert, daß andere Interessenten die Wohnungen anmieten. Da für die Punks jedoch häufig eine Alternative fehlt, mieten sie auch solche Wohnungen an. Berechtigte Ansprüche auf Sanierung werden dann nicht geltend gemacht, da Konsequenzen befürchtet werden, die zu erneuter Obdachlosigkeit führen könnten. Häufig werden keine schriftlichen Mietverträge abgeschlossen. "Vor diesem Hintergrund einer gesellschaftlich hergestellten Ausweglosigkeit machen einzelne Hausbesitzer dann ihre lukrativen Geschäfte. Menschen, die keine andere Wahl haben, bieten sie Unterkünfte an, die oft nur noch beschönigend als "einfachst" bezeichnet werden können" (Bauer u.a. 1987, S.21). Da ich in meiner Tätigkeit im Punk-Projekt für die Initiierung und Begleitung der Wohngruppen zuständig war und die Suche nach geeignetem, bezahlbarem Mietraum zu meinen Aufgaben gehörte, führte ich zur regionalen Lage auf dem Wohnungsmarkt zu Beginn der 90er Jahre - drei Monate lang und bezogen auf die Region Fulda - eine Analyse von Annoncen als wesentlichem Indikator des Wohnungsmarktes durch. Die Ergebnisse möchte ich an dieser Stelle kurz darstellen, um die Schwierigkeiten, mit der Wohnungssuchende konfrontiert sind, zu verdeutlichen:

- den Mietangeboten stehen dreimal soviel Mietgesuche gegenüber;
- potentielle Mieter preisen sich zunehmend mit 'guten' Eigenschaften;
- die kinderlose Gesellschaft wird gewünscht (z.B. 'Kinder unerwünscht');
- Aus- und Übersiedler und Sozialhilfeempfänger werden diskriminiert (z.B."Bin kein Ost-Bürger oder Sozialhilfeempfänger");
- Mithilfe im Haushalt und Garten wird angeboten (z.B."Im Haushalt oder Garten vorkommende Arbeiten werden übernommen");
- Akademiker und Beamte suchen für ihre Kinder eine Wohnung (z.B. "Mediziner sucht für seinen Sohn Zimmer");
- Firmen suchen in großen, teuren Anzeigen für ihre Angestellten;
- Mietvorauszahlungen - nicht selten von ein bis zwei Jahren - werden garantiert;
- Wohnungssuchende setzen zum Teil hohe Belohnungen aus (z.B. bis 5.000 DM);
- in den Annoncen ist zunehmend Phantasie gefordert, um die Anzeigen auffälliger zu machen (z.B. "SOS", "Wer schickt Rettungsboot?");
- zum Teil werden hohe Mieten verlangt (z.B. 40 qm- Wohnungen für ca. 1000 DM Kaltmiete.)[23]

Daraus läßt sich schließen: das ältere, ruhige, kinderlose Ehepaar ohne Haustiere im mittleren Alter oder die alleinstehende Dame um 40 Jahre sind die beliebtesten Mieter. Diese Gesamtsituation wirkt sich bei der Wohnungs-

---

[23] Alle Unterlagen und Presseveröffentlichungen hierzu können bei mir angefordert werden

suche auf Jugendliche - und wegen ihrem äußeren Erscheinungsbild insbesondere auch auf Punks - erschwerend aus.

Ein eigenes Zimmer in einer Wohngemeinschaft oder eine eigene Wohnung, das Verfügen über eigenen Wohnraum und dessen Gestaltung bedeuten gerade auf dem Hintergrund des skizzierten Strukturwandels der Jugendphase heute mehr als lediglich 'ein Dach über dem Kopf'. Eigener Wohnraum bedeutet Verselbständigung, Verortung und ermöglicht ein Leben nach eigenen Vorstellungen. Für die Punker, die in den 80er Jahren der Hausbesetzerszene zugeordnet wurden und die durch ihre Aktionen die "Anprangerung von Leerständen und die Verhinderung des Abrisses von preiswertem Wohnraum" verfolgten (Specht,T. 1990a, S.235) und dadurch mancherorts (z.B. Hamburg, Berlin) Erfolge durch nachträgliche Legalisierungen und befristete Mietverträge erzielten, scheinen Hausbesetzungen heute kaum noch ein probates Mittel zu sein, sich Wohnraum anzueignen. Specht führt die Wohnraumknappheit, die sich auch in der Abnahme möglicher zu besetzender Häuser widerspiegelt, als eine Ursache dafür an, daß wohnungslose Jugendliche heute kaum noch Häuser besetzen (Specht,T. 1990a, S.236). Vielerorts ist eine neue 'Wohnsicherungsstrategie' (Specht,T. ebd.) zu beobachten: Jugendliche leben in ausrangierten Bau- und Wohnwagen an den Stadträndern. "Vor allem arbeits-, wohnungs- und mittellose Jugendliche, die frei von Bevormundung leben wollen, 'wählen' diese Alternative" (ebd.) (vgl. dazu die Projekte Frankfurt und Fulda).

2.3 Jugendarbeitslosigkeit und Arbeitslosigkeit von Punks

Kurze Vorbemerkungen

Von Beginn der 80er Jahre an hatte sich die Zahl der registrierten arbeitslosen Personen in der Bundesrepublik beharrlich knapp über der 2 Millionen-Grenze eingependelt (Beck 1986; Adamy/Hanesch 1990; Werth 1991). Der ökonomische Strukturwandel der letzten Jahre und der geringe Aufschwung der Wirtschaft hatte bislang keinen spürbaren Einfluß auf den Abbau der Massenarbeitslosigkeit. Durch die Wiedervereinigung der beiden deutschen Staaten ist die Zahl der arbeitslos registrierten Personen weiter angestiegen und hat im Januar 1996 einen absoluten Höchstpunkt erreicht: 4.158.960 Arbeitslose (Bundesanstalt für Arbeit, Presse Informationen vom 09.02.1996, Arbeitsamt Fulda). Bis zum Ende der 90er Jahre wird auch nicht mit einem spürbar entlastenden Rückgang der Arbeitslosigkeit gerechnet. Bis ins nächste Jahrhundert hinein wird sie ein zentrales gesellschaftliches Problem bleiben (vgl. Adamy/Hanesch 1990). Nach Ansicht Becks (1986) steigt der Anteil der Langzeitarbeitslosen sowie die Zahl derer, die dauerhaft aus dem Arbeitsmarkt ausgeschieden oder überhaupt erst gar nicht in ihn hineingekommen sind (was auch für die Punks häufig zutreffend ist). Außerdem benennt die Konstanz der offiziell registrierten Arbeitslosen nicht die reale Anzahl der von Arbeitslosigkeit betroffenen Menschen. So waren beispielsweise zwischen 1974 und 1983 "rund 12,5 Millionen oder jede dritte Erwerbsperson ein- oder mehrmals arbeitslos" (Beck 1986, S.117), was als Indikator dafür interpretiert werden kann, daß Arbeitsplätze zunehmend nicht mehr als gesichert gelten. Adamy/Hanesch (1990) zählen ca. 1,3 Millionen Menschen zu der sogenannten "stillen Reserve" (S.167). Dabei wächst die Grauzone zwischen den registrierten und nichtregistrierten Menschen, die von Arbeitslosigkeit betroffen sind, wozu Beck die Hausfrauen, die Frührentner und die Jugendlichen zählt (vgl Beck 1986, S.117; auch Lessing/Liebel 1986, S.97 ff). Auch die Zahl der Langzeitarbeitslosen, also der Menschen, die länger als ein Jahr arbeitslos waren, ist im Steigen[24].

Einschränkungen im Bereich des Arbeitsförderungsgesetzes erhöhen für die Leistungsbeziehenden der Bundesanstalt für Arbeit die Gefahr, in Armut abzugleiten. Zu den psychosozialen Folgen wie Persönlichkeitsveränderungen, Depressionen, Suchterkrankungen, Statusverlust, familiäre Konflikte, psychosomatische Erkrankungen, die durch Arbeitslosigkeit ausgelöst werden können, kommt dann häufig eine persönliche Schuldzuschreibung an die Betroffenen hinzu. Beck führt hierzu aus: "Verschärfung und Individualisierung sozialer Ungleichheiten greifen ineinander. In der Konsequenz werden Systemprobleme in persönliches Versagen abgewandelt und politisch abgebaut" (Beck 1986, S.118). Gesellschaftliche Krisen erscheinen als individuelle. Zu den Risikogruppen, die besonders von Arbeitslosigkeit und Langzeitarbeitslosigkeit betroffen sind, nennt die einschlägige Fachliteratur Personen mit geringer oder keiner Berufsausbildung, Frauen, ältere und ausländische Arbeitnehmer, Personen mit gesundheitlichen Beeinträchtigungen und *Jugendliche* (Beck 1986; Lessing/Liebel 1986; Hanesch 1990; Döring et.al. 1990).

Das Ausmaß der *Jugendarbeitslosigkeit* hat sich in den 80er Jahren etwa parallel zur Gesamtarbeitslosigkeit entwickelt. Im Januar 1996 betrug die Zahl der arbeitslosen Jugendlichen unter 20 Jahre 104.441 (Bundesanstalt für Arbeit vom 08.02.1996, Presse Informationen, Arbeitsamt Fulda). Trotz Bildungsexpansion (immer mehr Jugendliche besuchen weiterführende Schulen) war für viele Jugendliche der Übergang von der Schule in den Beruf äußerst erschwert. Infolge der Wirtschaftskrise hatte sich sowohl das Arbeitsplatz- wie auch das Ausbildungsplatzangebot deutlich reduziert. Viele Jugendliche sahen sich mit oft monate-, gar jahrelanger erfolgloser Stellensuche konfrontiert. Überwiegend Jugendliche, die keinen

---

[24] vgl. zum wachsenden Anteil Langzeitarbeitsloser und zur Verschiebung des Leistungsempfangs vgl. Beck 1986, S.144f; Adamy/Hanesch 1990, S.173 und Werth 1991, S.222

oder einen schlechten Schulabschluß mitbrachten, fielen den Selektionsmechanismen zum Opfer. Bestimmte Gruppen wie Haupt- und Sonderschüler, ausländische Jugendliche und besonders Mädchen wurden vermehrt am Arbeitsmarktzugang gehindert[25].

So wurden viele Jugendliche ins 'gesellschaftliche Abseits' (Lessing/Liebel 1986, S.97ff) gedrängt und mußten erleben, daß sie nicht gebraucht wurden und überflüssig waren (Ferchhoff 1985, S.63; Ferchhoff/Neubauer 1989, S.133). Auch strukturelle Bedingungen ('Nord-Süd-Gefälle') trugen dazu bei, daß eine beachtliche Anzahl von Jugendlichen aus dem Beschäftigungs- und Ausbildungssystem ausgegliedert waren. Die Bedeutung von 'Bildung' jedoch definiert Hanesch (1990) als "eine zentrale ökonomische Ressource, durch deren Erwerb und Verfügbarkeit das individuelle Arbeitsvermögen erhöht, erweitert oder erhalten werden kann" (Hanesch 1990, S.185). Eine Unterausstattung mit Bildung kann als Ursache für Armut und Unterversorgung betrachtet werden; ebenso kann sie "bereits als Ausdruck einer depravierten Lebenslage interpretiert werden" (ebd.). Die Ausstattung mit Bildung hat nach Hanesch den Charakter einer Investition, die die Berufs- und Lebensperspektive positiv beeinflußt. Demgegenüber gilt der fehlende Abschluß allgemein und/oder im berufsbildenden Sektor in der Regel als Armuts- bzw. Unterversorgungsschwelle (vgl. Hanesch 1990, S.186). Damm erklärt den Mangel an Ausbildungsplätzen für Jugendliche der 80er Jahre mit einer verfehlten Berufsbildungspolitik, der ökonomischen Krise, demographischer Entwicklungen und Veränderungen in Bildungspolitik und -bedürfnissen (Damm 1986, S.195). Die verantwortlichen Politiker erklärten die Misere in den 80er Jahren häufig mit den 'geburtenstarken Jahrgängen, die nun auf den Arbeitsmarkt drängen' und wiesen so Verantwortungsübernahme und die Schaffung eines bildungs- und arbeitsmarktpolitischen Regulativs zurück. Lessing/Liebel zitieren eine Aussage Frank Gerlachs, die mir treffend erscheint: "Diese Arbeitslosigkeit ist ja kein Problem von irgendwelchen Geburtenüberschüssen, sondern davon, daß angesichts eines ständig zurückgehenden Arbeitskraftbedarfs Jugend zur Überschußbevölkerung geworden ist" (Gerlach 1983 in: Lessing/Liebel 1986, S.97). Heidemann ermittelte in einer Studie, daß von der Gruppe Jugendlicher, die 1987 im Alter zwischen 18 und 27 Jahren waren, 1,5 Millionen ohne jeden Ausbildungsabschluß blieben (in: Hanesch 1990, S.191). Sie "sind auch nicht mehr dabei, einen Beruf zu erlernen; sie sind als Ungelernte beschäftigt, arbeitslos oder haben auf eine Erwerbstätigkeit 'verzichtet' " (ebd.). Die so nach der Schulentlassung vorgefundene 'freie

---

[25] Es sei hier explizit erwähnt, daß Mädchen, obwohl sie nachweisbar bessere Schulabschlüsse aufweisen, stets überproportional hoch von Arbeitslosigkeit betroffen waren und noch sind. Ausländische Jugendliche besuchen oftmals Sonderschulen, weil sie die deutsche Sprache nicht gut beherrschen

Zeit' kann - nach einer Phase, wo diese noch als 'befreiend' von jeglichen Zwängen erlebt wird - rasch ein Gefühl des alltäglichen 'Leerlaufs' auslösen; Langeweile, Sinnlosigkeit, Interesselosigkeit gehen einher mit einer sich einschleichenden Planlosigkeit und dem Fehlen von Verbindlichkeiten - Zeit wird als Mangel erlebt (vgl. Liebel 1986, S. 89 f). Eine so zwangsläufige ökonomisch längere Abhängigkeit vom Elternhaus kann diese Probleme noch verstärken. Die Entwicklung von Lebensperspektiven kann verloren gehen, individuelle Fähigkeiten 'verkümmern'. "Warten, ohne zu wissen, was kommt, zerstört die Person" (Lessing/Liebel 1986, S.97).

Das Eingebundensein in einen Ausbildungs- oder Arbeitsplatz bedeutet mehr als das Erlernen und/oder Ausweiten berufsfachbezogener Fähigkeiten und das Verfügen über ein eigenes finanzielles Budget. Gerade in der Adoleszenzphase als Phase der Neuorientierung, Verselbständigung, Sinnsuche, der auf die Zukunft orientierten Lebensplanung und Verwirklichung von Vorstellungen etc. hat es auch den Sinn, daß soziale Fähigkeiten erlernt und erweitert und soziale Beziehungen - jenseits familiärer oder derjenigen in Gleichaltrigengruppen - aufgebaut werden. Jugendliche, die keinen Zugang zum Ausbildungs- und/oder Arbeitsmarkt fanden, wurden in den 80er Jahren dann häufig auf die eingerichteten Sonder- und Notmaßnahmen wie berufsvorbereitende Lehrgänge der Bundesanstalt für Arbeit und/oder vollzeitschulische Angebote der berufsbildenden Schulen wie BVJ (Berufsvorbereitungsjahr) und BGJ (Berufsgrundbildungsjahr) verwiesen[26]. Diese hatten jedoch eher die Funktion von 'Warteschleifen' oder 'Parkplätzen' (vgl. Lessing/Liebel 1986; Hanesch 1990), da keine qualifizierte Berufsausbildung vermittelt wurde. Für Ferchhoff sind diese Maßnahmen 'Wartesäle dritter Klasse' (1985, S.63), in denen Jugendliche 'in den unteren Rängen' des Bildungssystems hin- und hergeschoben wurden (ebd.). Hanesch verweist auch darauf, daß mehrjährige 'Maßnahmenkarrieren' wesentlich dazu beitrugen, Jugendliche endgültig in ungelernte Erwerbstätigkeiten oder in Erwerbslosigkeit zu verweisen (vgl. Hanesch 1990, S.190). Durch diese Maßnahmen 'verschwanden' die arbeitslosen Jugendlichen so aus den offiziellen Arbeitslosenstatistiken. Diese trugen wesentlich mit dazu bei, das reale Ausmaß der Jugendarbeitslosigkeit zu verschleiern, das gesellschaftliche Bewußtsein für das Problem zu entschärfen und ihm letztlich die politische Brisanz zu nehmen (Hanesch 1990). Die kurzfristigen Kriseninterventionen verdeutlichen, daß Jugendarbeitslosigkeit nicht als ein arbeits- und bildungspolitisches und auch nicht als langfristiges Problem begriffen wurde.

Die Punks können zu denjenigen gerechnet werden, die infolge der skizzierten Entwicklungen in den 80er Jahren, aber auch bedingt durch ihre Verweigerungshaltung gegenüber allem 'Bürgerlichen', in gesellschaftlich

---

[26] vgl. hierzu ähnliche Maßnahmen (z.B. das Youth Training Scheeme) in Großbritannien

marginale Positionen abgedrängt und in dieser verhaftet blieben. Die Mehrheit der Punks findet heute keinen Zugang zum traditionellen Arbeitsleben. Die Ursachen dafür können zum einen in fehlenden Zugangsbedingungen (keine Schulabschlüsse, abgebrochene Ausbildungen, oft im handwerklichen Bereich) liegen, zum anderen sehen die Lebensentwürfe der Punks einen solchen Zugang auch nicht vor, da Arbeitsplätze im 'traditionellen' Bereich nicht im Rahmen ihrer Vorstellungen sowie ihrer Autonomiebestrebungen liegen. Bei dennoch vorhandenen Bemühungen einer Arbeitsplatzsuche führt daneben das äußere Erscheinungsbild häufig zu einer Ablehnung bei potentiellen Arbeitgebern. Auch die Hunde der Punks sind aus der Befürchtung heraus, daß die Versorgung der Tiere nicht gewährleistet ist, oft ein Grund, keinen Arbeitsplatz zu suchen. Vorhandene Schulden demotivieren zusätzlich, da zur Begleichung derselben eine Lohnpfändung droht. Längere Arbeitslosigkeit kann dann dazu führen, daß sich der eigene Lebensrhythmus verändert und ein Gewöhnungseffekt eintritt, der von Antriebslosigkeit und einer 'Egal-Haltung' begleitet ist.

3. Zur Lebenswelt von Punks in Großbritannien

3.1 Die Jugendkultur der Punks heute

Wie den nachfolgenden Abschnitten zu entnehmen ist, haben sich die ökonomischen und sozialen Probleme in Großbritannien innerhalb der letzten 10 - 15 Jahre zugespitzt. Dies hat eine Verschlechterung der Lebensbedingungen und der Lebenslage großer Teile der Bevölkerung zur Folge, wovon auch - wie skizziert wird - Jugendliche besonders betroffen sind. Es gibt meines Wissens nach derzeit in Großbritannien keine aktuellen Forschungsergebnisse, die sich spezifisch mit der heutigen Lebenslage der Punks auseinandersetzen. In der mir zugänglichen Fachliteratur neueren Datums werden die Punks als kulturelle Gruppe nicht mehr explizit genannt. Das verwundert um so mehr, als sowohl in den von mir besuchten Städten die Punks als subkulturelle Gruppe auffällig waren wie auch die von mir interviewten Fachkollegen und -kolleginnen die prekäre Lebenssituation der Punker bestätigten.

Das läßt die Vermutung aufkommen, daß eine jugendkulturelle Szene für Jugendforscher und -forscherinnen nur dann von besonderem Interesse ist, wenn sie durch öffentliche Aktionen und spektakuläre Auftritte ins allgemeine Bewußtsein rückt. Allein die sichtbar problembehaftete Lebenslage birgt offenbar keine ausreichende Begründung, sich mit den Punks auseinanderzusetzen. Für die 70er und 80er Jahre verweise ich auf das 'Centre for Contamporary Cultural Studies' in Birmingham, von dem zahlreiche Publikationen vorliegen, die sich mit der Lebenslage Jugendlicher aus subkulturellen Szenen auseinandersetzen (John Clarke 1979; Phil Cohen 1979; Dick Hebdige 1979, 1983; Mike Brake 1980, 1981, 1988; Stuart Hall 1976; Paul Willis 1979 - alle für den britischen Raum).

Lediglich ein Aufsatz von Mike Brake 1988 verweist darauf, daß die Medien maßgeblich dazu beigetragen haben, u.a. auch die Punks als 'Volksdämonen - folk devils' zu präsentieren. Aber die Volksdämonen, die jetzt zum Vorschein kommen, sind "das Produkt einer Jugend, die ahnt, daß sie keine Zukunft hat" (Brake 1988, S.151).

Im weiteren Verlauf dieses Abschnitts werde ich im wesentlichen auf die Aussagen und Erfahrungen meiner Gesprächspartner und -partnerinnen in Großbritannien zurückgreifen. Die Mitarbeiter und Mitarbeiterinnen der Jugendhilfe bestätigten auch für die Punks in Großbritannien eine vergleichbar ähnliche Randposition, wie sie für die Bundesrepublik bereits dargestellt wurde. Auch in Großbritannien hat der anhaltende Ausgrenzungsprozeß die Jugendlichen und jungen Erwachsenen, die sich der Punker-Szene zuordnen, in eine Marginalexistenz abgedrängt. Dies äußert sich in Verelendungserscheinungen wie Alkoholabusus, körperlichen Erkrankungen infolge Mangelernährung und einem Leben auf der Straße. Die Punks sind im Alter zwischen 20 und 30 Jahren, es ist jedoch in den letzten Jahren eine Zunahme von jüngeren Punks wahrzunehmen. Eine 'spezifische Problematik' der Punker allein wird zwar verneint und unter dem Terminus "youth-problem" subsumiert, allerdings sind die Punks auch aufgrund ihres äußeren Erscheinungsbildes, ihres Verhaltens und das Mitführen von Hunden extrem ausgegrenzt, was jedoch - so die langjährige Jugendarbeiterin Yvonne Edwards aus Bristol - allgemein die 'Vernachlässigung' von Jugend reflektiert. Auf eine Veränderung der Punker-Kultur-Szene seit den 80er Jahren angesprochen äußerte Bruce Senior, seit zwanzig Jahren als Sozialarbeiter in der Jugendhilfe in Bristol-East tätig, daß sich zwar das äußere Erscheinungsbild der Punker leicht verändert hat, nicht jedoch ihre Lebenshaltung (attitude) und ihre Einstellung zur Gesellschaft. Zwar fehlen heute mehr grell gefärbte Irokesen-Haarfrisuren und die früher mitgeführten Ratten, aber sowohl Kleidung mit ihren bekannten Accessoires wie löchrige Hosen, Stiefel, nietenbesetzte Gürtel, Ketten usw. sind nahezu beibehalten wie auch die Tierhaltung - nur sind an die Stelle von Ratten die Hunde getreten, die auch in Großbritannien von Punks häufig aus den Tierheimen geholt werden. Offensichtlich ist für Bruce Senior, daß die jugendkulturelle Bewegung der früheren Jahre mittlerweile ihre kulturelle und expressive Kraft verloren hat. Dies interpretiert er als Folge der verschlechterten Lebensbedingungen. Die Betteleien in der Öffentlichkeit vor den großen Kaufhäusern der Innenstadt haben in den letzten Jahren gerade durch die Punks auffallend zugenommen.

Auch Yvonne Edwards bestätigt diese Entwicklung für Bristol, sieht jedoch auch Parallelen zu anderen britischen Städten. Für sie sind die Punks zwar immer noch eine große und auffällige Gruppe, die an ihrem äußeren Erscheinungsbild und am Mitführen ihrer Hunde zu erkennen und überwiegend auf öffentlichen Plätzen in der Innenstadt anzutreffen sind, meist - so Edwards - alkoholisiert, obdachlos, manche drogenabhängig, viele von ihnen straffällig geworden und in Strafverfahren involviert. Die notwendigen finanziellen Mittel für einen guten Rechtsbeistand oder Anwalt fehlen jedoch. Auch sie ordnet die Probleme der Punks einem allgemeinen "youth-problem" zu und verneint daher spezifische Jugendhilfemaßnahmen explizit für Punks. Sowohl aus ihrer eigenen Erfahrung als auch aus den Erfahrungen ihrer Kollegen und Kolleginnen - hier vor allem von Streetworkern - ist ihr bekannt, daß die Punks jedoch sog. niedrigschwellige Angebote im Bereich der Jugendhilfe wahrnehmen; sie verweist mich auch auf das "Cyrenian Day Centre" in Bristol, das in Kap. 4. vorgestellt wird. Die dortige Mitarbeiterin Tracy Pike, die in der Einrichtung täglich Kontakt mit Punks hat, spricht von einem spürbar erhöhten Problem der Obdachlosigkeit unter Punks; die 'housing'-Projekte, mit denen das 'Cyrenian Day Centre' eng zusammenarbeitet, können jedoch oft für die Punks wegen ihrer Hunde keine Wohnplätze finden. Diese übernachten mit ihren Hunden häufig in den Parkhäusern nahe der Innenstadt und leben tagsüber vom Betteln.

Auch die Kollegen und Kolleginnen in Sheffield und Manchester sprechen von einem Verlust der 'kulturellen' Anteile im Sinne von sinnstiftenden, gemeinsamen Aktionen. Die 'Antihaltung' zur Gesellschaft hat sich bei den heutigen Punks reduziert auf das äußere Erscheinungsbild, und die mittlerweile existentiellen Probleme erfordern die noch vorhandene Kraft, um sich das Überleben zu sichern. Für jüngere Jugendliche, die sich heute neu zu der Punker-Szene zuordnen, liegen die Motive vorrangig in der sozialen Gemeinschaft, die sie hier vorfinden, und dem Zusammenhalt der Gruppe als solcher, der jedoch auch ein Resultat der problembehafteten Lebenssituation ist. Yvonne Edwards sieht die 'Protesthaltung' der Punks zur Gesellschaft und z.B. provokantes Verhalten in der Öffentlichkeit als eine Folge der desolaten Lebensumstände und nicht als deren Ursache. Die Suche nach eigenen Lebensentwürfen und -perspektiven, nach sinnstiftendem Dasein und eigenständiger Lebensform ist auch hier ausgeprägt; allerdings kann Jugendhilfe - so ihre Ansicht - nur sehr begrenzt eine Verbesserung der Lebensumstände und Hilfestellung bewirken.

3.2 Allgemeine wirtschaftliche und sozialpolitische Situation in Großbritannien

Ende der 70er Jahre verlor die damals regierende Labour-Partei unter ihrem Vorsitzenden James Callaghan ihre Mehrheit im britischen Unterhaus. Die konservative Tory-Partei wurde an die Regierung gewählt und Margaret Thatcher wurde Regierungschefin. Sie konnte bereits 1975 den damaligen Parteivorsitzenden Edward Heath von der Parteispitze verdrängen. In ihrer Regierungspolitik vertrat Margaret Thatcher die Maxime: Wettbewerb und Individualismus versus Solidarität und staatlicher Subvention. Dies brachte eine radikale Reduktion öffentlicher Ausgaben und eine Privatisierung von staatlichen Gesellschaften wie das Kommunikations-, Elektrizitäts- und Gesundheitswesen mit sich. Es folgten einschneidende Veränderungen im Schulwesen (hier vor allem mehr Unterstützung für Privatschulen), Veränderungen in der Wohnungspolitik sowie die Begrenzung des Gewerkschaftseinflusses in mehreren Etappen der Gesetzgebung. Dazu gehörte auch die Niederwerfung des Bergarbeiterstreiks 1984/85. Der Entzug staatlicher

Subventionen sowie die Spekulation auf mehr Wettbewerb innerhalb des Weltmarkts führte zum Niedergang ehemals blühender Regionen vor allem der traditionellen Industriestädte im Norden Englands wie Manchester, Newcastle, Liverpool, Sheffield und Leeds (vgl. Bynner 1988, S.93). Dies hatte zahlreiche Betriebsschließungen und dadurch Massenentlassungen zur Folge und ließ die Zahl der registrierten Arbeitslosen von 2 Millionen in 1980 auf 3,5 Millionen in 1985 sprunghaft ansteigen (vgl. auch Oppenheim 1990, S.1). Die Hoffnungsträger der britischen Wirtschaft, expandierende Technologiezweige (vor allem im Bereich der Computertechnologie) siedelten sich jedoch vorrangig im Süden Englands an (Bynner 1988) und trugen so zu einer Prosperität dieser Region bei. "Auf der Strecke blieben alldiejenigen, die zuvor traditionelle Industriearbeiten ausgeführt hatten, wie eben die Stahlarbeiter, Bergarbeiter, Dockarbeiter, die nicht so leicht auf die nun plötzlich gefragten Büro- und Computerkenntnisse umschulen konnten" (Iben/Völker 1991, S.6). Die Falkland-Krise 1982 und der im Südatlantik errungene Sieg über Argentinien verstärkte die in Großbritannien latent vorhandene patriotisch-nationale Haltung der Bevölkerung und verhalf Margaret Thatcher zu neuer Popularität. Die Kluft zwischen Arm und Reich weitete sich indessen aus, und die britische Gesellschaftsstruktur spaltete sich zunehmend in eine privilegierte Oberschicht (vornehmlich auch Adel mit ererbtem Geld) und eine breitere Schicht mit sinkendem Lebensstandard und zunehmenden Verarmungstendenzen.

Einschneidende Veränderungen in der Wohnungspolitik, z.B. Gewährung steuerlicher Vergünstigungen, verstärkten die Umwandlung von gemeindeeigenen Sozialwohnungen in Privatbesitz (vgl. Brake 1988). Der Rückzug aus dem sozialen Wohnungsbau und die Privatisierung von vormals kommunalem Eigentum - Iben spricht hier von einem regelrechten "Ausverkauf" - brachte einschneidende Folgen für Nicht-Hausbesitzer mit sich (vgl.ebd.); nur 10 % des Wohnraums in Großbritannien ist auf Mietbasis verfügbar. Gleichzeitig stiegen die Steuern für die weniger begüterten Teile der Gesellschaft an: Hauseigentümer konnten die Steuern für ihr Eigentum sowie die Hypothekenzinsen (Mortgage) nicht mehr aufbringen oder mußten auf dringend notwendige Reparaturen verzichten, was zur allgemeinen Eskalierung auf dem Wohnungsmarkt beitrug. Zu den Verschlechterungen im Gesundheitswesen (z.B. lange Wartezeiten auf Behandlungen, wenig Nachsorge) wurden Hilfsprogramme für unterprivilegierte Familien gestoppt und Sozialleistungen auf ein Minimum reduziert (vgl. Iben/Völker, ebd.; Brake 1988, S.166). Die Ende der 80er Jahre eingeführte "Poll-tax" (Pro-Kopf-Steuer) führte für viele Familien und Einzelpersonen zu einem deutlichen Einschnitt ihres finanziellen Budgets.

Die "Europa-Frage" schließlich zwang Margaret Thatcher 1990 zum Rücktritt - die Minister ihrer eigenen Partei sahen Großbritannien auf dem

Weg in die Isolation innerhalb Europas: Thatcher erlitt eine Abstimmungsniederlage, die John Mayor an die Regierungsspitze führte[27].

1993 schnellten die Arbeitslosenzahlen wieder über die 3 Millionen-Grenze und wurden offiziell mit 10,8 % angegeben. Die "neue Krise der Arbeitslosigkeit" seit 1993 ist jedoch strukturell anderer Art als zu Beginn der 80er Jahre, da nun auch der Süden und Südwesten Englands betroffen ist. Die konservative Tory-Regierung reagierte mit niedrigen Löhnen und geringeren Sozialleistungen und hofft, hierdurch neue Investoren anzuziehen.

3.3 Lebensweltanalyse und aktuelle Problemlagen von Punks in Großbritannien

Im nachfolgenden Abschnitt soll kurz die für Großbritannien relevante Gesamtlage bezüglich der Faktoren Arbeitslosigkeit, Wohnungsnot / Obdachlosigkeit und Armut reflektiert werden, da Jugendliche - und im besonderen auch die Punks - von der Entwicklung betroffen sind und deren Lebensqualität und -perspektive wesentlich beeinträchtigt wird.

3.3.1 Armut bei Jugendlichen

Ähnlich wie in der Bundesrepublik geht die offizielle Begriffsdefinition von Armut von dem monatlich zur Verfügung stehenden Einkommen des Menschen aus. Als 'in Armut lebend' gilt derjenige, dessen monatliches Budget unter 50% des britischen Durchschnittseinkommens liegt. Auch in Großbritannien wird diese offizielle Begriffsdefinition von Armut von den Sozialwissenschaftlern für unzureichend gehalten.

Der britische Sozialwissenschaftler Oppenheim definiert Armut über das Fehlen eines ausreichenden finanziellen Einkommens hinaus als Lebenslage mit vielfältigen sozialen und seelischen Folgen für das Individuum. Er nähert sich so dem 'Lebenslagenansatz' von Döring/Hanesch/Huster 1990 in der Bundesrepublik. Oppenheim führt aus: "Poverty is not only about shortage of money. It is about rights and relationships; about how people are treated and how they regard themselves; about powerlessness, exclusion and

---

[27] In einem Kommentar der "Frankfurter Rundschau" wird die Polarisierung der "Epoche oder Ära Thatcher" wie folgt beschrieben: "Sie wird positiv beschrieben als die Periode britischer Stabilisierung und triumphierender Marktwirtschaft, negativ als Zeit der sozialen Ungleichheit, des Ellenbogenkapitalismus und des Niedergangs aller sozialen Dienste" (Grobe, in: Frankfurter Rundschau 23.11.1990, S.3)

loss of dignity. Yet the lack of an adequate income is at its heart" (Oppenheim 1990, S.5). Während nach offiziellen Angaben 1979 noch 4,9 Millionen Menschen in Großbritannien (fast 1/10 der Bevölkerung) in Armut lebten, waren es 1987 über 10 Millionen Menschen (fast 1/5 der britischen Bevölkerung) (Government Statistical Service 1990, in: Oppenheim 1990, S.4). Andere Quellen vom Mai 1991 zeigen auf, daß in 1988 11,8 Millionen Menschen (22 % der britischen Bevölkerung) als "in Armut lebend" definiert wurden. Eine Steigerung von 11 % gegenüber 1987 konnte so konstatiert werden (Social Security Committee, Low Income Statistics 1988, in: Poverty 1991, S. 19).

Arme Menschen geben weniger für Ernährung, für Heizung und für Bekleidung aus als Haushalte mit einem "durchschnittlichen" Einkommen. Es zählt jedoch nicht das, was ausgegeben wird, sondern das, was nicht aufgebracht werden kann (vgl. Oppenheim 1990, S.3). "Poverty means staying at home, often being bored, not seeing friends, not going to the cinema, not going out for a drink and not being able to take the children out for a trip or a treat or a holiday" (ebd.). Armut wirkt sich nach Oppenheim weitreichend aus: Gesundheitsfördernde Maßnahmen wie z.B. sportliche Aktivitäten oder gesunde Nahrungsmittel können nicht in den Alltag einbezogen werden. Zugangsmöglichkeiten zu Bildungsinstitutionen sind erschwert. Hier greifen auch die vielfach von den Kommunen subventionierten Ermäßigungen, z.B. für Eintrittspreise in Schwimmbäder oder in öffentliche Institutionen und Einrichtungen, für Menschen mit geringem Einkommen kaum noch. Armut hemmt auch die Entfaltung bestimmter Fähigkeiten zur Veränderung der Lebenssituation, wie Oppenheim ausführt: "Poverty stops people being able to plan ahead. It stops people being able to take control of their lives" (ebd.). Weiter betont er, daß Armut die Kluft zwischen der so wahrgenommenen Lebensrealität und dem eigentlichen Potential an Möglichkeiten ausweitet und ständig vergrößert. Diese Kluft entsteht jedoch ursächlich durch soziale und ökonomische Faktoren und Veränderungen innerhalb der Gesellschaft, und nicht etwa durch persönliche Unzulänglichkeiten der betroffenen Menschen (vgl. ebd.). Ausreichende Ernährung, Bekleidung und ein 'Obdach' gehören zu den existentiellen Lebensnotwendigkeiten von Menschen als "Minimalstandard". Absolute Armut wird von Oppenheim demnach wie folgt definiert: "Absolute poverty is when people fall below this level, when they cannot house, clothe or feed themselves" (ebd., S.5).

Gleichzeitig wird von Oppenheim kritisiert, daß der Terminus "Armut" in den letzten Jahren im öffentlichen Sprachgebrauch kaum mehr verwendet und von Regierungsseite umschrieben und beschönigt wird mit Ausdrücken wie "low income" oder "below average income". Oppenheim zitiert hierzu den Auszug eines Briefes von Margaret Thatcher vom Mai 1989 an Neil Kinnock, Mitglied des Parlaments: "I have too much respect for ordinary people to belittle those who receive income support or to denigrate children in families receiving income support by the use of labels like 'poverty'. I firmly believe that the best way to help everyone is through encouraging them to take pride in themselves and to make use of their talents rather than alienating them, making them feel helpless and encouraging dependency on the state" (Oppenheim 1990, S.11). Sozialwissenschaftler und -wissenschaftlerinnen befürchten, daß die Vermeidung des Terminus Armut dazu führt, daß die Erfahrungen von armen Menschen in dieser Gesellschaft als Teil einer sozialen Realität nicht mehr wahrgenommen werden bzw. nicht mehr wahrgenommen werden sollen (ebd.). Als Ursachen für die gestiegene Armut in Großbritannien nennt Oppenheim folgende Gründe: Durch Rezession und Massenentlassungen der letzten Jahre hat die Arbeitslosigkeit die 3-Millionen Grenze überschritten, niedrige Entlohnungen und Zunahme von Teilzeitarbeitsplätzen bieten keine Zukunftssicherung. Veränderung der Lebensmuster und Zunahme der Ein-Eltern-Familien, radikale Reformen im Sicherungssystem hat große Teile der britischen Bevölkerung in Armut abgleiten lassen (Oppenheim 1990, S.2).

Die skizzierten Ursachen, die für viele Menschen in Großbritannien Verarmungsprozesse beschleunigen, gehen - hier auch insbesondere für Jugendliche - einher mit einer steigenden Wohnungsnot. Die Wohnungspolitik der konservativen Regierung bleibt auch für die Jugendlichen nicht ohne Auswirkungen, was von den britischen Sozialwissenschaftlern Burton, Forrest und Stewart der University Bristol wie folgt resümiert wird: "The sale of social housing to privat individuals and the promotion of home ownership are making life increasingly difficult for young people in England who want to live independently" (Burton et.al. 1989, S.60).

3.3.2 Obdachlosigkeit und Wohnungsnot

Eine Studie der Universität Bristol weist schon 1989 auf mögliche Entwicklungen in Europa allgemein in Bezug auf soziale Auswirkungen innerhalb des Wohnungsmarktes hin. Die Studie wurde von Sozialwissenschaftlern und -wissenschaftlerinnen in verschiedenen europäischen Staaten durchgeführt, z.B. in England, der Bundesrepublik Deutschland, Frankreich, Italien und anderen Ländern. Einige signifikante Ergebnisse sollen kurz ausgeführt werden:
- Aufgrund der Gesamtsituation auf dem Arbeits- und Wohnungsmarkt ist eine erhöhte Flexibilität erforderlich;
- Jugendliche werden zunehmend in die Marginalität abgedrängt und vom gesellschaftlichen Leben ausgegrenzt, was auch einen erschwerten Zugang zu angemessenem und geeignetem Wohnraum impliziert;
- eine Zunahme von Jugendobdachlosigkeit macht ein verstärktes 'Pendeln' zwischen den europäischen Ländern notwendig;

- Politik befaßt sich nicht ausreichend mit dem Problem der Wohnungsnot;
- die 'Feuerwehrfunktion' von sog."emergency accommodations" wird zunehmen (vgl. Burton/Forrest/Stewart 1989, S. 13ff).

Eine Studie des 'Internationalen Verbands für Wohungswesen, Städtebau und Raumordnung' in Den Haag, Niederlande, weist darauf hin, daß sich die Zahl der obdachlosen Menschen in Großbritannien seit 1979 verdoppelt hat (vgl. Frankfurter Rundschau vom 20.11.1992). Gerd Iben und Susanne Völker, Sozialwissenschaftler und -wissenschaftlerin an der Universität Frankfurt, beschreiben in einem Artikel über 'Armut und Obdachlosigkeit in Großbritannien' die prekäre Lebenslage obdachloser Jugendlicher in Großbritannien wie folgt: "1988 ermittelte SHELTER, eine freiwillige Organisation zur Wohnungsbeschaffung, 156.000 wohnungslose Jugendliche, 50.000 im Alter von 16 - 19 Jahren allein in der Innenstadt Londons" (Iben/Völker 1991, S.7). Iben/Völker schätzen jedoch einen Anstieg dieser damals vorgelegten Zahlen, da in Großbritannien bis dato keine staatlichen Programme zur Bekämpfung der Jugendarbeitslosigkeit geschaffen wurden. Infolgedessen steigt auch die Anzahl von obdachlosen Jugendlichen (ebd.).

Bezogen auf Englands Metropole London meldet "The Independent" am 14. August 1991, daß täglich etwa 40 Jugendliche neu in die Stadt kommen, die alle ohne Unterkunft sind. Oppenheim schildert, wie sich einige Restaurant-Besitzer in Selbstinitiative die Beseitigung des Problems vorstellen: "Restaurant owners in the 'Strand' in London plan to employ a cleaning firm to flood out, like so much rubbish, homeless young people who have had to make the pavements their home. The restaurant-goer will no longer have to step over the sleeping bodies of the young homeless" (Oppenheim 1990, S.1). Auch in Großbritannien werden obdachlose Menschen in Billigpensionen und -hotels sowie in "Bed and Breakfast"-Unterkünfte eingewiesen, wo sie oftmals unter schwierigen Bedingungen leben (müssen). Iben/Völker kommentieren wie folgt: "Private Hilfsorganisationen fanden heraus, daß es nur halb so viel kosten würde, für diese Menschen Wohnungen oder Häuser zu bauen, als sie in diesen Pensionen dahinvegetieren zu lassen" (Iben/Völker 1991, S.7).

3.3.3 Jugendarbeitslosigkeit

Die allgemeine Arbeitslosigkeit im Vereinigten Königreich (UK) wurde mit Stand April 1991 offiziell mit 7,6 % angegeben - im Gegensatz dazu 5,7 % im April 1990, was einer prozentualen Steigerung von 35 % im gesamten UK entspricht (Dep. of Employment Bristol, Juni 1991, S.3). In Schottland, Nordengland, Nord-West England, Yorkshire und Wales stiegen die durchschnittlichen prozentualen Angaben von 8 % auf 9,6 % an, in den Midlands, London und im Süden und Südwesten betrugen sie zwischen 5 und 7 %. (vgl. ebd.).

Seit den 80er Jahren ist auch die Jugendarbeitslosigkeit stark angewachsen (vgl. Bynner 1988; Wengert-Köppen 1989; Coffield 1990; Independent, 21. August 1991, S.6). Fehlende Qualifikationsmöglichkeiten und mangelnder Zugang zum Arbeitsmarkt bestimmen nachhaltig die Zukunftsperspektiven britischer Jugendlicher (Wengert-Köppen 1989). Besonders betroffen sind die 18 - 24jährigen Jugendlichen (ebd.). Etwa ein Drittel aller Jugendlichen unter 25 Jahren - John Bynner (1988) nennt die Zahl von 1,1 Millionen Jugendlichen (S.95) - waren Ende der 80er Jahre in Großbritannien arbeitslos (Wengert-Köppen 1989; Bynner 1988; Coffield 1990). Sozialwissenschaftler und -wissenschaftlerinnen sprechen auch in Großbritannien von einem 'Nord-Süd-Gefälle' der hohen Arbeitslosenquoten unter Jugendlichen (vgl. Burton et.al.1989, Coffield 1990). Die angespannte Lage auf dem britischen Arbeitsmarkt bleibt für benachteiligte Gruppen wie Jugendliche ohne Schul- oder Berufsabschluß und Angehörige sog. ethnischer Minderheiten (schwarze, asiatische oder karibische Jugendliche) nicht ohne soziale und/oder psychische Folgen (zur Funktion von Arbeit für das Individuum vgl. Jahoda 1979 in: Wengert-Köppen 1989, S.97 und in Murphy 1990, S.15).

Im Gegensatz zur Bundesrepublik Deutschland ist die berufliche Bildung in Großbritannien kaum abgesichert: es muß kein formaler Ausbildungsvertrag abgeschlossen werden, es gibt keinen obligatorischen Berufsschulbesuch. Die Dauer der Ausbildung ist nicht genau festgelegt und Abschlußprüfungen sind nicht die Voraussetzung für eine Anerkennung als Facharbeiter (vgl. Wengert-Köppen 1989, S.23).

Als besonders von Arbeitslosigkeit gefährdete Risiko-Gruppe werden Jugendliche mit niedriger oder gar keiner Schulqualifikation, Jugendliche aus Regionen mit wenig bzw. abnehmender Industrie (z.B. Nordengland, Midlands), Angehörige sog. ethnischer Minderheiten und allgemein Jugendliche aus der Arbeiterklasse definiert (vgl. ebd. S.123; Bynner 1988; Brake 1988). Für den britischen Sozialwissenschaftler der Universität London, John Bynner, sind im Kontext der andauernden Rezession mitverursachende Aspekte der hohen Jugendarbeitslosigkeit mittlerweile auch veränderte Produktionsformen und -konzepte des Arbeitsmarktes sowie das Aufkommen neuer Technologien, die die "ungelernten Arbeitskräfte" überflüssig machen (vgl. Bynner 1988, S.94).

Etikettierungen wie 'arbeitsscheu', 'arbeitsunwillig', oder das angebliche 'Fehlen für den Arbeitsmarkt notwendiger Fähigkeiten' individualisieren die Problematik: "Natürlich ist es immer leichter (und gegenwärtig auch politisch eher akzeptabel), Individuen zu stigmatisieren, indem man behauptet, sie hätten besondere Eigenschaften oder hätten unter besonderen Erziehungspraktiken gelitten, aufgrund derer sie jetzt arbeitsunfähig wären, als sich den ökonomischen Veränderungen zu stellen, die solche Erdbebenwellen durch die Arbeitsmärkte senden" (Coffield 1990, S.153).

Die beiden Sozialwissenschaftlerinnen Debra Roker und Lindsey Mean (1991) merken an, daß Jugendliche aus der oberen Schicht Privilegien genießen und ihre qualifizierte Ausbildung von der regierenden Partei stark unterstützt wird. Die Anzahl der Privatschulen steigt permanent und die Regierung subventioniert kontinuierlich (Roker/Mean 1991, S.31). Die beiden Autorinnen führen weiter aus, daß eine 1984 durchgeführte Studie zur 'Situation Jugendlicher auf Privatschulen und staatlichen Schulen' zum Ergebnis kam, daß 45% der Schüler und Schülerinnen von Privatschulen mit dem Abitur (A-level) die Schulen verließen, demgegenüber jedoch vergleichsweise nur 7,1 % der Schüler und Schülerinnen von staatlichen Schulen (vgl. ebd.). Das Ergebnis weist auf schichtspezifisch ungleiche Ausgangsbedingungen für den Start ins (Berufs)Leben hin[28]. Roker und Mean vertreten die Ansicht, daß eine arbeitnehmer- und gewerkschaftsnahe Regierung die den privaten Schulen großzügig gewährten Vorteile, Subventionen und Vergünstigungen streichen würde: "Whilst the Conservative Party supports the existence of private schools, the Labour Party views them as both elitist and devisive and, although unlikely to abolish them, would remove all state subsidies" (Roker/Mean 1991, S.31).

Die psychischen Folgen von langanhaltender Arbeitslosigkeit wie Frustration, Depression, Sinnleere, Ausgegrenztsein, Perspektivlosigkeit sowie der durch fehlende finanzielle Mittel einhergehende Ausschluß der Jugendlichen am gesellschaftlichen Leben wie Kino, Disco, Konzertbesuche, Hobbys, Sport etc. läßt ein Konfliktpotential entstehen und verstärkt vorhandenes. Die vernachlässigten Bedürfnisse und Interessen junger Menschen können sich in öffentlichen (Re-)Aktionen entladen, ausgelöst durch Wut und Ärger auf 'die Gesellschaft', als Ausdruck der inneren Ohnmacht und Hilflosigkeit (vgl. Brake 1988, S.165). So wurden beispielsweise selbst in der Presse die Ursachen für die Jugendaufstände (riots) im August / September 1991 in Newcastle upon Tyne, Birmingham, Oxford und Cardiff/Wales in zunehmender Frustration, Langeweile und beständig steigender Arbeitslosigkeit gesehen (The Independent, 11.9.1991). Laut 'Independent' ist in einigen Teilen Newcastles die Arbeitslosigkeit mittlerweile um 40 %, in einigen Gebieten sogar um 80 % gestiegen (vgl.ebd.). Leitende Polizeibeamte bezeichneten die Jugendlichen, die an den 'riots' teilgenommen hatten,

---

[28] Eine Untersuchung der Universität Sheffield (1991) ergab, daß 74% der Jugendlichen an Privatschulen die konservative und nur 5% die Labour Partei unterstützen würden, da sie Ihre eigenen (und mit Blick auf spätere Berufstätigkeit auch zukünftigen) Interessen eher durch die konservative Regierungspartei vertreten sahen; Armut und soziale Ungleichheit interpretierten die Schüler und Schülerinnen als 'natürliche und unvermeidliche Konsequenz' mit dem deutlichen Hinweis auf die Eigenverantwortklichkeit des einzelnen (Roker/Mean 1991, S.31ff)

in den Medien als "aktive Kriminelle" (The Independent, 12.9.1991, S.2). Mitarbeiter von Behörden der Stadt hingegen erkannten die Brisanz des Problems und forderten die Verantwortlichen auf, mehr finanzielle Mittel zur Beseitung von sozialen Mißständen bereitzustellen. Mike Brake zieht in seinem Beitrag über den 'Kollaps des Jugendarbeitsmarktes in Großbritannien' eine ernüchternde Bilanz: "Die Jugend ist in weiten Teilen machtlos und marginalisiert, oftmals kriminalisiert und in einer Reihe von Reaktionen auf strukturelle Arbeitsmarkt-, Zukunfts- und Lebensprobleme verstrickt" (Brake 1988, S.169). Die Frage nach den sozialen Auswirkungen von (Langzeit)Arbeitslosigkeit durch die Wirtschaftskrise und anhaltende Rezession stellt somit eine Anforderung an die konservative Regierung dar. Diese - so Coffield - verstärkt jedoch das System sozialer Kontrolle und Restriktionen. So wurden beispielsweise in den 80er Jahren infolge der Jugendaufstände (1985) in mehreren englischen Städten insgesamt 15.000 neue Stellen im Polizeiapparat geschaffen, anstatt - so Coffield - Maßnahmen für die Schaffung von Dauerarbeitsplätzen für Jugendliche zu ergreifen (vgl. Coffield 1990, S.128). Denn der Wert von 'Arbeit' ist - so hat John Bynner aufgrund einer Pilotstudie ermittelt - bei vielen Jugendlichen in Großbritannien nicht umstritten. Er deutet die vorliegenden Ergebnisse dieser Studie als Hinweis darauf, daß trotz gesellschaftsstruktureller und arbeitsmarktbezogener Veränderungen Arbeit per se unter den Jugendlichen positiv besetzt ist und eine 'lebensprägende Bedeutung' für die Jugendlichen hat (vgl. Bynner 1988, S.102).

Um die hohe Jugendarbeitslosigkeit zu bekämpfen, richtete die konservative Regierung in den 80er und zu Beginn der 90er Jahre eine Reihe von 'berufsvorbereitenden Maßnahmen' ein, die die Gesamtsituation jedoch nicht entschärfen konnten (Brake 1988; Bynner 1988; Davies 1986).

Das 'Youth Opportunities Programme' (1978-1983) und das 'Youth-Training-Scheme' (YTS) (1983-1991) sollte den Jugendlichen zwar eine berufliche Grundbildung sichern, wird jedoch mittlerweile in der Fachliteratur in seiner Effektivität als äußerst umstritten eingeschätzt. So sei das YTS eine Maßnahme, die das wahre Ausmaß der Jugendarbeitslosigkeit verschleiern bzw. kaschieren soll. Andere Autoren sprechen von 'Aufbewahrungs- bzw. Verschiebemaßnahmen', 'ad-hoc-Maßnahmen' und von 'Trostpackungen' (vgl. Davies 1986; Main/Shelly 1987 in: Wengert-Köppen 1989; Finn 1987; Brake 1988; McKie 1990; Murphy 1990; Rokcr/Mcan 1991).

Weitere Kritikpunkte der Sozialwissenschaftler sind: geringfügige Vergütung der Regierung (ca. 90 DM-110 DM pro Woche) für teilweise Vollzeit-Tätigkeiten, keine Vermittlung von auf dem Arbeitsmarkt erforderlichen beruflichen Qualifikationen, keine Arbeitsplatzgarantie nach Absolvierung der Maßnahme, Involvierung der Mädchen vorwiegend in traditionell weiblichen Berufsbereichen, erschwerter Zugang für besonders benachteiligte Jugendliche (vgl. Davies 1986; Finn 1987; Brake 1988; Wengert-Köppen 1989; Roker/Mean 1991).

Eine Untersuchung der Universität Sheffield in 1991 ermittelte durch die Befragung von 174 jugendlichen Arbeitslosen, daß 27 % der Jugendlichen die Meinung vertraten, das YTS vermittle nur geringe berufliche Qualifikationen, 83 % meinten, die eigentliche Absicht des YTS bestünde in der Reduzierung der offiziellen Jugendarbeitslosigkeits-Statistik. 70 % der befragten Jugendlichen waren der Ansicht, daß lediglich die Arbeitgeber vom YTS profitieren, da die Jugendlichen für eine geringe finanzielle Zuwendung vergleichbar viel leisten müßten; daher betrachteten 66 % der Jugendlichen das YTS als 'Sklavenarbeit' (Roker/Mean 1991, S.33).

3.4 Allgemeine Ausführungen zur Jugendhilfe in Großbritannien

Die Bereitstellung von Finanzmitteln für Einrichtungen und Maßnahmen der Jugendhilfe in England obliegt vorrangig den kommunalen Behörden, der jeweiligen 'local authority', dem 'City or County Council', sowie speziellen Stiftungen (trusts). Jede dieser Behörden unterhält einen youth-service oder youth and community-service. Diese 'youth-services' arbeiten relativ autonom. In der Regel steht jedem youth-service ein 'principal youth officer' vor[29], der eng mit den örtlichen Jugendpflegern sowie den Mitarbeitern und Mitarbeiterinnen in den Clubs, Jugendhäusern und Projekten zusammenarbeitet. Besonders die Mitarbeit von ehrenamtlich engagierten Helfern und Helferinnen (voluntary-workers) wird in England speziell erwünscht und gefördert, die im Gegensatz zur Bundesrepublik über eine sogenannte Aufwandsentschädigung hinaus auch geringfügig entlohnt wird. Sowohl youth- als auch community-service arbeiten partnerschaftlich mit freien Trägern zusammen (etwa Kirchen).

Da es in Großbritannien kein eigenes Jugendministerium gibt, hat das Ministerium für Erziehung und Wissenschaft im April 1991 die "National Youth Agency" eingerichtet, die u.a. folgende Aufgabenbereiche inne hat: Entwicklung von Inhalten und Methoden der Jugendarbeit, Aus- und Fortbildung für Mitarbeiter und Mitarbeiterinnen der Jugendhilfe, Informationstransfer, Unterstützung der freien Träger, internationale Jugendarbeit u.a. Vor allem jedoch soll die 'National Youth Agency' auch Hilfen für benachteiligte und 'sozial unangepasste' Jugendliche konkretisieren, um so den wachsenden Problemen besonders benachteiligter Jugendlicher entgegenzu-

---

[29] (vgl. dazu auch das Interview mit dem 'principal youth officer' in Manchester, David Bradley)

wirken und den Bedürfnissen von Mitarbeitern und Mitarbeiterinnen der Jugendarbeit Rechnung zu tragen (vgl. Köhnen 1992, S.24 f). Diese 'wachsenden Probleme' von Randgruppen hatte bereits der sog. 'Thompson Report' als *ein* Ergebnis zum Inhalt. Der vom Ministerium für Erziehung und Wissenschaft bereits 1982 in Auftrag gegebene 'Thompson-Report', benannt nach dem Leiter dieser Studie, förderte neue und umfangreiche Erkenntnisse über den youth-service in England hervor, machte zahlreiche Vorschläge für eine Verbesserung des youth-service und plädierte für eine Anpassung an sich geänderte, zeitgemäße Bedürfnisse von Jugendlichen. Vor allem wurden rigorose sozialpolitische Maßnahmen für notwendig erachtet, um vielfachen Benachteiligungen von Jugendlichen vorwiegend in urbanen Zentren, aber auch im ländlichen Bereich, entgegenzutreten. Weiter resümierten die Sozialwissenschaftler aus den Ergebnissen dieser Studie, daß Maßnahmen gegen den zunehmenden Rassismus im Land, eine Verbesserung von Ausbildungsmöglichkeiten, Maßnahmen gegen die Jugendobdachlosigkeit, mehr Chancengleichheit für Mädchen und die Integration von behinderten Jugendlichen dringend notwendig seien. "Arbeitslosigkeit, Rassismus und Obdachlosigkeit sieht der Report als die größten Probleme der Jugend an" (Köhnen 1992, S.254). In den Jugendclubs und -zentren wird jedoch das Hauptaugenmerk auf feste Angebote und weniger auf flexible, informelle Aktivitäten gelegt. Dies mag ursächlich mit dazu beitragen, daß jugendkulturelle Randgruppen wie die Punks diesen Einrichtungen fernbleiben. In den Jugendhäusern sind vorrangig youth-worker und/oder youth and community-worker tätig, voll- oder teilzeitbeschäftigt. Die Differenzierung von 'social work', 'youth work' und/oder 'community work' geht zurück auf diverse Schwerpunkte in der Ausbildung bzw. sind unterschiedliche Ausbildungsgänge an den Universitäten und Polytechnic-Hochschulen in Großbritannien.

4. Projektansätze und Maßnahmen für Punks in Großbritannien

Bevor nun einige Projekte und Maßnahmen in Großbritannien, in die Punks involviert sind, vorgestellt werden, möchte ich exemplarisch am Beispiel von Bristol noch einige Ausführungen zu Finanzierungsmodalitäten für Jugendhilfemaßnahmen allgemein anmerken.

4.1 Finanzierung von Jugendhilfe-Maßnahmen am Beispiel Bristol

Wie bereits erwähnt fällt die Finanzierung von Jugendhilfemaßnahmen in Großbritannien zunächst in den Zuständigkeitsbereich der Kommunen und des Kreises. Darüber hinaus ist es möglich, nach detaillierten Anträgen für spezifische Vorhaben und Projekte im Spektrum der Jugendhilfe auch Zuschüsse beim 'Central Government' zu beantragen. Dieses regelt z.B. auch die Finanzierung von Jugendaustausch-Programmen auf internationaler Ebene (vgl. auch hierzu Kap.4.4.1., Jugendaustausch mit dem Projekt aus Manchester). Eine weitere Ressource bilden für Einzelmaßnahmen der 'europäische Fond' als auch verschiedene 'trusts' (Stiftungen), z.B. der 'Prince Charles Trust'.

Exemplarisch für die formalen Bewilligungsmodalitäten von finanziellen Zuschüssen für Jugendhilfe-Maßnahmen soll nachfolgend kurz am Beispiel Bristols der Ablauf von Anträgen über die Bewilligung bis hin zu Weiter- oder Dauerfinanzierungen von Jugendhilfe-Maßnahmen dargestellt werden.

In einem Interview mit Dan Lloyd im 'Bristol City Council', der dort als sogenannter 'grants-officer' tätig und zuständig ist für die Überprüfung von Anträgen sowie für Stellungnahmen zur Verteilung von kommunalen Geldern, wurde folgendes deutlich: Die Stadt Bristol fördert unterschiedliche Jugendprojekte, obwohl dies eigentlich auch im Zuständigkeitsbereich des Kreises (hier 'Avon County Council') liegt. Diese Förderungen laufen in der Regel nach vier Jahren aus. Es wird von den Jugendhilfe-Einrichtungen meist eine Weiterfinanzierung erhofft, wozu es dann - nach detailliertem Antrag - spezielle Zuschüsse vom 'Central Government' geben kann. Die

Stadt Bristol hat auch selbst - so Dan Lloyd - aufgrund sich verschärfender Jugendprobleme eigene Jugendhilfe-Projekte initiiert, was sonst nicht üblich ist. Nach einer offiziellen Beantragung beim 'Bristol City Council' entscheidet über die Vergabe von Zuschüssen nicht der 'grants officer': "All decissions are made by committees. Committees are all elected counsellors. The officers of the authorities, people like me, can be asked for recommendation, but normally the counsellors decide, not the officers" (Lloyd 1991).

Auch fast jeder Jugendclub (die es in Großbritannien sehr zahlreich gibt) oder jede Einrichtung für Jugendliche hat ein eigenes sogenanntes 'Management Committee', welches sich vorwiegend aus Erwachsenen zusammensetzt. Deren Verantwortlichkeit liegt im Sicherstellen und der Unterhaltung von Räumen. Es sorgt auch für die Mitarbeit geeigneter Kräfte und übernimmt die rechtliche Verantwortung (Jahresbericht, Finanzen etc.). Jugendliche können auch Mitglieder in einem 'Management Committee' sein. Diese Committees halten in der Regel eine jährliche Mitgliederversammlung ab. Von den freien Trägern der Jugendhilfe wird erwartet, daß sie sich bei der kommunalen Behörde eintragen lassen und ein funktionierendes und solides Management nachweisen können, wenn sie öffentliche Gelder in Anspruch nehmen wollen. Das 'Management Committee' wird demokratisch gewählt.

Beim 'Bristol City Council' gehen 30 % der Gelder für Jugendhilfe-Programme in die Bereiche Jugendarbeit, Jugendprojekte, spezifische Projekte für die Förderung von schwarzen Jugendlichen (ethnic minorities), in Umweltschutz-Projekte, in die Frauenförderung oder in künstlerische Projekte. Allerdings gibt es keine Zuschüsse für die laufenden Kosten (hier erfolgt Übernahme durch den Kreis), sondern es werden nur diejenigen Anträge für eine Bewilligung forciert, die 'eine neue Idee' bzw. 'modellhaften Charakter' haben. "They would to have fit in with the rules for those grants" (ebd.). Lloyd erwähnt, daß sich diese Vergabepraxis in den letzten Jahren rapide verschlechtert hat, da die städtischen Finanzmittel für innovative Projekte einschneidend gekürzt wurden. Der sogenannte 'general found' (gemeinnützige Stiftung), der jährlich 100.000 engl. Pfund betrug, existiert mittlerweile nicht mehr. Derzeit laufen z.B. noch Zuschüsse für ein Jugendprojekt "Video skills project" speziell für schwarze Jugendliche im Stadtteil 'St. Pauls' (vgl. hierzu auch Kap. 4.2.1., 'Self help housing') zur Förderung von Selbstvertrauen und Selbstsicherheit (Lloyd), verbunden mit dem Ziel, den Jugendlichen durch das Projekt eine Einstiegshilfe in den musischen oder künstlerischen Berufszweig zu eröffnen. Des weiteren gewährt das 'Bristol City Council' derzeit Zuschüsse für ein 'music-project'- 'the basement-studio', ebenfalls zur Förderung und Unterstützung von Fähigkeiten Jugendlicher im gleichen Sektor der künstlerischen Branche.

Wie schon Yvonne Edwards, die als 'youth and community-worker' in Bristols Stadtteil Knowle (Arbeiter- und Hochhaussiedlung, sozialer Brennpunkt) beschäftigt ist und viele Jahre in Jugendclubs in Bristol tätig war, verneint auch Dan Lloyd die Frage nach spezifischen Projekten oder Jugendhilfe-Maßnahmen explizit für Punks in Bristol. Auch seiner Ansicht nach existiert in Großbritannien kein eigenes 'Punk-Problem', sondern ein 'youth-problem' allgemein. Obwohl die Punker mit ihren Hunden tagsüber in der Innenstadt und vor den Einkaufszentren Bristols anzutreffen sind und die Passanten anbetteln, sieht Dan Lloyd die Lebenslagen der Punks und ihre Ausdrucksweisen im Kontext eines allgemeinen Jugendproblems Großbritanniens begründet, welches sich besonders in den letzten Jahren sehr zugespitzt hat. Lloyd begründet die Verweigerung von kommunalen finanziellen Mitteln für spezielle Jugendhilfe-Maßnahmen für Punks in Bristol auch damit, daß eine Bewilligung quasi eine Art 'Zugeständnis' von öffentlicher Seite für die Lebensweise- und einstellung der Punks bedeuten würde: "The 'Bristol City Council' would have to take part in something that public money would be given to Punks, but there would be no public sympathy at all for giving money for a project with Punks. What the society would probably say is this: We accept Punks as young people in need but we don't accept them as a separate group. It's a philosophy which is upfront to the society" (Lloyd 1991).

Da die Gruppe der Punks jedoch nicht in die existierenden Jugendclubs und Jugendhäuser eingebunden sind bzw. diese nicht besuchen, müssen sie - sofern sie Hilfestellung wünschen - die vorhandenen Jugendprojekte und Jugendhilfemaßnahmen aufsuchen, was vor allem im Bereich von Wohnungsbeschaffung (siehe z.B. 'Self help housing') und im niedrigschwelligen Bereich des Drop-In-Centres 'Cyrenians' auch geschieht.

Das 'Bristol City Council' hat in 1990 z.B. vier neue Projekte gefördert, die im Bereich Jugend-Obdachlosigkeit tätig sind, um einen Beitrag gegen die immense Zunahme von speziell jugendlichen Obdachlosen in der Stadt zu leisten. Ein Hauptproblem für die Kommune bestand jedoch auch darin, daß die Jugendlichen leerstehende Häuser besetzten. Um weitere Hausbesetzungen sowie ein Abgleiten in illegale Aktionen zu vermeiden, beschloß das 'Bristol City Council' eine erweiterte Förderung: "We wanted it to be more organized, to organize for people to have accommodation" (Lloyd 1991). So diente die Unterstützung von Projekten in diesem Sektor vor allem auch der Verhinderung polizeilicher Maßnahmen, wie sie - so Lloyd - in den vergangenen Jahren gehäuft vorgekommen sind: "If groups of Punks squatt a building they may be have been arrested, but if they would go to 'Self help housing' now they would get help" (ebd.).

Die Häuser, die durch dieses Projekt an die Jugendlichen vermietet werden, werden sowohl von verschiedenen Behörden wie der "Health Authority" und der "Local Authority" als auch von Privatpersonen zur Verfügung gestellt, die ihre Häuser - so Dan Lloyd - nicht mehr genutzt haben (z.B. zu hohe Reparaturkosten, Um- bzw. Wegzug etc.). Die so legale Vermietung von Wohnraum in Häusern für jugendliche Randgruppen hat auch den Vorteil, daß die Jugendlichen in der Regel in Häusern mit zwei Etagen leben können und nicht in Einzelzimmern. Dies entspricht einerseits den Lebensbedürfnissen der Jugendlichen nach sozialer Gemeinschaft und beugt andererseits evtl. auftretende Streitigkeiten mit Zimmer-Nachbarn durch z.B. zu laute Musik vor. Daher wird in den 'housing'-Projekten darauf geachtet, Jugendliche mit ähnlichem Lebensstil und Habitus in ein Haus zu vermitteln: "You see, for instance, 'Self help housing', if they have some Punks they put them to some other Punks or some other people who like loud music" (ebd.). Zum Abschluß unseres Gesprächs betonte Dan Lloyd, daß derzeit vor allem Schwierigkeiten durch zunehmenden Rassismus gegen Minderheiten und "drop-outs" (Aussteiger, Außenseiter) bestehen: "Recently one of the houses of 'Self help housing' was burned down by racism and left a big N.F. (National Front)" (ebd.).

In den nachfolgenden Abschnitten sollen nun einige Projekte und Maßnahmen im Spektrum der Jugendhilfe/Jugendarbeit in Großbritannien vorgestellt werden.

4.2 Projekte und Einrichtungen in Bristol

4.2.1 Vorbemerkungen zu Bristol

Wie bereits erwähnt ist die Zahl der arbeitslosen Bevölkerung in der Region Süd-West, zu der auch Bristol zählt, in den letzten Jahren stark angestiegen. Das 'Department of Employment' in Bristol spricht von einer 'Eskalation' (Dept. of Employment, Bristol, Summer 1991, S.6). Allerdings gab es in all den Jahren der Rezession hier den niedrigsten Stand der Arbeitslosigkeit innerhalb Großbritanniens. 25 % aller Arbeitslosen in dieser Region sind Jugendliche und junge Erwachsene, und die Anzahl der Langzeitarbeitslosen (als 'long term unemployed' werden diejenigen definiert, die über sechs Monate hinaus Arbeitslosengeld beziehen) hat sich zwar in der letzten 5-Jahres-Periode verringert, ist jedoch in der Zeit von Januar 1990 bis Januar 1991 wieder über 4 % gestiegen (vgl. ebd., S.8). Auch in dieser Region Großbritanniens sind im Produktionsbereich die meisten Entlassungen zu konstatieren, und weitere werden für die nächsten Jahre erwartet. Hiervon ist auch das Baugewerbe betroffen: "Since May last year unemployment has been steadily rising" (ebd., S.11). Jugendliche im Alter zwischen 16 bis 19 Jahren sind neben Männern kurz vor dem Rentenalter die am härtesten betroffene Gruppe überhaupt (vgl. ebd., S.12). Junge Erwachsene zwischen

20 und 24 Jahren weisen bei einer Dauer der Arbeitslosigkeit bis zu einem halben Jahr die höchste Quote von allen auf. Demzufolge waren mit Stand Mai 1991 in der Region um Bristol 7.788 junge Menschen erfaßt, die ohne Arbeitsplatz waren. Die Anzahl der Jugendlichen mit einer Dauer der Arbeitslosigkeit bis zu einem Jahr betrug noch 5.933, sowie 3.323 junge Menschen, die als Langzeitarbeitslos gelten. 98 Jugendliche sind länger als 5 Jahre arbeitslos (Dep.of Employment, Bristol, Statistical Date May 1991). Trotz dieser hohen Zahlen konnte ich in Bristol keine Jugendhilfe-Projekte, in denen Punks involviert sind, vorfinden, die gezielte Unterstützung im Sinne von begleiteten Arbeitsprojekten bzw. Initiativen mit kommunaler finanzieller Unterstützung anbieten. Die in Bristol bestehenden Projekte konzentrieren sich vorrangig auf die vorhandene Wohnungsnot - als dringlichste Erstversorgung Jugendlicher in prekären Lebenslagen -, da die Anzahl jugendlicher Obdachloser in den letzten Jahren auch in Bristol stark gestiegen ist. Yvonne Edwards äußerte die Ansicht, daß sowohl die Kommune als auch die Regierung allgemein den erhöhten Bedarf an preiswertem Wohnraum seit vielen Jahren mißachtet hat. Während Bristol noch unter der 'Labour'-Regierung über ein intaktes Wohnungsbau-Programm verfügte, dort wo Menschen für eine ihren Einkommensverhältnissen angemessene und zahlbare Miete z.B. in Wohnblocks leben konnten, sind die Preise für Mieten mittlerweile so immens gestiegen, daß Menschen mit 'low income' kaum mehr eine Unterkunft finden. Auf die Situation von jugendlichen Obdachlosen angesprochen äußert sie: "Bristol always had a very large homelessness-problem, but nowadays young people sleep outside on the street, young couples sleeping in cars" (Edwards 1991).

Anschließend sollen zwei Projekte in Bristol vorgestellt werden, die auch von Punks aufgesucht und genutzt werden.

4.2.2 'Self Help Community Housing Association' - Wohnraumvermittlung

'Self help housing' ist in Bristols Stadtteil St. Pauls angesiedelt. Der Stadtteil ist dominiert von Hochhäusern und alten, verwahrlosten Häusern des staatlichen Wohnungsbaus. Laut Mick Woodcock, Gründungsmitglied und für den finanziellen Bereich im Projekt zuständig, ist hier die Kriminalitätsrate höher als in anderen Stadtteilen, viele Bewohner und Bewohnerinnen seien arbeitslos und meist ohne berufliche Ausbildung. Yvonne Edwards erwähnte in unserem Gespräch, daß sich sogar einige Taxifahrer aus Angst vor Überfällen weigern, Fahrgäste in den Stadtteil St. Pauls zu fahren.

Zur Geschichte von 'Self Help Housing Association'

Mick Woodcock, der außer als Gründungsmitglied auch viele Jahre als Vorsitzender des 'Management Committee' tätig war, berichtet, daß das Projekt aus der Hausbesetzerszene (squatter) entstanden ist. Von Obdachlosigkeit bedrohte und betroffene junge Menschen haben gemeinsam in Selbsthilfe eine Initiative gegründet und Kontakte zum 'City Council', zum 'Avon County Council' und auch mit Hausbesitzern aufgenommen, da die Brisanz des Problems zum damaligen Zeitpunkt auch zunehmend ins öffentliche Bewußtsein gerückt war: "At this time it was recognised that there was a need for emergency accommodation to house the growing numbers of homeless people in the city" (Annual report 1988/89, S.1). Daraufhin wurden der Initiative sogenannte 'short-life-houses' (verwahrloste, stark reparaturbedürftige Häuser) zur Verfügung gestellt, die die Initiative zunächst in ehrenamtlicher Arbeit instandsetzte und dann bewohnte. Später wurde auch auf öffentliche Zuschüsse und hautptamtliche Mitarbeiter und Mitarbeiterinnen zurückgegriffen: "At the outset all work was done on a voluntary basis, however as the organisation grew and developed, paid staff were taken on to perform the day-to-day running of the Association" (ebd.). 'Self help housing' kauft jedoch keine Häuser; sie werden z.B. von der Kommune (Bristol City Council), vom Kreis (Avon County Council), von Kirchengemeinden u.a. auf eine begrenzte Zeit, in der Regel 6 Monate bis hin zu mehreren Jahren, zur Verfügung gestellt. 'Self help housing' hat in dieser Zeit ein sog. 'Management-Recht' für die Häuser. In 1989 konnten 89 Häuser bereitgestellt werden (Annual Report 1989/90, S.1). Mittlerweile sind 12 Mitarbeiter und Mitarbeiterinnen hauptamtlich beschäftigt (6 Vollzeit und 6 Teilzeit).

Verfahrensweisen der Vergabe von Wohnplätzen

Die Mietverträge bei 'Self help housing' laufen zwischen sechs Monaten und mehreren Jahren. Zwei Häuser des 'Bristol City Councils' wurden für dreißig Jahre zur Verfügung gestellt. Seit Gründung der Initiative in 1974 konnten bislang mehr als 1000 Häuser - zeitlich begrenzt - vermietet werden. Es existiert jedoch eine Warteliste, da mehr Anträge eingehen als Häuser zur Verfügung stehen. 1990 haben z.B. 361 Anträge vorgelegen, demgegenüber waren aber 'nur' 101 Plätze in Häusern zur Vermietung vorhanden. Über die Hausvermietung entscheidet jeweils das wöchentlich stattfindende "Allocation Meeting", bei dem jede(r) Antragsteller/Antragstellerin interviewt und dann nach jeweiliger Dringlichkeit der Lebenslage entschieden wird.

Zielgruppen

'Self help housing' vermietet vor allem an Jugendliche sogenannter Randgruppen wie jugendliche Obdachlose, jugendliche Punks mit Hunden oder ethnische Minderheiten aus afrikanischen, karibischen und asiatischen Ländern. Da junge Familien und alleinerziehende Mütter Vorrang bei der Vermittlung der lokalen Behörden haben, wird bei 'Self help housing' absolute Priorität den Jugendlichen eingeräumt, die beispielsweise mit ihren Hunden anderswo kaum Aussichten auf einen Wohnplatz haben. Hierzu gehören auch die Punks, so Woodcock. 80-85 % der vermittelten Plätze gehen durchschnittlich an 'single people'. In 1990 waren 60,9 % der Antragsteller und -stellerinnen obdachlos; 42,9 % wohnten vorübergehend bei Freunden, während 18 % direkt auf der Straße lebten. Immerhin noch 17,5 % lebten zur Zeit der Antragstellung in besetzten Häusern. Die Punks gehören - so Woodcock - zu der Gruppe Jugendlicher (einige sind jedoch schon Ende 20 Jahre alt), die auf der Straße, in Parkhäusern, in besetzten Häusern oder auch bei Freunden übernachten. Das Übernachten in Parkhäusern wird vor allem in Bristol praktiziert, wobei die Punks (und andere Jugendliche) zuweilen von Polizeibeamten aufgegriffen werden. Im Durchschnitt können 3 - 4 Punks in Wohngemeinschaften in einem Haus leben und sich Küche und Bad teilen. Woodcock merkt hierzu an, daß 'Self Help' und das 'Cyrenian Day Centre' die einzigen Einrichtungen in Bristol sind, die von Punks akzeptiert werden. Als Begründung führt er aus, daß die Punks bei 'Self Help' in den verfügbaren Häusern in Wohngemeinschaften leben können und dies durch ähnliche Lebensvorstellungen (wie z.B. laute Musik, Übernachtung von Freunden) relativ problemlos gelingt. Außerdem müßten keine 'deposits' (Kautionen) hinterlegt werden, was es den Punks sonst zusätzlich erschwert bzw. unmöglich macht, auf dem freien Wohnungsmarkt eine Unterkunft zu finden.

Die Punks anerkennen bei Unterzeichnung des Mietvertrages (Licence Agreement) fest aufgestellte Regeln, die auf Rechte und Pflichten des Einzelnen hinweisen. Laut Woodcock wird nur beim Auftreten folgender vier wichtigen Gründe den Mietern gekündigt. Darauf werden die Jugendlichen bei Vertragsabschluß auch hingewiesen:
- die Durchführung von sog. 'Hundewettkämpfen' (mit dem Einsatz von Geldwetten) im Gebäude;
- Schlägereien;
- Handel mit Heroin;
- Prostitution (Woodcock 1991).

In der Vergangenheit ist es wegen einer Schlägerei und wegen eines Hundewettkampfs zu einer Kündigung gekommen. Bei Beschwerden der Nachbarn wegen z.B. zu lauter Musik - was bei den Punks hin und wieder vorkommt - versucht 'Self help housing' nicht einzugreifen, sondern beläßt die Verantwortlichkeit der Problembewältigung bei den Punks selbst. Hierdurch fühlen sich die Punker als Erwachsene ernstgenommen und nicht wie unmündige Klienten behandelt, so Woodcock. Nur im äußersten Notfall nimmt 'Self help housing' einen Vermittlerstatus ein, wenn die Punks sich damit einverstanden erklären oder dies von ihnen gewünscht werde. Die Mitarbeiter und Mitarbeiterinnen von 'Self Help' sind den Punks bei der Beantragung von 'welfare benefits' (ähnlich der Hilfe zum Lebensunterhalt in der Bundesrepublik) behilflich, über die dann die Miete gezahlt wird. Wer einen Job hat bezahlt die Miete von seinem Einkommen. Das erklärte Ziel von 'Self help housing' ist lediglich eine vorübergehende, zeitlich begrenzte Vermietung der Wohnungen bzw. Häuser. Die Bewohner und Bewohnerinnen sollen demnach so bald wie möglich eine dauerhafte Unterkunft durch Eigeninitiative finden, um so wieder freie Wohnplätze für obdachlose Jugendliche zu schaffen. Aufgrund der anhaltend verschärften Lage auf dem freien Wohnungsmarkt konnte dieses Ziel jedoch bislang nicht erreicht werden.

Instandsetzung der Gebäude

Da es sich bei den zur Verfügung gestellten Häusern hauptsächlich um Gebäude handelt, die leerstehen und stark reparatur- und sanierungsbedürftig sind, werden diese mit Hilfe von speziellen Zuschüssen (Mini HAG = Mini Housing Association Grant) wieder instandgesetzt. Allerdings nur für die drei folgenden Bereiche: "All our Mini HAG properties have undergone initial repair work to bring them up to habitable condition. This involves ensuring that they are *Safe* (Gas and Electricity supplies conform to legal requirements), *Hygienic* (Toilet, bathroom and kitchen have surfaces which are easily kept clean) and *Weather-proof* (Doors and windows fit correctly; Roofs and walls are sound)" (Annual Report 1989/90, S.1). Hier greift der Selbsthilfe-Gedanke der Gründer: "This is where the Self-Help element comes in: we provide the 'raw material' and our residents do the rest" (ebd.). Auf meine Frage, ob die Punks denn die anfallenden Arbeiten in den Wohnungen auch ausführen, äußert Woodcock hierzu, daß aufgrund seiner Erfahrung die Punks mitunter über handwerkliche Fähigkeiten verfügen, die dann in der Renovierung zum Tragen kommen. Außerdem spielt die Tatsache, daß die Räume nach eigenen Vorstellungen gestaltet werden können, eine große Rolle, was den Autonomiebestrebungen der Punks entgegenkommt. Da die Punks durch das Leben auf der Straße Ausgrenzung und Langeweile erleben und täglich den Wetterverhältnissen (Kälte, Regen) ausgesetzt sind, setzt ein Mietabschluß - so seine Beobachtung - ein dynamisches Engagement in Gang, nun sein eigenes 'Nest' herrichten zu können. Auf meine Frage, welche Probleme im letzten Jahr explizit mit den Punks vorgekommen sind, antwortet Mick Woodcock, daß sich diese meist aufgrund von Beschwerden der Nachbarn wegen zu lauter Musik bewegt hätten. In Ausnahmefällen ist dann in Gesprächen mit den Punks versucht worden, Verständnis zu wecken, um eine Eskalation zu verhindern.

Finanzielle Situation von 'Self-Help-Housing'

Finanzielle Unterstützung erhält das Projekt von der Kommune, der Umweltbehörde, wohltätigen Stiftungen und Kirchen, Wirtschaftsunternehmen sowie dem 'Mini Housing Association Grant'. Dieser wird nur für Häuser gewährt, die andernfalls leerstehen würden und durch eine Renovierung somit eine erneute Bewohnung möglich wird. Die Initiative erhält Zuschüsse nach dem Modell des 'social sponsorings'. In 1990 betrugen die Zuschüsse insgesamt 81.520 Pfund (Finance Report 1990 to 1991 of Self Help, S.3). Zu den Zuschüssen kommen die Mieteinnahmen (in 1990 waren dies 130.000 Pfund), wovon 60 % wiederum als Zuschuß zur Instandhaltung der Häuser verwendet wird. Diese Tatsache erhöht bei den Punks die Akzeptanz des gesamten Projekts, so Woodcock, weil dieses System nicht profitorientiert ist.

4.2.3 'Cyrenians' Day Centre' - niedrigschwelliges Drop-In

"A permanent home is one of our most basic needs. It is the essential base upon which many other areas of our lives depend" (Bristol Cyrenians' Day Centre, Informationsbroschüre 1991, S.1).

Das 'Cyrenians' Day Centre' ist ein offener Tagestreff im Sinne eines "Drop-In-Centres" mit einer lockeren 'Komm und Geh' - Struktur für vorrangig arbeitslose und obdachlose Jugendliche und junge Erwachsene. Es liegt zentral am Rande der Innenstadt von Bristol. Es ist nach London das größte 'Day Centre' dieser Struktur in England für Jugendliche in prekären Lebenslagen. Das Hauptanliegen von 'Bristol Cyrenians' wird in folgendem Auszug deutlich: "The general aim of the scheme is to enable each person to live within a stable and caring environment which will allow development of the personal resources and skills they will need for independent living" (Informationsbroschüre 'Bristol Cyrenians Supported Residential Accomodation 1991, S.2).

Fast alle Punker der Stadt kommen täglich - mit ihren Hunden - ins 'Day Centre'. Ihre Hunde müssen jedoch vor der Eingangstür angeleint oder für die Zeit des Aufenthalts solange in andere 'Obhut' gegeben werden, da es des öfteren Beschwerden von und Auseinandersetzungen mit anderen Besuchern gab, die sich durch die vielen Hunde gestört fühlten. Diese Regelung wird nach Aussage meiner Gesprächspartnerin im 'Cyrenian Day Centre', der Sozialarbeiterin Tracy Pike, nach Gesprächen mit den Punks mittlerweile akzeptiert.

Geschichte des Zentrums

Die Arbeit der 'Cyrenians' begann vor über zwanzig Jahren in 1969 als "traditionelle Suppenküche" für Obdachlose. Ehrenamtliche Helfer und Helferinnen brachten Essen zu den Obdachlosen - dorthin, wo die Obdachlosen schliefen und sich tagsüber aufhielten. 1970 konnte ein Gebäude angemietet werden, das zunächst sechs Schlafplätze bot. Im Laufe der folgenden Jahre kamen ein weiteres Gebäude als Tagestreffpunkt und ein weiteres Übernachtungshaus hinzu. 1971 erhielt die Organisation den sog. 'Charity-Status' (Anerkennung der Gemeinnützigkeit). 1986 dann wurde das neu errichtete, heutige 'Day Centre' eröffnet.

Organisationsstruktur

Auch im 'Cyrenian Day Centre' regelt ein 'Management Committee' die Belange der Einrichtung; in wöchentlichen Zusammenkünften werden Inhalte der Arbeit sowie Erweiterungs-, Veränderungs- und Verbesserungsvorschläge erörtert und die alltägliche Arbeit strukturiert. Es gibt jedoch auch eine wöchentliche Mitgliederversammlung, die als 'Mitbestimmungs-Gremium' begriffen wird: "A weekly 'members-meeting' gives the opportunity for all those involved to actively participate in the running of the Day Centre" (Informationsbroschüre, S.3). Besucher und Besucherinnen können auch als Repräsentanten am 'Management Committee' teilnehmen und ihre Interessen und Vorschläge einbringen (Tracy Pike). Mittlerweile gibt es vierzig Mitarbeiter und Mitarbeiterinnen (Voll- und teilzeit). Ein erfolgreich tätiges SozialManagement sorgt für die Sicherstellung bzw. Erweiterung von finanziellen Zuschüssen sowie für eine informative Öffentlichkeitsarbeit.

Finanzierung des Projekts

Bristol Cyrenians erhalten Zuschüsse von der Kommune (Bristol City Council), dem Kreis (Avon County Council), der Gesundheitsbehörde (Health-Authorities), spezielle Zuschüsse der Regierung (Government Grants), wohltätigen Stiftungen und Kirchen (Charitable Trusts and Churches) sowie zahlreichen Wirtschaftsunternehmen und Einzelpersonen - ähnlich wie bei 'Self Help Housing' - im Sinne eines 'social sponsorings'. Die Zuschüsse beliefen sich in 1989/90 auf ca. 320.000 Pfund, wobei die Mieteinnahmen zusätzlich 138.000 Pfund betrugen (Finance Report of Bristol Cyrenians, Annual Report 1990, S.16).

Zielgruppen

Die vorrangigen Zielgruppen des 'Day Centre' sind jugendliche Obdachlose, Randgruppen wie Punks und Angehörige ethnischer Minderheiten, Travellers (land- und obdachlose Menschen, die in Caravans leben), junge erwachsene Obdachlose - besonders junge Frauen.

Täglich besuchen durchschnittlich 150 Menschen das Centrum. In 1990 waren 76 % der Besucher und Besucherinnen länger als sechs Monate obdachlos. Das Tageszentrum hat in den letzten Jahren eine erhebliche Zunahme jugendlicher Obdachloser verzeichnet: "Numbers of young homeless people seeking help at the Day Centre have grown at an alarming rate over recent years. During 1989 to 1990, 30 % of the Day Centre attenders were under the age of 26. In real terms this has meant 750 people over the year" (Annual Report 1990, S.2).

Angebote des 'Cyrenians' Day Centre'

Dem 'Day Centre' angeschlossen ist ein 'Housing Service' (Vermittlung von Miet-Wohnraum), ein 'Outreach-Service' (Streetwork) sowie ein 'Resettlement-Service' (Wiedereingliederungshilfe bei vorangegangener Obdachlosigkeit). "Many homeless people do not have acces to the very basic facilities which the majority of the community take for granted, such as hot water and adequate clothing" (Informationsbroschüre 1991, S.3). Die Angebote im Tagestreff richten sich - so Tracy Pike - nach den elementaren Bedürfnissen der Besucher und Besucherinnen:

- offenes Tages-Cafè (Kaffee, Tee zum geringen Preis);
- Frühstück und Mittagessen zum Selbstkostenpreis (Vollwerternährung, frische Salate und Gemüse);
- Duschen, getrennt nach Geschlecht plus jeweils ein Badezimmer - beides zur freien Benutzung;
- Waschmaschinen und Trockner, ebenfalls zur freien Benutzung;
- abschließbare kleine Schränke;
- eine Kleiderkammer, ebenfalls kostenlos;
- kostenloses Haareschneiden.

Angebote in den BereichenTöpferwerkstatt und Fotolabor, Kunstraum zum Malen und Schreinern, kleine Druckerei zum Erstellen von Rundschreiben, Info-Blättern, Plakaten etc., diverse sportliche Aktivitäten wie Fußballgruppe, Volleyball etc. sowie eine Bücherei stehen zur Verfügung. Außerdem gibt es diverse Selbsthilfe- und Diskussionsgruppen sowie Schreib- und

Rechenkurse. Die Besucher und Besucherinnen haben die Möglichkeit - so die Mitarbeiterin Tracy Pike -, mit einzelnen Mitarbeitern und Mitarbeiterinnen Beratungsgespräche zu führen. Sie betont ausdrücklich, daß die Besucher und Besucherinnen die Beratungsangebote annehmen können, dies aber nicht automatisch mit dem Besuch des Tageszentrums verbunden ist. Die Büro- und Sprechzimmer der Projektmitarbeiter und -mitarbeiterinnen liegen im ersten Stockwerk des Gebäudes, während der offene Tagestreffbereich sich im unteren Teil befindet.

Der 'Housing-Service'

'Bristol Cyrenians' bieten mittlerweile 40 ständige Wohnplätze an, alle können jedoch nur maximal ein Jahr belegt werden. Allerdings konnte 1990 von zehn Bewerbern und Bewerberinnen nur jeweils eine Person einen Platz erhalten. Dies reflektiert nach Meinung der Mitarbeiter und Mitarbeiterinnen den gestiegenen Bedarf nach festen Wohnplätzen für obdachlose Jugendliche im letzten Jahr deutlich. Diese Zunahme wird von den Mitarbeitern und Mitarbeiterinnen im Kontext gesamtgesellschaftlicher Ursachen auch als Indikator einer verfehlten Wohnungspolitik der Regierung in den letzten Jahren gesehen. Ein wichtiges Ziel für die Mitarbeiter und Mitarbeiterinnen ist, über diese Erstversorgung hinaus für die Jugendlichen auch permanenten Wohnraum beschaffen zu können. Dies impliziert - so Tracy Pike -, daß bei den Jugendlichen vor allem auch eigene, persönlich noch vorhandene Ressourcen und Fähigkeiten im Hinblick auf eine unabhängige Lebensführung zu fördern und zu unterstützen sind. Dies werde ihrer Ansicht nach durch die Möglichkeiten, die das 'Day Centre' bietet (verschiedene Kurse, Mitspracherecht), versucht. Einige der Punks nehmen am wöchentlich stattfindenden Meeting teil, um hier eigene Ideen und Vorschläge einzubringen, die den Tagesablauf im 'Day Centre' betreffen (z.B. Preise, Angebot der Speisen). Dies interpretiert die Mitarbeiterin als ein deutliches Zeichen dafür, daß die Punks sich mit der Einrichtung identifizieren.

'Outreach-Service'

Das Outreach-Team (Streetworker) besteht aus drei hauptamtlichen sowie zahlreichen freiwilligen Mitarbeitern und Mitarbeiterinnen und Studenten und Studentinnen der 'Bristol Polytechnic'. Das Ziel von Streetwork wird von Tracy Pike mit "contacting people on the streets and helping them get the assistance they need" beschrieben. Die Mitarbeiter und Mitarbeiterinnen des 'Outreach-Teams' arbeiten nicht nur eng mit dem Tageszentrum, sondern auch mit anderen Beratungsstellen, Einrichtungen (hier vor allem mit der Bewährungshilfe) und Initiativen in Bristol zusammen. Sie suchen vor allem tagsüber und abends die Jugendlichen dort auf, wo sie sich aufhalten: in der Innenstadt, in Parkhäusern und auf Parkplätzen, Busplätzen und Bahnhöfen, in leerstehenden und verwahrlosten Häusern. Tracy Pike betont, daß die Streetworker bei den Jugendlichen und Punks bekannt und mittlerweile auch akzeptiert sind. Dies führt sie auf auf ein eher unaufdringliches Auftreten der Streetworker und auf die Tatsache zurück, daß im Day-Centre ein unbürokratischer und nicht 'pädagogisierter' Umgang herscht. Die vorhandenen Angebote werden von den Punks vorwiegend genutzt in den Bereichen offenes Café, Mittagessen, Dusche, Waschmaschine und Trockner und in dringenden Fällen auch Beratungshilfen. Den Punks geht es vorrangig darum, einen Treffort zu haben, an dem sie mitunter täglich zusammenkommen und sich treffen können, was vor allem bei schlechtem Wetter notwendig ist. Die Nahrungsmittel werden zum Selbstkostenpreis abgegeben (viele Nahrungsmittel werden von großen Firmen wie 'Marks und Spencer' gespendet). Den Tee gibt es für ein paar Pence. Vor allem ist gerade für die Punks - so ihre Einschätzung - bedeutsam, daß im Tagestreff-Bereich nicht ständig die Mitarbeiter und Mitarbeiterinnen die Jugendlichen auf ihre Probleme ansprechen, sondern daß diese sich eher locker dazusetzen und Tee mit ihnen trinken. "The Punks know: if they want to talk with us - they come upstairs" (Pike 1991). Schon morgens um 9 Uhr, kurz bevor das 'Day Centre' öffnet, halten sich häufig schon die ersten Punks mit ihren Hunden vor dem Hauseingang auf, belagern den Innenhof und warten auf die Mitarbeiter und Mitarbeiterinnen. Auch die Möglichkeit zur Körperhygiene und dem Waschen der Kleidung ist gerade für die Punks, die über keine Wohnung verfügen und auf der Straße leben, so Tracy Pike, ein 'Grundbedürfnis'. Dies wird von der Einrichtung aufgegriffen. Die Punker nutzen auch dies regelmäßig. Zudem ist die Tatsache, daß hin und wieder Wohnplätze frei werden und einzelne Punker so zu legalem, bezahlbarem Wohnraum (ohne Kaution) finden, sicher auch ein wesentliches Moment, weshalb die Zielgruppe kontinuierlich zum Besucherstamm gehört. Der sog. 'Resettlement-Service' unterstützt die Bewohner und Bewohnerinnen der von 'Bristol Cyrenians' zur Verfügung gestellten Häuser in Fragen der Beantragung von 'welfare benefits', gibt Hilfestellung beim Einzug/Umzug, bei der Beschaffung von Mobiliar und beim Möbeltransport, unterstützt bei Bewerbungsschreiben, vermittelt Beratung und Hilfe bei Alkohol- und Drogenabhängigkeit, bei psychischen Erkrankungen und informiert über soziale Dienste allgemein.

Insgesamt gesehen - so Tracy Pike - ist die Einrichtung eine akzeptierte Anlaufstellung und ein guter Ansatz für weiterführende Hilfen - vor allem im Sinne von Beratung, Hilfestellung, Zuhören, wenn dies gewünscht wird. Nicht immer sind weiterführende Hilfen wie etwa ein Wohnplatz möglich. Auch fehlt ihrer Ansicht nach etwa ein Arbeitsprojekt, in dem die Punks gegen Entlohnung eine sinnvolle Tätigkeit ausüben können. Der Schwerpunkt ihrer Einrichtung ist jedoch auf andere Hilfsansätze ausgerichtet, und eine Einrichtung kann - so ihre Meinung - nicht alles abdecken. Etwas resignativ formuliert die Mitarbeiterin zum Abschluß unseres Gesprächs, daß sich zwar jährlich die finanziellen Zuschüsse für die Arbeit der Einrichtung erhöhen, gemessen an der Gesamt-Problematik diese jedoch nur 'a drop in the ocean' sind.

4.3 Projekte und Maßnahmen in Sheffield

4.3.1 Vorbemerkungen

Sheffield war noch bis in die 70er Jahre hinein eine aufblühende, florierende Industriestadt im Norden Großbritanniens. Die ökonomische Situation hat sich seither erheblich verschlechtert. Die konservative Politik unter Margaret Thatcher entzog der traditionellen Industrie vor allem im Norden Großbritanniens zunehmend staatliche Subventionen. Diese Strategie brachte schrittweise einen Niedergang der traditionellen indurstriellen Gebiete und Zentren mit sich (hier vor allem Kohle, Schwerindustrie und Schiffbau). "Wichtige Teile britischer Infrastruktur werden damit den 'Gesetzen des Marktes' preisgegeben mit ihren nicht kontrollierbaren Folgen" (Wengert-Köppen 1989, S.43 f). In den Jahren zwischen 1981 und 1984 verlor Sheffield 25.000 Arbeitsplätze, von 1984-1987 nochmals 15.000 (Sheffield Economic Bulletin, Summer 1991, S.29). Mittlerweile sind alle industriellen Bereiche, vor allem der Produktionsbereich, das Baugewerbe und der Einzelhandel, stark von der Rezession betroffen. "The area is now feeling the full effects of the recession" (Dept. of Employment Sheffield, March 1991, S.1). In 1991 lag die Arbeitslosenquote in dieser Region bei durchschnittlich 10-11% (vgl. ebd., Unemployment Bulletin März bis August 1991, jeweils S.2). Die 'versteckte' Arbeitslosigkeit (den Behörden nicht gemeldete oder durch sog. Beschäftigungs- und Trainingsprogramme statistisch veränderte Arbeitslosigkeit) wird von Arbeitsmarktbeobachtern noch wesentlich höher geschätzt. Daß viele jugendliche Arbeitslose sich bei den entsprechenden Behörden nicht registrieren lassen, wird damit erklärt, daß bei den Jugendlichen einerseits keine Hoffnung auf eine Stellenvermittlung vorhanden ist und andererseits die betreffenden Jugendlichen bislang noch keine Ansprüche auf die Zahlung von Arbeitslosengeld erworben haben. Sie empfinden eine Registrierung als zwecklos (vgl. Jablonka, in: Burton et.al. 1989, S.35). Langzeitarbeitslosigkeit ist in Sheffield wesentlich höher als im nationalen Druchschnitt (27 % höher). Im Bereich derjenigen Arbeitslosen, die länger als 5 Jahre arbeitslos sind, liegt diese Zahl sogar um 47 % höher als im Durchschnitt (Dept. of Employment Sheffield, Unemployment Bulletin März 1991, S.3). Im Mai 1991 stieg die Arbeitslosigkeit in Sheffield erstmals seit vier Jahren über den europäischen Durchschnitt auf 11,8 % an, bei gleichzeitiger Verringerung der für den Arbeitsmarkt gemeldeten freien Stellen um 40 % (Dept. of Employment Sheffield, Unemployment Bulletin Mai 1991). Leider differenzieren die vorliegenden Statistiken nicht detailliert die Zahlen jugendlicher Arbeitsloser, sie werden lediglich in der Rubrik "under 25 years" für Januar 1991 mit 33,9 % für Sheffield angegeben. Dies ist verglichen mit allen anderen Großstädten Großbritanniens die höchste Zahl, gefolgt von Manchester mit 32,2 % jugendlicher Arbeitsloser unter 25 Jahren (Dept. of Employment Sheffield, Labour Market Notes March 1991, S.2). Die 1986 bereits von Wengert-Köppen vorgelegten Zahlen von 36,8 % jugendlicher Arbeitsloser unter 25 Jahren im Gesamtdurchschnitt Großbritanniens haben offensichtlich bis dato kaum an ihrer Brisanz verloren (vgl. Wengert-Köppen 1989, S.36).

Auf dem Hintergrund der hohen Jugendarbeitslosigkeit ist es besonders verwunderlich, daß ich in Sheffield keine Projekte vorfinden konnte, die sich im Spektrum von Beschäftigungsinitiativen oder arbeitsweltorientierten Jugendmaßnahmen bewegen. In einem Gespräch mit Pedro Conner, 'Youth-Officer' im 'Department of Education', erfuhr ich, daß auch in Sheffield keine explizit auf die Gruppe der Punks gerichteten Projekte oder Maßnahmen vorhanden sind. Die Punks werden als Randgruppe ('marginalised young people') gesehen, als benachteiligte Jugendliche in schwierigen Lebenslagen, arbeitslos, obdachlos. Ein Handlungsbedarf speziell für Punks wurde verneint und damit begründet, daß alle Jugendprobleme insgesamt dringlich sind und die Gruppe der Punks nur ein Teil der Gesamtjugend darstellen. Handlungsbedarf der Jugendhilfe wurde von Pedro Conner vorrangig in Projekten gesehen, die die Probleme der zunehmenden Obdachlosigkeit von Jugendlichen aufgreifen, sowie in Programmen gegen den sich ausweitenden Rassismus im Land. Bis Ende der 80er Jahre gab es in Sheffield ein Jugendprojekt 'Spring-Street' in der Innenstadt, das sich als 'Drop-In-Centre' mit großer Akzeptanz bei den Jugendlichen bewährt hat. Dieses Projekt ist jedoch aufgrund der Baufälligkeit des Gebäudes, in dem sich das Projekt befand, geschlossen und das Gebäude dann abgerissen worden (eine kurze Skizze dieses Projekts erfolgt im Anschluß an die Darstellung 'Streetwork in Sheffield'). Von Pedro Conner wurde ich an das 'Roundabout-Nightshelter' verwiesen, da diese Einrichtung auch von den Punks aufgesucht wird.

4.3.2 'Roundabout-Nigtshelter' - Emergency Sleep-In

Das 'Roundabout-Nigthshelter' liegt in einem Stadtteil Sheffields, der bequem mit dem Bus zu erreichen ist. Das 'Roundabout' wurde bereits 1977 in Sheffield eröffnet, nachdem eine lokale Arbeitsgruppe 'Jugendliche Obdachlose' in einem veröffentlichten Bericht die Empfehlung aussprach: "...there should be some emergency and temporary accommodation for young homeless, especially girls who are particulary vulnerable" (Report Roundabout, May 1991, S.1). Finanziell unterstützt durch die 'Sheffield Family Housing Association' und den 'Sheffield Youth Development Trust' konnte so zunächst eine Wohnung mit 3 Schlafplätzen angemietet werden. Mittlerweile, so berichtete mein Gesprächspartner Jim Kenny, pädagogischer Mitarbeiter im 'Roundabout', besteht das Projekt aus drei mehrstöckigen Häusern mit sieben Einzelzimmern im 'Sleep-In', acht Plätze sind für eine maximale Aufenthaltsdauer für sechs Monate vorhanden, im Sinne einer 'Übergangslösung'. Es werden Jugendliche im Alter zwischen 16 und 21 Jahren aufgenommen. Auch im Notbereich stehen Gemeinschaftsräume, Küche und Dusche für alle Bewohner und Bewohnerinnen zur Verfügung, und die Aufenthaltsdauer beträgt hier längstens vierzehn Nächte. Die Jugendlichen entrichten eine Gebühr für Unterkunft und Vollverpflegung. Jedoch: "People who are unable to pay, for whatever reason, are not refused emergency accommodation" (ebd., S.1). Als Mitarbeiter und Mitarbeiterinnen sind ein Projektleiter, vier Vollzeit- und fünf Teilzeitbeschäftigte sowie ein Team von ehrenamtlichen Mitarbeitern und Mitarbeiterinnen tätig. Dadurch ist es möglich, das 'Roundabout' an sieben Tage der Woche und 'rund um die Uhr' zu besetzen. Dies ermöglicht laut Jim Kenny "eine optimale Versorgung". Im Jahresbericht definieren die Mitarbeiter und Mitarbeiterinnen ihre Aufgaben und Ziele folgendermaßen: "With careful guidance we encourage our young people to reach their own decisions, make their own choices and accept the consequences and responsibilities of doing so" (Annual Report 1990-91, S.8). Eine weitere Aufgabe wird besonders in der individuellen Unterstützung gesehen, geeignete Wohnmöglichkeiten nach dem Verlassen des 'Roundabout' zu finden sowie in der engen Zusammenarbeit mit Sozialarbeitern und Sozialarbeiterinnen und Bewährungshelfern und -helferinnen. Laut Statistik waren von 1991 50 % aller Besucher und Besucherinnen vorbestraft. Von den 253 Jugendlichen, die in 1991 das 'Roundabout' nutzten, waren 125 männlich und 128 weiblich. 68 % kamen aus Sheffield, 12 % aus Yorkshire und 20 % von außerhalb Yorkshires. 34 % aller Jugendlichen wiesen ernste gesundheitliche Probleme auf, häufig verursacht durch lange Obdachlosigkeit. 13 Jugendliche hatten Kinder, die vorübergehend außerhalb untergebracht werden mußten. Obwohl - wie aufgezeigt - 253 Jugendliche in 1991 im 'Roundabout' aufgenommen werden konnten, mußten 530 Jugendliche zurückgewiesen werden. Der Vorsitzende des 'Management Committee', Michael Murphy, kommentiert dies in einem Vorwort des Jahresberichts 1991 wie folgt: "We have regularly had to turn away young people who would have benefited from the structure and support of Roundabout simply because we were full" (Annual Report 1990-91, S.2). Die größte Lücke sah mein Gesprächspartner Jim Kenny in der fehlenden, weiterführenden Unterstützung nach Verlassen der Einrichtung für die ehemaligen Besucher und Besucherinnen. Punks werden von ihm nicht als gesonderte Gruppe betrachtet. Sie nutzen die Übernachtungsmöglichkeit vorwiegend im 'Sleep-In'-Bereich und bleiben meist nur kurz in der Einrichtung. Seiner Erfahrung nach geht es den Punks vor allem darum, eine periodisch zur Verfügung stehende Schlafmöglichkeit zu haben, die auch Wasch- und Kochgelegenheiten bietet. Da das Projekt keine Nachbetreuung leisten kann, ist er für weiterführende Hilfen auf die Kooperation mit den Fachkollegen und -kolleginnen vor Ort angewiesen. Auch er bezeichnet die Punks als 'young people in need', die nicht explizit als eigene Gruppe behandelt werden. Die Gelegenheit einer günstigen und eher unkomplizierten Übernachtungsmöglichkeit für die Punks, die auch nicht abgewiesen werden, wenn sie diese nicht bezahlen können, sieht Jim Kenny für die Jugendlichen als 'Notlösung' in einer prekären Lebenslage an.

Finanzierung des Projekts

Das Projekt erhielt im Geschäftsjahr insgesamt 113.225 Pfund an Zuschüssen und wird unterstützt vom 'Central Government', vom 'Family and Community Services Department', vom 'Education Department' und vom 'Home Office' der Stadt Sheffield. Weitere finanzielle Unterstützung (social sponsoring) erhält 'Roundabout' - ähnlich wie die besuchten Projekte in Bristol - von zahlreichen Firmen, Geschäften, Kirchen, der British Telecom und zahlreichen Spenden von Einzelpersonen, die alle im Jahresbericht von 'Roundabout' aufgelistet werden (Quelle: Roundabout Sheffield, Annual Report 1990-91, S.9f).

4.3.3 Streetwork in Sheffield - Gespräch mit einem Streetworker

Sowohl von Pedro Conner vom 'Education Department' als auch von Christine Holt, 'youth and detached worker' in Sheffield, wurde ich an den Streetworker Martin Williamson verwiesen. Da er täglich in Kontakt mit der Gruppe der Punks in der Innenstadt ist, konnte ich von ihm zum einen mehr über die Lebenslage der Punks erfahren, aber auch direkte Informationen über seinen Arbeitsplatz 'Straße' erhalten. Martin Williamson arbeitet als einziger 'Streetworker' im Zentrum von Sheffield mit jugendlichen Randgruppen. Zu seinem Klientel gehören hautsächlich arbeitslose und obdachlose Jugendlichen, wozu er auch die Gruppe der Punks - mit ihren Hunden - zählt. Viele der Jugendlichen - so Williamson - sind drogenabhängig. Das erschwert seine Arbeit zusätzlich. Explizit nach den Punkern der 90er Jahre befragt äußert er, daß die Punks sich seit der Schließung des Projekts 'Spring Street' Ende der 80er Jahre infolge fehlender Alternativen wieder verstärkt tagsüber an öffentlichen Plätzen im Innenstadtbereich aufhalten. Sie fallen häufig durch ihr äußeres Erscheinungsbild, den rauhen Umgangston und das Mitführen ihrer Hunde auf und sind vielfachen Diskriminierungen ausgesetzt. Exzessiver und demonstrativer Alkoholkonsum verstärkt die öffentliche Ablehnung. Für die Gruppe der Punks ist niemand in Sheffield explizit zuständig. Er selbst akzeptiert sie als eine jugendkulturelle Randgruppe unter anderen und bezieht diese in seine professionelle Alltagsrealität mit ein. Seine Handlungsmöglichkeiten sieht er allerdings als "äußerst begrenzt" an. Sein Arbeitsplatz ist im Sommer überwiegend die Straße, hier der Innenstadtbereich und die von den Jugendlichen bevorzugten Treffpunkte an öffentlichen Plätzen, in den Fußgängerzonen, Parks, vor den großen Kaufhäusern usw. Im Winter hingegen trifft er die Jugendlichen vornehmlich in Szene-Cafés oder einschlägigen Pubs. Seine vorrangige Aufgabe sieht er im Aufbau einer "vertrauensvollen Beziehung" zu den Jugendlichen, die durch seine zuverlässige und tägliche Präsenz und durch sein Selbstverständnis als Streetworker zustande kommt: "A good relationship to the young people is for me the most important thing" (Williamson 1991). Einmal wöchentlich nutzt er sein Büro, das an den allgemeinen 'youth service' im 'Department of Education' angegliedert ist, um Büroarbeiten zu erledigen, Beratungsgespräche oder kleinere Gruppentreffen durchzuführen. Martin Williamson definiert die Lebenslagen und -situationen der Punks, mit denen er auf der Straße Kontakt hält, als ein "moral continuous dilemma". Eine Aussicht auf eine Arbeitstätigkeit - einen Job - ist auch für die Zukunft nicht vorhanden, da die Punks weder über Schulabschlüsse noch über eine qualifizierte Berufsausbildung verfügen. Bei denen, die obdachlos sind und schon seit Jahren mehr oder weniger auf der Straße leben, ist die Motivation für die Aufnahme einer Arbeitstätigkeit verlorengegangen bzw. das Durchhaltevermögen gesunken. Die meisten Punks haben - seiner Kenntnis nach - auch keine Kontakte mehr zum Elternhaus. Erschwerend kommen gesundheitliche Probleme hinzu, die sich durch Abhängigkeit von Alkohol und illegalen Drogen noch verschlimmern. Fehlende Möglichkeiten zu einer kontinuierlichen Körperpflege wirken ebenso verschärfend auf die gesundheitlichen Probleme und Folgeerscheinungen ein. Da in Sheffield ein niedrigschwelliges Angebot wie ein 'Drop-in-Centre' fehlt, in dem die existentiellen Bedürfnisse der Jugendlichen aufgefangen und eine Minimalversorgung gewährleistet werden könnte, definiert er die Funktion seiner Arbeit eher als "den Mangel verwaltend" denn als ein "innovatives Moment". In unserem Gespräch betont er mehrmals dezidiert, daß er den Jugendlichen keine

"Angebote" unterbreitet, sondern durch seine tägliche und zuverlässige Anwesenheit Beratung und Information anbietet: "I'm offering two things to the young people: Counseling and the rights of information". Die Jugendlichen kennen meist ihre Rechte nicht, vor allem was die Möglichkeiten staatlicher Hilfen betrifft, oder sie lehnen diese Hilfen auch ab und ziehen das Betteln auf den Straßen vor. Williamson sieht allerdings seine vorrangige Aufgabe darin, die Jugendlichen über mögliche Hilfen zu informieren. Dies wird von ihm in unserem Gespräch mehrmals und mit Nachdruck seinerseits herausgestellt und betont - da niemand sonst die Jugendlichen berate: "This informations keep people's head above water, the onliest one objective I can achieve". Seine Arbeitszeit geht häufig über die 36-Stunden-Woche hinaus, was er jedoch als "Teil seines Engagements" akzeptieren kann. Die Finanzierung seiner Tätigkeit wird vom 'City Council' getragen. Er kritisiert die seiner Ansicht nach falsche Verteilung der für Jugendhilfe-Maßnahmen zur Verfügung stehenden finanziellen Zuschüsse. Die konservative Regierung vergeude so die Gelder und investiere diese z.B. in Beschäftigungsprogramme wie das 'Youth Training Scheeme', das von ihnen als "Erfolgsinstrumentarium" betrachtet wird. Sein Klientel hat jedoch keinen Zugang zu diesen Maßnahmen und artikuliert auch kein Interesse daran. Die Jugendlichen definieren das YTS nicht als reale Chance zur Berufseingliederung, und auch die hohe Jugendarbeitslosigkeit in Sheffield ist dadurch nicht verringert worden. Seiner Ansicht nach muß Jugendhilfe und Jugendwohlfahrt anders organisiert werden, um vor allem die zunehmenden Randgruppen zu erreichen. Er plädiert für eine erneute Initiierung eines "neutralen Drop-In-Centers" im Innenstadtbereich und weitere Arbeitsplätze für Streetworker - er stellt sich hier ein gemeinsames Team vor -, was seiner Ansicht nach ein erster Ansatzpunkt zur Verbesserung der existentiellen vielschichtigen Problemlagen Jugendlicher bedeuten würde und deren Probleme dort zunächst aufgefangen werden könnten. Die Ideen und Vorstellungen - vor allem positive Erfahrungen aus einem früheren Projekt, in das auch Punks involviert waren - sind vorhanden, so Williamson, aber die Umsetzung läßt noch auf sich warten. Daher brauche er für diese Arbeit einen 'langen Atem'.

In den 80er Jahren gab es ein City Centre Projekt, das in 1987 jedoch geschlossen wurde, das 'Spring-Street'-Projekt. Erfahrungen aus diesem Projekt sollen kurz skizziert in die vorliegende Untersuchung miteinfließen. Martin Williamson, früherer Mitarbeiter in diesem Projekt, interpretiert die hohe Akzeptanz der Punks für dieses Projekt mit der Konzeption, die von "vorausschauenden" Mitarbeitern und Mitarbeiterinnen aus dem Jugendhilfe-Bereich erstellt wurde. Zielgruppe waren Subkulturjugendliche, die bereits 'älter' (19-25 Jahre) und arbeitslos waren und von den regulären Jugendeinrichtungen nicht mehr erreicht wurden. Aber auch Jugendliche, die noch Schüler waren, sollten angesprochen werden. Das Projekt wurde als 'drop-in' mit offener Komm-und-Geh-Struktur bezeichnet. Da Langzeit-Arbeitslosigkeit den Jugendlichen schon Status und Kraft genommen hatte - so Williamson - sollte wenigstens der einzelne in seiner 'peer-group' gestärkt und eine 'collective identity' Jugendlicher insbesondere aus der 'working-class' unterstützt werden. Analog den geäußerten Interessen der Besucher und Besucherinnen wurden neben Beratungsangeboten und einer Zusammenarbeit mit dem 'job-centre' und vorhandenen 'housing'-Projekten Schwerpunkte geschaffen wie Workshops für Bands, Video, Fotographie, Siebdruck und die Herstellung von Fanzines. Die Jugendlichen wurden in die wöchentlichen Teamsitzungen der Mitarbeiter und Mitarbeiterinnen einbezogen sowie durch eigene Besucher-Meetings angeregt, die Möglichkeit zur Mitsprache, Mitentscheidung und Mitgestaltung des gesamten Projekts zu nutzen. Dadurch sollte ihnen verdeutlicht werden, daß sie von den Mitarbeitern und Mitarbeiterinnen ernst genommen werden. Laut Martin Williamson war das Gebäude jedoch von schlechter Substanz und baufällig, so daß die Einrichtung Ende 1987 von der Stadt Sheffield geschlossen und das Gebäude abgerissen wurde. Obwohl das Projekt eine sehr erfolgreiche Arbeit nachweisen konnte, wurde es - angeblich wegen fehlender Finanzmittel der Stadt - nicht wieder an anderer Stelle eröffnet. Derzeit gibt es - so Williamson - unter Fachkollegen und -kolleginnen Überlegungen, wieder ein solches Projekt zu initiieren.

4.3.4 Gespräch mit dem Sozialwissenschaftler Bernard Davies

Bernard Davies, Senior Lecturer in "Applied Social Studies" der Universität Warwick und Mitarbeiter beim "Training, Development and Research Ressource Centre" in Sheffield, bestätigt in unserem Gespräch die Erfahrungen der interviewten Kolleginnen und Kollegen in Großbritannien allgemein.
Auf meine Frage, wie er die Lebenssituation und -lage der Punks in Großbritannien zu Beginn der 90er Jahre definiert, antwortet Davies, daß Subkulturjugendliche wie Punks für ihn zunächst Ausdruck einer jeweiligen Jugendgeneration sind und daß jede Generation ihre eigenen Stilbildungen und Ausdrucksmöglichkeiten hat. Allerdings sind die Punks heute in besonderem Maße von einer Vielzahl von Problemen betroffen, was jedoch für die Jugendlichen in Großbritannien allgemein zutrifft. Die primären Probleme liegen in den Bereichen Obdachlosigkeit und Arbeitslosigkeit, mit verschärfender Tendenz. Darüber ist er nicht verwundert, da Großbritannien seiner Ansicht nach schon seit ca. 20 Jahren eine Politik der Marginalisierung Jugendlicher betreibt. "Die Punks sind nur eine Gruppe von Jugendlichen, die in die Marginalität abgedrängt werden. Sie sind in den Städten häufig im Innenstadtbereich anzutreffen, mit ihren Hunden, haben oft kein Dach über dem Kopf und leben vom Betteln. Die meisten sind arbeitslos und

haben keine Perspektive". Die Frage nach der derzeitigen Lebenssituation und -perspektive der Jugend allgemein - aus seiner Sicht - beantwortet er aus seiner langjährigen Tätigkeit als Jugendforscher mit: "It's a repressed, hidden, lost and neglected youth". Die Veränderungen innerhalb der Jugendpolitik der Tory-Regierung beschreibt er als zunehmend restriktiv: "They withdraw constantly the benefit especially for the 16 to 18 years old young peolpe". Darüberhinaus versuche die Regierung zunehmend im Bereich von Jugendarbeit und Sozialarbeit allgemein mehr Kontrolle auszuüben, was auch zur Folge hat, daß Förderungskriterien für neue und innovative Jugendprojekte ständig 'verschärft' werden. Davies: "They squeez and screw it down". Humanitäre Aspekte spielen derzeit kaum noch eine Rolle bei den Überlegungen und Jugendprobleme haben - so Davies - bei der herrschenden Regierung momentan keine Priorität, man wechselte auch z.B. nach den Jugendaufständen der letzten Jahre rasch "zur Tagesordnung" über. Seiner Ansicht nach hat diese Politik völlig versagt, und Präventivmaßnahmen sind mittlerweile nur noch in den Bereich von "ad-hoc-Maßnahmen" einzuordnen. Sie können längerfristig keine wirksame Hilfe sein. In diesem Kontext befürchtet er eine zunehmende Auflösung und Vernichtung fortschrittlicher Ansätze, Gedanken und Vorschläge für Jugendprojekte und sieht die Funktion von Jugendhilfe derzeit auf ein Minimum reduziert. Die Mitarbeiter und Mitarbeiterinnen sehen ihre Funktion bisweilen nur noch darin, den Jugendlichen Informationen über rechtliche Grundlagen und ihre Rechte allgemein als Bürger und Bürgerinnen dieses Landes zu geben sowie die Vermittlung von Kenntnissen über Beihilfen in Notlagen. Dafür sei jedoch Jugendhilfe ursprünglich nicht angetreten. In seinem Buch "Threatening Youth" plädiert Davies für "mehr Aktion denn Reaktion", für eine Suche der Jugendhilfe nach Wegen, die zum Gegenangriff auf die herrschende Politik übergehen muß, eine dominante Politik, die "consistently worsened the conditions of life of young people, many of whom were already amongst the weakest and poorest members of our society" (Davies 1986, S.147).

4.3.5 Interview mit Christine Holt, langjährige Jugendarbeiterin

Christine Holt, 'youth worker' und derzeit im "Training, Development and Research Ressource Centre" in Sheffield beschäftigt ist, verfügt über langjährige Erfahrungen innerhalb der Jugendarbeit in Sheffield. Auf meine Frage, welche Jugendhilfeeinrichtungen bzw. Treffmöglichkeiten sie vor Ort für die Punks kenne, nannte sie lediglich das 'Roundabout Nightshelter' und den Innenstadtbereich als Treffort. Auch sie erwähnt das in 1987 geschlossene Jugendprojekt 'Spring-Street' im City Centre von Sheffield, das jedoch bislang nicht wieder neu eröffnet werden konnte und zur damaligen Zeit häufig von Punks aufgesucht wurde.

Auf meine Frage, welche vorrangige Funktion sie Jugendarbeit allgemein heute zuordnet, resümiert sie, daß Jugendhilfe ihrer Ansicht nach eigentlich als Begleitung der Jugendlichen während der Adoleszenz angetreten ist. Sie ist ursprünglich gedacht als Unterstützungsangebot, um Jugendliche auf ihrem Weg in ein eigenständiges Leben zu begleiten, damit sie ihren Platz in der Gesellschaft finden und lernen, Verantwortung zu übernehmen. Mittlerweile kommen zusätzliche Anforderungen auf die Jugendhilfe zu: auf die verschärften Problemlagen Jugendlicher, vor allem der 19 bis 26jährigen zu reagieren. Dies gelingt jedoch nicht. Sie kommentiert ihre Erfahrungen mit den Worten: "What a job! Keeping the lid on" (im Sinne von: 'wir halten den Deckel drauf'). Jugendhilfe bewege sich mittlerweile in einem engen Radius und handhabe den Widerhall jugendlicher Frustrationen: "We must be mad! We liaise with other agencies. We inform ourselves on the 'latest' issues - glue sniffing, incest, provisions for black young people. We train in racism awareness, sexism awareness etc.". Jugendarbeiter und Jugendarbeiterinnen sind konstant bemüht und bestrebt, mit den neuesten Jugendproblemen Schritt zu halten, sich zu informieren und die eigenen kleinen Erfolge in der alltäglichen Arbeit wertzuschätzen. In der Realität jedoch bleibt es ihrer Meinung nach lediglich bei einer ständigen Krisenintervention, begleitet von Selbstvorwürfen darüber, daß Jugendarbeit nicht vorausblickend plant und sowohl die Bedürfnisse der Jugendlichen als auch die der Mitarbeiter und Mitarbeiterinnen innerhalb der Jugendhilfe nicht an die 'richtige Adresse' (Politik, Träger von Jugendhilfe) richtet. Dies sei bei dieser Belastung für sie kein Wunder.

Mit Blick auf die Lebenslage arbeitsloser Jugendlicher resümiert sie: "Short term unemployment has now become long term unemployment for a lot of young people", was die Tendenz in den zugängigen Statistiken bestätigt. Sie äußert auch Befürchtungen über eine Verfestigung der Lebenssituation von obdachlosen Jugendlichen: "I have very real fears that the young homeless of today might become the vagrants of tomorrow. For some homeless it is a stage in their lives, for others it is becoming a way of life" (Holt 1991). Die vorhandenen Jugendhilfe-Angebote in Sheffield, die in diesen Problembereichen angesiedelt sind, interpretiert sie als 'völlig unzureichend'.

4.4 Projekte und Maßnahmen in Manchester

4.4.1 Vorbemerkungen

Für Manchester kann eine ähnliche Entwicklung wie für Sheffield konstatiert werden. Einst eine der bedeutsamsten Industriestädte Großbritanniens - vor allem in der Wollindustrie - ist auch Manchester stark von der Rezession betroffen. Eine in 1989 durchgeführte Untersuchung des 'Manchester City Council' fand heraus, daß jeder dritte Einwohner Manchesters in Armut lebt. Von rund einer halben Million Einwohnern der Stadt sind dies demzufolge fast 170.000 Menschen, die als arm gelten. Fast die Hälfte aller Einwohner lebt in sogenannten 'Council houses', das heißt in Sozialwohnungen oder -häusern, die der Kommune gehören.

Die Arbeitslosenquote in Manchester ist doppelt so hoch wie im Landesdurchschnitt, und bei den registrierten Jugendlichen unter 25 Jahren liegt sie im August 1991 sogar bei 32,2 % (Dept. of Employment, Labour Market Notes, March 1991, S.2). Zwischen April 1989 und März 1990 wurden vom 'Manchester City Council' allein 1.136 männliche und 621 weibliche Jugendliche unter 26 Jahren erfaßt, die sich dort als wohnungssuchend gemeldet hatten. Diese Zahl berücksichtigt nicht die unregistrierten obdachlosen Jugendlichen und wird daher weitaus höher geschätzt (vgl. Manchester Survival Guide 1990, S.6 ff). Nach Aussage von Rick Williams, youth worker im Jugendzentrum Hulme und Leiter des Jugendaustausches mit dem Punk-Projekt Fulda, leben viele der Punker in Manchester auf der Straße. David Bradley, 'Principal Senior Youth Officer' beim Department of Education im 'Manchester City Council' erläuterte mir im Gespräch, daß dem allgemeinen 'youth service' in Manchester ein jährliches 3-Millionen-Pfund-Budget zur Verfügung steht, das sich als eine Art 'patch-work' aus unterschiedlichen Subventionen und Beihilfen zusammensetzt. So werden derzeit 45 Vollzeit- und 200 Teilzeitmitarbeiter und -mitarbeiterinnen im 'youth service' beschäftigt, die mit ehrenamtlichen Mitarbeitern und Mitarbeiterinnen eng zusammenarbeiten. David Bradley stellt jedoch fest, daß in Manchester - vergleichbar mit anderen englischen Städten - das ehrenamtliche Engagement von Jugendlichen seiner Ansicht nach weniger groß ist. Angesichts der hohen Jugendarbeitslosigkeit in der Region verwundert diese Tatsache nicht, da die Suche nach einer vollbezahlten Tätigkeit existentielle Priorität erlangt und soziales Engagement in den Hintergrund tritt (bzw. treten muß). Die spezifische Problematik ethnischer Minderheiten, Hilfen für jugendliche Arbeitslose, Obdachlose, Drogenabhängige, alleinerziehende Mütter, homosexuelle Jugendliche sowie für blinde und taube Jugendliche bilden die Schwerpunktsetzungen im Jugendhilfebereich in Manchester. Um dem wachsenden Rassismus zu begegnen[30], wird vom 'Manchester City Council' in den letzten Jahren verstärkt eine Qualifizierung und Einstellung von schwarzen Mitarbeitern und Mitarbeiterinnen in Jugendzentren und Jugendprojekten forciert.

Auch für Manchester wird die Frage nach spezifischen Angeboten im Spektrum der Jugendhilfe explizit für die Gruppe der Punks von David Bradley verneint. Die Anzahl der Jugendlichen, die sich dieser Jugendkultur zuordnen, ist seiner Einschätzung nach in Manchester konstant. Die Punker sind seiner Ansicht nach eine Randgruppe wie andere auch. Sie nehmen nach seiner Kenntnis keine Angebote der Jugendhilfe in Anspruch. Zahlreiche Probleme (Konflikte mit den Jugendgerichten und Behörden) gibt es im besonderen mit denjenigen Punkern, die leerstehende Häuser besetzen und die im 'city centre' mit ihren Hunden negativ auffallen. Alkohol- und Drogenprobleme sind auch hier sichtbar, doch fehlen laut Bradley in Manchester bislang noch geeignete Zugangsmöglichkeiten zu dieser Randgruppe - obwohl bereits Erfahrungen gezeigt hätten, daß 'streetwork' in anderen Städten ein richtiger Ansatz ist: "We don't have much streetwork at the moment but achieve to get more in the next years" (Bradley 1991). Allgemein definierte er den 'youth service' in Manchester eher als 'traditionell', wünschte sich für die Zukunft jedoch mehr innovative Ansätze und Projekte.

Von David Bradley im 'Manchester City Council' wurde ich an den Leiter des 'Procter Youth Centre Hulme', Rick Williams, verwiesen. Dieser wurde mir als youth-worker mit der längsten Erfahrung im Bereich der Jugendarbeit mit Randgruppen in Manchester empfohlen.

Auf die Darstellung des Jugendzentrums und seiner Angebote soll verzichtet werden, da die Punker dort nicht zu den regelmäßigen Besuchern gehören.

4.4.2 Jugendaustausch mit Punks aus Manchester und Fulda

Während unseres Gesprächs im Jugendzentrum entstand die Idee eines Jugendaustauschs mit den Besuchern des Jugendzentrums und des Fuldaer Projekts. Die Stadt Manchester fördert - unterstützt vom 'Central Government' - im besonderen den Austausch von Jugendlichen aus der 'workingclass' und die internationale Begegnung von marginalisierten Jugendlichen (Williams 1991). Dieser Austausch kam erstmals im September 1992 - nach einem Vorbereitungsbesuch von drei englischen Teamern im Februar 1992 - in Fulda zustande. Die Fuldaer Jugendlichen unternahmen dann den Gegenbesuch in Manchester im Juni 1993 und äußerten den Wunsch, bei der dar-

---

[30] vgl. hierzu auch den Beitrag von Keith Popple 1991, S.67ff

auffolgenden Jugendbegegnung einmal Punks aus Manchester kennenzulernen. In der darauffolgenden Zeit gelang es Rick Williams, mit einer großen Gruppe Punks in der Innenstadt von Manchester Kontakte herzustellen und sie für einen Austausch mit den Fuldaer Punks zu motivieren. Dieser fand im Mai 1994 in Fulda statt (vgl. Müller-Wiegand 1994, S.12 u.13). Ein weiterer Gegenbesuch der Fuldaer Punks in Manchester erfolgte im Juli 1995. Infolge der positiven Erfahrung wird im Juli 1996 wieder eine Gruppe Punks aus Manchester nach Fulda reisen.

Im folgenden möchte ich meine Darstellungen auf die dritte und vierte Jugendbegegnung (Mai 1994 in Fulda und Juli 1995 in Manchester) begrenzen, da in diesen beiden ausschließlich Punks involviert waren.
Auszüge aus einem Interview mit Rick Williams, das ich während des ersten Punker-Austauschs im Mai 1994 mit ihm in Fulda führen konnte, sollen in die Ausführungen miteinfließen.

Ein Jugendaustausch zwischen Punks zweier Länder ist ein Novum. Die Sinnhaftigkeit solcher Jugendbegegnungen läßt sich nicht nur begründen auf dem Hintergrund zunehmender Ausländerfeindlichkeit und rassistischer Tendenzen unter Jugendlichen und den jüngsten Morden und Brandanschlägen auf ausländische Mitbürger und Mitbürgerinnen. Interkulturelle Kontakte unter Jugendlichen verschiedener Länder werden schon seit den 50er/60er Jahren von Trägern der politischen Jugendbildung und den Jugendverbänden gefördert, um durch Begegnung und Austausch Vorurteile abzubauen, zu korrigieren, die Ängste vor Fremdheit zu überwinden, andere kulturelle und soziale Lebensweisen kennenzulernen, um dadurch zu einem besseren und friedlichen Miteinander der Nationen zu gelangen (vgl. Berg 1993, S.533ff). Für Jugendliche, die sich subkulturellen bzw. jugendkulturellen Szenen - wie Punks - zuordnen und die meist keine Anknüpfungspunkte an Jugendhilfe haben, ist die Möglichkeit der Teilnahme an einem organisierten Jugendaustausch jedoch kaum gegeben.

Die Fuldaer Punks waren durch die Anbindung an das Punk-Projekt auch nach Beendigung des Projekts weiterhin im 'Jugendwerk der AWO' zusammengeschlossen und hatten die vorhergehenden Jugendbegegnungen mit einer Gruppe Jugendlicher aus Manchester autonom und selbständig durchgeführt. Lediglich bei der Finanzierung und Organisation der Maßnahme erhielt die Gruppe Unterstützung vom Bezirksjugendwerk der AWO Kassel. Auch an den jeweiligen Jugendbegegnungen nahm für die Fuldaer Gruppe kein(e) hauptamlich tätige(r) Sozialarbeiter(in) teil[31]. Den Fuldaer Punkern konnte es erneut gelingen, sich eine Finanzierung der geplanten Maßnahme über das Bundesjugendwerk der AWO aus Bundesjugendplanmitteln zu sichern. Die englischen Punker hatten hingegen bis dato keine Anknüpfungspunkte an Jugendhilfe. Dies wurde von ihnen auch abgelehnt,

---

[31] dieser Aspekt wird im Kapitel 7. besonders reflektiert

da sie sich in Beratungseinrichtungen bevormundet und nicht ernst genommen fühlen (Williams 1991).

Kontaktaufnahme mit den Punks in Manchester

Nachdem Rick Williams mittlerweile als 'city centre youth-worker' in einem neu eingerichteten, niedrigschwelligen Tagestreff in der Innenstad von Manchester tätig war, versuchte er - mit Unterstützung durch David Bradley vom 'Manchester City Council' - Kontakt mit den Punks an öffentlichen Trefforten aufzunehmen mit dem Ziel, die Gruppe für einen Austausch mit den Fuldaer Punks zu gewinnen. Er wollte sich der Gruppe nicht unaufgefordert nähern, da er die öffentlichen Treffpunkte der Punks im Stadtzentrum als eigenes, von den Jugendlichen selbstgewähltes Territorium akzeptierte. Daher beobachtete er zunächst zurückhaltend das Geschehen: "Während meiner Beobachtungen bekam ich eine Idee für deren Gruppenstrukturen. Ich sah, daß ein Punk, der schon älter war (Charly, Anfang 30) eine wichtige Figur in der Gruppe darstellte, daß er eine zentrale Funktion einnahm. Ich versuchte daraufhin, mit ihm Kontakt aufzunehmen. Mein Anknüpfungspunkt war der geplante Jugendaustausch, und ich fragte ihn, was er davon hielte, wenn er und einige aus der Gruppe mit nach Deutschland kämen, um andere Punks in Fulda zu treffen. Er fand die Idee gleich total gut." Daraufhin wurde Rick Williams durch Charly mit zwei, drei anderen Punks aus der Gruppe bekannt gemacht. "Als ich dann wieder in die Innenstadt kam, lud die Gruppe mich ein, mich zu ihnen zu setzen. Wir sprachen dann über den geplanten Austausch und trafen uns zwei, drei Monate nur auf den öffentlichen Plätzen, wobei die Punks mich als Gast akzeptierten. In dieser Zeit bekam ich einen Eindruck über die Dynamik und die Kraft der Gruppe, wer auf wen hört und welche Rolle Charly dabei spielt". Ein erstes vereinbartes Treffen mit Charly im 'City Centre Project' kam zustande, was Rick Williams als Ausdruck ernsthaften Interesses deutete: "Dies war ganz wichtig, weil sich dadurch der Kontakt festigte. Das Treffen war locker und eher informell, wir tranken Kaffee und sprachen über den geplanten Austausch, woher die Finanzierung kommen und wer evtl. wieviel dazu bezahlen könnte. Ich habe dann gleich gesagt, daß die Gruppe das Programm der Woche selbst bestimmen kann und ich ihnen nichts vorsetzen will." Da für die Punks mangels finanzieller Mittel touristische Eigenaktivitäten ausgeschlossen sind und die englischen Punker noch nicht über die Landesgrenze hinaus gereist waren, zeigten sie großes Interesse an der Idee eines Jugendaustausches mit Punks in der Bundesrepublik. Ihr Hauptinteresse formulierten sie dahingehend, Punks zu treffen, die in einem anderen Land ähnlich wie sie denken und leben.

Nach drei Monaten lud Rick Williams die Gruppe ins 'City Centre Project' ein. Die Gruppe der Interessenten war größer als die mögliche Teilnehmerzahl. Nach den Treffen, in denen vorwiegend über den Austausch und das Programm gesprochen wurde, blieben oftmals noch einige der Punks zurück, um mit Rick persönliche Anliegen zu besprechen. "Verschwiegenheit über die Probleme war dabei für einzelne ganz wichtig, wodurch sich eine vertrauensvolle Beziehung entwickelte". Seiner Einschätzung nach wuchs diese Vertrauensbeziehung auch durch seine Zuverlässigkeit, seine regelmäßige Präsenz in der Innenstadt und sein wertfreies Verhalten. Sein Selbstverständnis wird auch an anderer Stelle deutlich: "Ich habe dabei jedoch im Umgang mit ihnen von vornherein die Position vertreten, daß ich die Punks nicht als Opfer sehe, sondern als Persönlichkeiten, die etwas zu offerieren haben, die Fähigkeiten haben. Ich sagte ihnen, daß ich diese Fähigkeiten auch sehen und wahrnehmen möchte, also sehen, wie sie diese Fähigkeiten gebrauchen. Ich habe ihnen also was zugetraut, um sie zu bestärken". Die Vertrauensbasis und sein Selbstverständnis wurden von den Punks mehrmals überprüft: "In der ersten Zeit haben die Punks mich 'getestet'. Sie haben Diskussionen angezettelt und mich nach meiner Meinung zu bestimmten Themen wie Gewalt und Politik gefragt. Sie wollten sehen, wie ich reagiere und ob ich mich provozieren lasse. Sie forderten mich heraus. Für mich war es oberstes Gebot, sie nicht zu bewerten. Ich habe zugehört, sie ernst genommen. Ich habe meine eigene Meinung zu bestimmten Themen gesagt, aber versucht, nicht 'besserwisserisch' zu sein und mich nicht über sie zu stellen mit meiner Erfahrung. Das allerwichtigste dabei war, glaube ich, daß ich sie und ihre Meinungen und Lebensweise nicht bewertet habe, dem spreche ich eine große Bedeutung zu." Wegen des exzessiven Alkoholkonsums der Punks hielt Rick Williams es für notwendig, mit ihnen gemeinsam Regeln auszuhandeln: "Ich habe ihnen gesagt, ich akzeptiere, was ihr hier auf euren Plätzen macht, das ist o.k., aber wenn ihr in's 'City Centre Project' kommt, darf kein Alkohol getrunken werden. Nachdem sich unsere Beziehungen stabilisiert hatten, haben die Punks das akzeptiert."

Die Planungsphase

Im Laufe der Monate meldeten 25 Punks Interesse am Jugendaustausch an. Die Auswahl überließ Rick Williams jedoch den Punks selbst: " Ich habe Charly als 'key-person' der Gruppe gebeten, auszuwahlen, wer jetzt mit nach Germany soll. Charly hat dann auch Verantwortung übernommen, und wir haben gemeinsam Anträge geschrieben. Da die Teilnehmerzahl auf 11 be grenzt war, habe ich den anderen zugesagt, daß sie beim nächsten Austausch im nächsten Jahr mitkönnen". Auswahlkriterien waren die aktuelle Lebenslage, Obdachlosigkeit, Langzeitarbeitslosigkeit, aber auch die Zuverlässigkeit einzelner. Die englischen Punks 'verdienten' sich ihren Teilnehmerbeitrag durch die Herstellung und den Straßenverkauf einer Obdachlosen-Zeitung, genannt 'Big Issue', was ihnen gleichzeitig ihren Teilnehmerplatz garantierte. Da Struktur und Planung dem Lebensalltag der Punks eher fremd ist, wurde sowohl die Beteiligung an der Herstellung und dem Verkauf der Zeitung als auch die regelmäßige Teilnahme an den Vorbereitungstreffen als Gradmesser für die Beständigkeit ihrer Motivation abgesprochen. Keine(r) der Punks sprang von der Teilnehmerliste ab. Das Durchhaltevermögen und bleibende Interesse bei der langen Planungsphase von neun Monaten erklärte sich Rick Williams wie folgt: "Ich denke, daß das schon was damit zu tun hat, wie sie mich erlebt und welche Erfahrungen sie mit mir gemacht haben. Ich habe sie nicht bevormundet, sondern ihnen Vorschläge gemacht und gesagt, was möglich ist und wie dies geschehen kann. Sie haben erlebt, daß ich zuverlässig bin und Absprachen einhalte, daß ich ihnen bei Problemen, z.B. mit der Polizei und mit dem Gericht, mit Sozialhilfe usw. behilflich sein konnte, vor allem aber, daß ich sie akzeptiere, so wie sie sind. Auch die Aussicht, mal aus dem eigenen Alltag raus und nach Deutschland zu kommen und andere Punks dort zu treffen, war für alle ganz wichtig. Es war also wichtig, daß diese Jugendlichen in Deutschland auch Punks sind, die ähnlich denken und leben wie sie und weil sie gleich mit ihnen ein 'brüderliches' Interesse verbunden hat. Die meisten unserer Teilnehmer und Teilnehmerinnen waren noch nicht verreist. Einige hatten Heimerfahrung, waren für kurze Zeit im Gefängnis und die meisten leben auf der Straße, sind obdachlos und fast alle arbeitslos seit Jahren. Sie wollten sehen, wie die Punks in Deutschland leben, wie sie denken und sich mit ihnen darüber austauschen." Die Punks unterstrichen ihre Ernsthaftigkeit durch den Kauf von Wörterbüchern Englisch-Deutsch und begannen, Deutsch zu lernen.

Die Lebenslage der einzelnen Gruppenmitglieder beschreibt Rick Williams wie folgt: "Viele sind obdachlos oder haben längere Erfahrungen damit. Einige leben in besetzten Häusern. Es gibt Alkoholprobleme, vereinzelt auch Drogenprobleme. Einige leben vom Betteln, andere von staatlicher Hilfe. Bei einigen bestehen kaum noch familiäre Kontakte. Die meisten sind arbeitslos, haben keine Ausbildung, auch die Schule abgebrochen. Eine Punkerin hat wechselnd niedrig bezahlte Jobs. Eine Punkerin lebt noch bei ihrer Familie und ist relativ stabil, ein anderer ist ein Poet und schreibt Gedichte - er schreibt auch für die Obdachlosenzeitung; er hat eine kleine Wohnung. Sie haben fast alle Hunde und auch noch Ratten. Charly hat Frau und zwei Kinder und lebt mit ihnen in einer Wohnung. Alle leben in unsicheren Lebensverhältnissen." Auch die Frage, wie er die heutigen Punks im Gegensatz zur früheren Punk-Generation definiert, antwortet Rick Williams: "Im Gegensatz zu früher, würde ich sagen: die Power von einst fehlt. Ich glaube, daß der exzessive Alkoholkonsum diese Kraft zurückdrängt. Sie haben noch gute Ideen, auch was die Politik anbelangt, aber keine Power, um was umzusetzen wie z.B. früher in den Musikbands. Insgesamt haben sich ihre Lebensverhältnisse verschlechtert. Sie 'hängen heute mehr herum'. Einige sehen deutlich den Widerspruch, staatliche Hilfe in Anspruch zu nehmen, vom Staat, der sie füttert, abhängig zu sein und ihrem Bestreben nach Unabhängigkeit. Einige haben künstlerische Fähigkeiten, die aber verkümmern, wenn sie nicht gepflegt werden. Wenn es nicht gelingt, hier Nischen zu schaffen, in denen sie ihre Ideen umsetzen können und aktiv auch was unternehmen können, sehe ich die Zukunftsaussichten für diese Jugendlichen als sehr düster an."

Rick Williams konnte die Finanzierung für den Jugendaustausch durch das britische 'Central Government' sowie durch das 'Manchester City Council' sichern.

Inhalte der Jugendbegegnung

Von beiden Gruppen war intendiert, über das Kennenlernen der jeweiligen Lebenswelten hinaus, Programmpunkte zu verankern, die auch Besuche in solchen sozialen Projekten der Jugendhilfe im Raum Fulda implizierten, die in Problembereichen jugendlicher Randgruppen aktiv sind. "Als Programmpunkte wünschten sie sich Inhalte, die mit ihrer eigenen Lebenslage zu tun haben, wie z.B. Obdachlosigkeit in Deutschland allgemein und wie Punks hier als Obdachlose leben. Auch antifaschistische Themen waren gefragt. Ich griff den Vorschlag der deutschen Punker-Gruppe auf, das ehemalige Konzentrationslager Buchenwald zu besuchen. Das wurde von unserer Gruppe auch akzeptiert" (Williams). Ebenso galt es zu lernen, sich in eine Gemeinschaft mit vorher festgelegtem Rahmen und gemeinsam aufgestellten Regeln (z.B. kein Alkoholkonsum während des Tages) einzufügen. Für die Fuldaer Gruppe als Gastgeber galt es, mit den relevanten Projekten und Initiativen vor Ort Kontakte herzustellen und Besuchstermine zu vereinbaren. Unterkunft, Verpflegung, Transport und Freizeitaktivitäten waren zu organisieren und das Programm zu gestalten.

Verlauf der Jugendbegegnung

Dieser Jugendaustausch fand vom 26.05.-03.06.1994 in Fulda statt. Die Fuldaer Punks holten die Gäste mit zwei Bussen am Flughafen in Frankfurt ab; untergebracht war die Gruppe auf einem Bauernhof im ländlichen Gebiet von Fulda, den eine alternative Lebensgemeinschaft zur Verfügung gestellt hatte. In Gesprächen mit einzelnen konnte ich erfahren, daß das ländliche Leben für die englischen Punks eine gänzlich neue Erfahrung darstellte und für sie von großer emotionaler Bedeutung war. Hier kamen beide Gruppen zusammen und wurden von der alternativen Lebensgemeinschaft während der Woche gemeinsam verpflegt.

Folgende Programmpunkte bestimmten den Wochenverlauf: Stadtrundgang und Erkundung der örtlichen "Szene" auf öffentlichen Plätzen der Innenstadt, Fahrt nach Frankfurt mit dem Besuch eines Tätowierungs-Studios (fast alle Punker haben zum Teil großflächige Tätowierungen). Hier nahmen auch einige Punks an der Bundesdelegiertenkonferenz des Bundesjugendwerks der Arbeiterwohlfahrt teil, und Rick Williams richtete ein Grußwort an die Delegierten. Die Gruppe übernachtete in der Frankfurter Jugendherberge. Weitere Programmpunkte waren: Fahrt in die Rhön entlang der ehemaligen Grenze zur früheren DDR, Fahrt in das ehemalige Konzentrationslager Buchenwald mit vor- und nachbereitender Diskussion, Besuch der Stadt Weimar, Besuch der Einrichtung für psychisch kranke Jugendliche in Höf und Haid bei Flieden/Neuhof mit Diskussion (Was verstehen wir unter 'psychisch krank'?), Besuch des Jugendzentrums Fulda mit einem gemeinsamen 'Arbeitslosenfrühstück', Besuch des Planetariums (in englischer Sprache), Besuch der 'Wagenburg' am Rande der Stadt Fulda, in der einige der Fuldaer Punks ohne Strom, Wasser und sanitäre Anlagen leben, Gespräche über Gewalt und die zunehmenden rechtsorientierten Tendenzen gerade auch unter Jugendlichen in der BRD, abendliche Grillparties und der gemeinsame Besuch von 'Szene-Kneipen' in Fulda.

Vorrangig wurden jedoch Diskussionen über die individuelle Lebenslage, über eigene Lebensvorstellungen und die derzeitige Lebenssituation der Punks geführt. Die Fahrt ins ehemalige Konzentrationslager Buchenwald löste Betroffenheit aus; in der anschließenden Diskussion mit dem Leiter der Gedenkstätte wurden von den englischen Punks auch aktuelle Fragen aufgeworfen, die vorhandene Ängste vor einer Zunahme rechtsorientierter Tendenzen in der Bundesrepublik und anderen europäischen Staaten reflektierten[32].

Bereits in den ersten Tagen entwickelte sich eine eigene Binnendynamik der Gesamtgruppe, die eine freundschaftliche, zuweilen überschwengliche Atmosphäre ausdrückte. Berührungsängste waren nicht vorhanden. Die von den englischen Punks wegen ihres auffälligen äußeren Erscheinungsbildes (bunte Iros, auffällige Tätowierungen, Piercing im Gesicht) befürchtete Diskriminierung von Seiten der Fuldaer Bevölkerung blieb aus. Ein Fotograf zahlte den Punks in der Innenstadt spontan 70,- DM für eine Aufnahme von ihnen.

Konflikte ergaben sich wiederholt durch den Konsum von reichlich Alkohol. Die abgesprochene Regel, tagsüber keinen Alkohol zu trinken, wurde nicht eingehalten. Rick Williams versuchte daraufhin in Gesprächen zu intervenieren, damit der Alkoholkonsum nicht zunahm. Spannungen traten auf, als sich der Freund einer englischen Punkerin mit einer Punkerin der

---

[32] Über den Besuch in Buchenwald erschien in der englischen Obdachlosenzeitung in Manchester ein 4-seitiger Bericht eines Teilnehmers, der darin seine Eindrücke schilderte.

Fuldaer Gruppe näher anfreundete, was zu einer lautstarken Auseinandersetzung führte. Nicht immer nahmen alle Punks an allen Programmpunkten teil, was akzeptiert wurde. Rick Williams resümierte in unserem Gespräch: "Die gemeinsame Reise hierher hat für einzelne eine ganz enorme Bedeutung. Ich erlebe die Gruppe als stabil und geschlossen, es wurden Freundschaften mit den deutschen Punks geknüpft. Man will sich besuchen und in Kontakt bleiben. Sie freuen sich schon auf den Gegenbesuch der deutschen Gruppe in Manchester und haben Ideen entwickelt, was so gemeinsam unternommen werden soll. Ich bin sehr gespannt, was sich so weiter entwickeln wird. Wir haben regelmäßige Treffen im 'City Centre Project' geplant und wollen den Gegenbesuch eurer Gruppe gemeinsam vorbereiten." Rick Williams schrieb in einem Brief zwei Wochen nach der Rückkehr der Gruppe nach Manchester: "Dieser Austausch war für alle Beteiligten eine positive Erfahrung, einzelne sind motiviert, neue Schritte in ihrem Leben zu gehen. Charly will versuchen, ein 'T-Shirt-business' zu initiieren und selbstbedruckte T-Shirts zu verkaufen. Carol ist motiviert, ihre Energie in eine Jobsuche zu investieren. Robert und Colin schreiben weiter für die Obdachlosenzeitung, und Barnie will aufhören, Alkohol zu trinken und evtl eine Therapie machen".

Gegenbesuch der Gruppe Fulda in Manchester

Vom 23.-30. Juli 1995 fand der Gegenbesuch der Gruppe Fulda in Manchester statt. Allein die Fuldaer Gruppe bestand aus 17 Teilnehmer und Teilnehmerinnen, zum Teil auch die obdachlosen Punks aus der Fuldaer 'Wagenburg' - einer Wohnwagenansiedlung am Rande der Stadt. Der Schwerpunkt dieser Woche lag auf einem kreativ-künstlerischen Erfahrungsaustausch und in der Vorbereitung einer der Öffentlichkeit zugänglichen Ausstellung "Street-Art". Diese Ausstellung umfaßte von den Punks in dieser Woche produzierte Zeichnungen, Skulpturen, Malereien, Photographien, Lyrik und Videoaufnahmen. Die Ausstellung selbst zog sowohl Familienmitglieder und Freunde der Künstler als auch 50-60 Außenstehende und die lokale Presse an, in der auch ein Artikel über diese Ausstellung erschien.

Eine weitere Attraktion dieser Woche war die Organisation eines Konzerts; die englischen Punks engagierten drei Punk-Bands aus Liverpool, London und Manchester, die ohne Gage auftraten. Weitere Programmpunkte waren neben der Stadterkundung eine Fahrt in den 'Peak-District' mit dem Besuch der Höhlen, ein Besuch der Drogenberatungsstelle 'Lifeline' in Manchester mit Diskussion, ein gemeinsames Picknick und ein abendliches Schlittschuhlaufen sowie diverse Freizeitaktivitäten.

An der Jugendbegegnung im Juli 1996 in Fulda werden Punks teilnehmen, die bislang mangels ausreichend zur Verfügung stehender Plätze ausgegrenzt waren.

5. Projekte mit Punks in der Bundesrepublik

5.1 Projekt Frankfurt/Main

5.1.1 Vorbemerkungen zu Frankfurt/Main

Frankfurt/Main hat 630.000 Einwohner, ist Bank- und Handelszentrum sowie Knotenpunkt internationaler Geschäfte und wird als 'prosperierende internationale Metropole' bezeichnet (Kilb 1993, S.69). Wie in anderen Großstädten treffen auch hier extreme Gegensätze aufeinander: neben Luxushotels und großen Banken sind Obdachlose, Drogenabhängige, Prostituierte und andere 'Randgruppen' anzutreffen. Vor allem das Bahnhofsviertel ist als Aufenthalts- und Begegnungsort für viele Jugendliche eine 'Durchgangsstation ihres Lebens' (Kilb 1993, S.71). Michael Möller beschreibt das Zentrum um den Bahnhof in Frankfurt wie folgt: "Nirgendwo sonst stoßen die beiden Gesellschaften der Bundesrepublik so kraß aufeinander wie in Frankfurt auf dem Quadratkilometer des Bahnhofsviertels. Banker und Junkies, elegante Handelsvertreter und zahnlose Obdachlose, Karrierefrauen und Prostituierte, Geschäftleute und kriminelle Jugendliche; (...) Wie in einem Brennglas zeigt sich hier, was Sozialpolitiker seit langem beobachten: einen immer schärfer werdenden Kontrast zwischen Arm und Reich in der westdeutschen Wohlstandsgesellschaft" (Möller 1992, S. 201). Auch die Konstabler Wache, die Zeil, die Hauptwache und das Eschersheimer Tor zählen zu den Treffpunkten Jugendlicher im Innenstadtbereich (vgl. Studie von Arnold/Stüwe 1991). Hier treffen sich täglich ca. 150 Jugendliche, die u.a. in den lokalen Medien immer wieder als 'Jugendbanden' bezeichnet werden, von denen sich Passanten gestört und bedroht fühlen. Die B-Ebene am Frankfurter Bahnhof ist Treffpunkt jugendlicher Randgruppen und der Drogenszene. Bestrebungen der städtischen Politiker, die Drogenszene aus dem Bahnhofsviertel zu vertreiben, sind nur teilweise gelungen.

Auch in Frankfurt findet eine zunehmende Polarisierung der Bevölkerung in 'Arm' und 'Reich' statt (Kilb 1993, S.69). Rund 60.000 Menschen in Frankfurt sind mittlerweile Empfänger und Empfängerinnen von Sozialleistungen, das sind fast 10 % aller Einwohner (vgl. Gillen/Möller 1992, S. 213; Kilb 1993). Kilb weist auf die kontinuierliche Steigerung dieser Zahlen seit Ende der 70er Jahre hin (vgl. Kilb 1993, S. 69). Dieser Anstieg führt auch zu einer räumlichen Trennung innerhalb der Einkommensklassen. Kilb führt aus, daß die Bevölkerungsschicht mit niedrigem Einkommen oft abgedrängt in verkehrs-, geruchs- oder lärmbelasteten Wohngebieten und Hochhaussiedlungen lebt, wodurch sich soziale Deklassierung durch Ghettoisierungstendenzen eher reproduzieren als daß sie abgebaut werden (vgl. ebd. S.69 ff). Dies kann eine Vielzahl psychosozialer Probleme (Suchtprobleme, Depressionen etc.) bewirken, von denen in zunehmendem Maße junge Menschen - auch verstärkt durch fehlenden Treff- und Sozial-Raum - besonders betroffen sind.

Für Frankfurt schätzt die "Lobby für Obdachlose" die Zahl der Menschen ohne 'Obdach' auf 4000-6000. Jeden Monat kommen 50 neue obdachlose Menschen hinzu. Vor allem unter Frauen und Jugendlichen ist ein rapider Anstieg zu verzeichnen. Immer wieder werden Diskussionen darüber geführt, ob die U-Bahnhöfe in kalten Nächten für obdachlose Menschen geöffnet werden können bzw. müßten. Seit dem Sommer 1992 hat der "Verein Arbeits- und Erziehungshilfe e.V." (Mitgliedsorganisation im Deutschen Paritätischen Wohlfahrtsverband) im Gallusviertel in Frankfurt ein 'Sleep-In' für obdachlose Kinder und Jugendliche eröffnet, in dem diese ohne Gegenleistung schlafen können. Ohne daß die Mitarbeiter und Mitarbeiterinnen oder der Träger öffentlich dafür werben oder die Adresse offiziell bekannt gemacht wird, kommen jede Nacht zehn bis vierzehn Jugendliche, um hier zu übernachten. Allerdings darf kein Jugendlicher mehr als sechs Nächte im "Sleep-In" übernachten. Der Leiter des 'Sleep-In' bezeichnet die Einrichtung als "niedrigschwelliges Angebot, das heißt, jeder, der an die Tür klopft, kommt rein" (Zimmermann-Freitag in: Frankfurter Rundschau vom 29. Okt. 1992, S.28).

Großstädte sind seit jeher "traditionelle Kristallisations- und Anziehungspunkte verschiedenster Jugendkulturen und -szenen" (Hafeneger u.a. 1993, S.25). In den urbanen Zentren erhoffen sich viele Jugendliche entsprechend ihren Vorstellungen Gestaltungsfreiräume für alternative Lebensformen, weshalb Subkulturjugendliche aus eher ländlichem Umfeld auch in urbane Zentren ziehen.

Anschließend zeige ich die Arbeit des "Vereins für soziale Arbeit im Stadtteil e.V." in Frankfurt auf, als erster Träger in Frankfurt, der die Probleme, die sich aus den Lebenslagen der jugendkulturellen Gruppe der Punks ergeben, aufgegriffen hat und nun schon auf mehrjährige Erfahrungen mit dieser Zielgruppe zurückblicken kann.

5.1.2 'Verein für soziale Arbeit im Stadtteil'

Der "Verein für soziale Arbeit im Stadtteil, Kinderwerkstatt Bockenheim e.V." in Frankfurt ist Träger von Kinder- und Jugendhilfemaßnahmen und -angeboten auf vielfältigen Ebenen. Hierzu gehören offene Kinderarbeit, ein Kinderhort, das Projekt 'junge Jugendliche', das Jugendhaus Schwanenkino, das Jugendwohnprojekt Assenheimerstraße und das Wohn- und Arbeitsprojekt Stoltzestraße 11. Der Verein ist Mitglied im DPWV (Deutscher Paritätischer Wohlfahrtsverband). Seit 1988 hat der Verein für die Punks zunächst die Trägerschaft für ein Café-Projekt (Café Exzess), dann - daraus sich entwickelnd - ein Wohnprojekt (Assenheimerstraße) und in 1989 ein weiteres Wohnprojekt (Stoltzestraße) sowie ein integriertes Arbeitsprojekt (Rücken und Poltern) übernommen.

Die Projektmitarbeiter und -mitarbeiterinnen definieren sich als 'Bindeglied' zwischen zwei sich ausgrenzenden Welten, die sich gegenseitig bedingen: "Der Schwerpunkt unserer Bemühungen liegt in dem Versuch, latent von Wohnunglosigkeit bedrohten jungen Menschen den Erhalt des zugewiesenen Wohnraumes, unter Mobilisierung der zur Verfügung stehenden Ressourcen individueller Reproduktionsfähigkeiten und staatlicher Hilfeleistungen zu ermöglichen" (Jahresbericht 1992, S.5). Das Konzept der Initiatoren und Initiatorinnen sieht vor allem in einer Verbindung von Wohnen und Arbeiten die Stärkung des Gruppenprozesses bzw. der Solidargemeinschaft der Punks vor. Diese stellt den einzigen gesicherten sozialen Rahmen für die zum damaligen Zeitpunkt aus ca. 25 Personen bestehende Gruppe der Punks dar. Die Lernschritte werden im Konzept mit 'Frustrationstoleranz', 'die Bereitschaft, sich Unsicherheiten auszusetzen', 'das Warten auf administrative Entscheidungen' und 'das Akzeptieren der Vorläufigkeit des gegenwärtigen Rahmens' angegeben.

Die Vereinsmitarbeiterin und Dipl. Pädagogin Doris Westphal, die hier meine Gesprächspartnerin war, bezeichnete in unserem Interview im Juni 1993 die Gruppe der Punker als 'autonome Subkultur', die sich heute immer noch an den englischen Punkern orientieren. Im Gegensatz zum früher eher darstellenden und in ihrem äußeren Erscheinungsbild eher inszenierenden, expressiven Verhalten, fungieren Stil und Accessoires mittlerweile nur noch als 'Beiwerk', und aufgrund der veränderten sozialen und gesellschaftlichen Bedingungen, in denen die Punks heute leben, wird die Lebensweise im Sinne gemeinsamer Werte und Normen eher zum verbindenden Moment (Westphal 1993). Doris Westphal betont in unserem Gespräch, daß die Biographien der Punker große Ähnlichkeiten aufweisen: schwierige familiäre Hintergründe, Heimerziehungserfahrungen, Strafvollzugs-Erfahrungen. Ein weiteres verbindendes Moment der Gruppe sind Erfahrungen mit Obdachlosigkeit. Dreiviertel der Punker - so Westphal - haben Hunde, die mittlerweile die Ratten abgelöst haben. Das Verhältnis zu den Hunden ist geprägt von Fürsorge und guter Haltung. Die Punker legen mehr Augenmerk auf die optimale Versorgung ihrer Hunde als auf ihre eigene. Auch unter der Frankfurter Gruppe - so die Mitarbeiterin - sind einige Punks bereits älter (Mitte 20 bis 30 Jahre alt). Ein Punker ist 40 Jahre alt. Einige der Jugendlichen haben keine abgeschlossene Schulausbildung, andere eine begonnene Ausbildung abgebrochen. Die meisten sind zu Kontaktbeginn arbeitslos geswesen, was Doris Westphal auch als Folge der hohen Jugendarbeitslosigkeit in den 80er Jahren interpretiert. Allerdings sind die Bewohner und Bewohnerinnen des ersten Wohnprojekts des Vereins, der "Assenheimerstraße", so Doris Westphal - bezüglich ihres Bildungsniveaus (einige besuchten das Gymnasium) hier eine Ausnahme gewesen.

Kontaktbeginn mit den Punks

Der Kontakt mit den Punks kam auf einer Forumsveranstaltung über die Lebenssituation von Jugendlichen im Stadtteil zustande. Eine Gruppe von 10-12 Punks und andere randständige Jugendliche beteiligten sich an der Diskussion. Einige der Punks lebten in einem Haus, das einem Träger der Nichtseßhaftenhilfe gehörte, im gleichen Stadtteil, in dem auch der "Verein für soziale Arbeit" angesiedelt ist. Da dieses Haus in einzelne Appartments unterteilt war und nur vier der Punks dort mit regulärem Mietvertrag lebten - andere Punks lebten vertragslos mit - eskalierten Konflikte mit dem Träger, die schließlich zu Räumungsklagen führten. Auf dieser Forumsveranstaltung artikulierten die Punks den Wunsch nach einem Gemeinschaftsraum, um sich dort zusammen aufzuhalten, zu treffen, gemeinsam frühstükken bzw. essen zu können. Da der Verein über Räume einer ehemaligen Reinigung verfügte und diese zu diesem Zeitpunkt noch als Kindertreff genutzt wurden - Pläne für eine spätere Nutzung als Jugendhaus lagen jedoch bereits vor - sagte der Verein den Punks eine Nutzung der Räumlichkeiten nach Vereinbarung zu. Nach Umbau- und Renovierungsarbeiten, die die Punks selbst durchführten, gründete die aus ca. 20 Personen bestehende Gruppe dann das "Café Exzess" und öffnete dies für 'die Szene', die laut Einschätzung der Vereinsmitarbeiterin nochmals aus ca. 30 Personen bestand. Doris Westphal wies in unserem Gespräch auch darauf hin, daß Mitglieder des Umfelds der Punker-Szene in Frankfurt das letzte besetzte Haus bewohnen und daß ca. 30 junge Menschen ein Bau- und Wohnwagendorf "In der Au" errichtet haben.

Mit der durch die Gründung des 'Café Exzess' etablierten Präsentation der Punks im Stadtteil, gefördert durch eine große Schaufensterscheibe, die das Geschehen nach außen hin sichtbar machte, wuchs das allgemeine Interesse an der Gruppe. Ein Journalist wollte eine Fotoserie, ein Fernsehteam einen Filmbericht produzieren. Obwohl sie zunächst ihre Mitarbeit signalisierten, verweigerten sich die Punks letztendlich. Eine andere Filmproduktion, mit deren inhaltlicher Ausrichtung die Punker sich stärker identifizieren konnten, kam jedoch zustande. Das 'Café Exzess' wurde in der Folgezeit von den Punkern nach eigenen Vorstellungen gestaltet. Sie hielten sich dort jedoch nicht nur auf, um ihre freie Zeit gemeinsam zu verbringen; es bestanden auch Überlegungen, den Raum für andere Jugendliche "der Szene" zu öffnen und preiswerte Mahlzeiten - im Sinne einer Volksküche - anzubieten. Die 'Schlüsselgewalt' blieb in der Anfangsphase noch bei den Vereinsmitarbeitern, worüber sich heftige Diskusssionen entzündeten. Da die Zielgruppe der Punks für die Vereinsmitarbeiter und -mitarbeiterinnen neu war, bestand bei diesen zunächst Unsicherheit darüber, wie sie die Gruppe einschätzen sollten. Nach dem Überwinden von Berührungsängsten und Fremdheit konnte sich im folgenden Jahr ein Vertrauensverhältnis aufbauen und es konnten Unsicherheiten geklärt werden, so daß der Schlüssel der Gruppe übergeben wurde. Da eine Raumnutzung in den Abendstunden - wie von der Gruppe gewünscht - aufgrund des Nutzungsvertrags zwischen dem Verein und dem Liegenschaftsamt der Stadt Frankfurt nicht möglich war, entzündeten sich wieder Diskussionen mit den Mitarbeitern und Mitarbeiterinnen. Diese legten daher den Nutzungsvertrag zur Einsichtnahme vor und konfrontierten die Punks mit den realen Vorgaben. Daraufhin arbeiteten die Punker ihrerseits einen eigenen Vertrag mit dem Verein aus, um sich die Nutzung der Räume zu sichern. Der Wunsch, ein offizielles Café für die Szene zu betreiben, scheiterte zunächst an unterschiedlichen Auflagen der Behörden, woraufhin gemeinsam mit den Mitarbeitern und Mitarbeiterinnen des Vereins die Möglichkeit geprüft wurde, das Café in Selbstorganisation im Rahmen von Jugendarbeit durchzuführen. Im Abschlußbericht resümiert die wissenschaftliche Begleitung des Projekts: "Dieses realistische Vorhaben 'Café Exzess' wurde von den Sozialarbeitern unterstützend gefördert und später auch sehr erfolgreich von der Gruppe betrieben" (Abschlußbericht Stüwe/Weigel 1991, S. 56).

Da im weiteren Verlauf der Darstellung der Wohnprojekte des Vereins noch detaillierter auf die Rolle der jungen Frauen innerhalb der Punker-Gruppe eingegangen wird, soll an dieser Stelle lediglich kurz eingefügt werden, daß die weiblichen Punkerinnen im Café Exzess ein größeres Durchhaltevermögen zeigten als die Männer. Die Frauen sorgten im Café-Bereich für Kontinuität und konnten dadurch innerhalb der Gruppe eine starke, sichere Position gewinnen. Das Resümee der Vereinsmitarbeiter und -mitarbeiterinnen lautet sogar: "Die Frauen haben dafür gesorgt, daß das Café heute noch besteht" (Mitarbeiter-Protokoll vom März 1989, S.36). Die Eröffnung eines Frauen-Cafés wurde beschlossen: an einem Tag der Woche war das Café nur für Frauen geöffnet.

Ein Beispiel dafür, wie durch den Eingriff von Verwaltung und Bürokratie die Entfaltung und Kreativität der Punks blockiert bzw. verhindert wird, soll hier kurz erwähnt werden: Die Gruppe der Punks plante, die Hausfassade des 'Café Exzess' mit einer Bemalung zu verschönern. Das von der Gruppe gewählte Motiv, die Erdkugel mit einer Ratte darzustellen (hier als Metapher den drohenden Verfall der Erde zu einem 'Müllhaufen', eigene Interpretation I.M-W) wurde von den Behörden nicht genehmigt. Der Antrag zur Fassadenbemalung ging über das Jugendamt, das Stadtplanungsamt bis hin zum Stadtkämmerer. "Dieser kleine Vorgang, der die Stadt Frankfurt kaum einen Pfennig gekostet hat, wurde so bürokratisch aufgeblasen" (Abschlußbericht Stüwe/Weigel 1991, S. 57). Dennoch ließ sich die Gruppe nicht entmutigen. Laut Auskunft der Mitarbeiterin Doris Westphal hatte sich im Café Exzess eine feste Gruppe etabliert, die ihr Angebot in den kulturellen Bereich erweitert hat. Mittlerweile finden dort Musikveranstaltungen statt, es trifft sich ein 'antifaschistischer Arbeitskreis', und es sind Bauveränderungen geplant, um eine Kinohalle einzurichten. Ein Konzept mit dem Titel "Jugendhaus Schwanenkino", welches einen Trägerverbund vorsieht und eine erweiterte Zielgruppe ansprechen will (Teenies, Jugendliche im Übergang Schule-Beruf, ausländische Jugendliche und spezifische Mädchenarbeit), liegt bereits vor . Neben dem erwähnten Kinosaal sollen Werkstätten, Musikübungsräume, ein Sportbereich und Räume für Mitarbeiter und Mitarbeiterinnen eingerichtet werden. Der Betrieb des 'Café Exzess' wird darin integriert sein.

5.1.3 Erstes Wohnprojekt "Assenheimer Straße"

Aufgrund der geschilderten Wohnsituation und Lebenslage der Gruppe (Leben in beengten Verhältnissen, in besetzten Häusern, in Bauwagen oder auf der Straße) und der durch den Verlauf des Café Exzess erlebten Unterstützung der Vereinsmitarbeiter und -mitarbeiterinnen wurde von den Punkern an den Verein der Wunsch nach einem Wohnprojekt herangetragen. Um ein weiteres Abdrängen auf die Straße zu verhindern, sollte rasch ein Haus gefunden werden. Die Mitarbeiter und Mitarbeiterinnen befürchteten sonst einen Rückschlag der bereits erlangten Stabilisierung der Gruppe. Im Stadtteil konnte dann ein Haus gefunden werden und der Verein übernahm als Hauptmieter den Mietvertrag.

Die Zielgruppe bestand aus 12 jungen Erwachsenen im Alter von 18-22 Jahren (8 Männer, 4 Frauen), die sich der Punker-Szene zuordneten. Die wissenschaftliche Begleitung des Projekts wurde von Mitarbeitern des 'Instituts für Sozialarbeit und Sozialpädagogik' in Frankfurt übernommen.

Basierend auf dem Grundgedanken, weitere Marginalisierung und Verwahrlosung zu verhindern bei Erhöhung von Anpassungsbereitschaft und gleichzeitiger Wahrung der Eigenständigkeit der Gruppe und des einzelnen, werden im Konzept als Projektziele definiert:
- im Wohnbereich die latente Gefahr von Nichtseßhaftigkeit zu überwinden;
- im Berufsbereich die Integration und Unterstützung von Ausbildungswünschen zu fördern mit dem Blickwinkel auf eine eigenständige Existenzsicherung;

- im präventiven Bereich Begleitung/Betreuung und Krisenintervention mit dem Ziel, Alkohol- und Drogenkonsum abzubauen sowie aggressiver Dissozialität vorzubeugen (vgl. Projektantrag 1988, S.5ff).

Handlungsanleitend für ihre Arbeit formulieren die Mitarbeiter und Mitarbeiterinnen ein "dialogisches Modell", in dem die Lebensmuster der Gruppe aufgenommen, verarbeitet und in stabilere Interaktionsformen transformiert werden sollen. Dies greife die bei den Punks ausgeprägten "Autonomie- und Gestaltungswünsche, den Wunsch nach Verantwortung, ein sensibles soziales Gespür und die positive Besetzung von Arbeit auf" und versuche, deviantes Verhalten, geringe Frustrationstoleranz und Beziehungsmißtrauen in tragfähige Kompromisse umzuwandeln (ebd., S.6ff). Für einen Teil der Gruppe sollte eine berufsbildende Maßnahme angegliedert sowie individuelle Stützmaßnahmen zur Wiederaufnahme von Ausbildung bzw. Weiterbildung forciert werden.

Die Finanzierung des Wohnprojekts wurde von der "Stiftung Deutsche Jugendmarke" übernommen. Der Verlaufsplan sah eine zweieinhalbjährige Laufzeit vor und wurde in vier Phasen gegliedert: Aufbau- bzw. Bauphase, Stabilisierungsphase, Öffnungsphase und Reflexionsphase mit dem Ziel der Übernahme des Hauses durch die Punker in eigener Regie. Regelmäßig stattfindende Plena sollten - aufgrund der positiven Erfahrungen im Café Exzess - auch im Wohnprojekt kollektive Entscheidungen herbeiführen und als Auseinandersetzungsforum alltägliche Fragen regeln.

Projektverlauf

Der Einzug und die Aufteilung der Räume verlief unproblematisch und unter Beteiligung der gesamten Szene. Die Tatsache, nun über eigenen Wohnraum zu verfügen, war von den Punks emotional hoch besetzt, was eine euphorische Stimmung aufkommen ließ. Die Inbesitznahme des Hauses wurde durch eine auf dem Dach gehißte Flagge und aus den Fenstern gehängte Transparente deutlich demonstriert (vgl. Abschlußbericht Stüwe/Weigel 1991, S. 20).

Da einige der Punker durch abgebrochene Ausbildungen über handwerkliche Vorerfahrungen verfügten, konnten die so erworbenen Kenntnisse im Renovierungsbereich des Hauses teilweise umgesetzt werden. So konnten einerseits Maurer-, Installations- und Verputzarbeiten in eigener Regie durchgeführt werden, andererseits blieben jedoch angefangene Arbeiten liegen und neue wurden an anderer Stelle wieder begonnen, was sich letztlich als problematisch erwies. Im Abschlußbericht der wissenschaftlichen Begleitung wird auch darauf hingewiesen, daß die weiblichen Mitglieder der Gruppe aus diesem Tätigkeitsfeld fast gänzlich herausfielen und ihnen nur untergeordnete Arbeiten zugebilligt wurden. "Entgegen unserer Erwartungen wurden trotz der negativen bürgerlichen Werte tradierte Rollenmuster gelebt" (Abschlußbericht Stüwe/Weigel 1991, S.36). Im Projektverlauf zeigte sich jedoch, daß den weiblichen Mitgliedern der Gruppe eine deutliche "Haltefunktion" zukam. Die Frauen übernahmen die Kassenführung des Haushalts sowie die Gestaltung und Organisation des Alltags. Noch bedeutsamer wurde von den Vereinsmitarbeitern und -mitarbeiterinnen der Beitrag der Frauen am Gestalten der Gruppenstrukturen sowie des Gruppenklimas interpretiert. Die weiblichen Gruppenmitglieder thematisierten in den wöchentlichen Plena negative atmosphärische Störungen und unangenehme Themen, die die Gruppe betrafen.

Mit zunehmender Gruppenstruktur konnten in den Plena unterschiedliche Themen intensiver aufgegriffen werden, was als Parameter für die Gruppenentwicklung verstanden wurde. Die Hausplena "dienten vor allem der Bearbeitung von Fragen des Zusammenlebens, der organisatorischen Abwicklung des Wohnprojekts und zur Behandlung der Beziehungsprobleme zur Außenwelt" (Stüwe/Weigel 1991, S. 389). Die Mitarbeiter und Mitarbeiterinnen verstärkten selbstregulierende Prozesse der Gruppe, indem sie die gern häufig von der Gruppe auf die Mitarbeiter und Mitarbeiterinnen delegierte Verantwortung nicht annahmen. Vor allem im Bereich der monatlichen Mietzahlungen gab es vielfältige Probleme zu überwinden. So gingen die Mieten nur selten pünktlich ein - der Verein mußte in Vorlage gehen. Eine 'Vertrauensperson', von der Gruppe bestimmt, sollte bei allen die Miete einholen und diese dem Verein am Monatsersten übergeben. Dieser Jugendliche behielt jedoch den gesamten Betrag für sich; als Konsequenz mußte er daraufhin - im Gesamtplenum beschlossen - die Wohngruppe verlassen (Westphal 1991). Die Binnenstruktur der Gruppe, häufig wechselnde Übernachtungsgäste im Haus sowie weitere Probleme, z.B. auch mit den Nachbarn, ließen die Vereinsmitarbeiter und -mitarbeiterinnen realisieren, daß die eigentliche Intention - lediglich das Haus als Träger anzumieten und die Gruppe nicht per se als Klientel zu betrachten - so nicht aufrecht erhalten werden konnte. Die Mitarbeiter und Mitarbeiterinnen erkannten, daß einzelne Gruppenmitglieder eine intensivere Begleitung und Hilfestellung benötigten, was eine Neustrukturierung erforderlich machte. Die Beschäftigung mit juristischen Problemen der Punker, Überschuldung sowie Fragen der Aus- und Weiterbildung und eine geplante Kooperation mit der 'Werkstatt Frankfurt', aber auch alltägliche Angelegenheiten wie das Einhalten der Putz- und Kochpläne im Haus, bildeten die Schwerpunkte in dieser Phase des Projektverlaufs. Die Klärung von Grundsatzfragen und die Neustrukturierung des Projekts erfolgte in zwei Wochenendseminaren, in denen das gemeinsame Gruppenerleben wieder neu zur Stärkung der Gesamtgruppe führte.

Die einzelnen Mitglieder der Gruppe stammten vorherrschend aus mittelständischen Familien, wenn auch zum Teil aus sogenannten unvollständigen Familien mit schwieriger sozialer Konstellation. Sie wiesen ein relativ hohes Bildungsniveau auf: "Kein Gruppenmitglied war ohne Hauptschulabschluß, viele hatten eine abgebrochene Realschullaufbahn oder einige Jahre Gymnasium hinter sich" (Abschlußbericht Stüwe/Weigel 1991, S.44). Vier Jugendlichen gelang es sogar, in der Projektlaufzeit das Abitur abzulegen[33].

Zwei Jugendliche der Gruppe bauten sogar ein Transport- und Entrümpelungsunternehmen auf, um selbständig und unabhängig von staatlichen Transferleistungen leben zu können. Zum Verlaufsende des Projekts gründeten die Punks einen eingetragenen Verein, um Verhandlungen mit dem Hausbesitzer aufnehmen zu können mit dem Ziel, ohne Anbindung an Jugendhilfe in dem Haus selbständig weiterleben zu können.

5.1.4 Wohn- und Arbeitsprojekt "Stoltzestraße"

Im November 1989 wurde der Verein mit einem zweiten Wohnprojekt von der Stadt Frankfurt beauftragt, da die positiven Erfahrungen mit der Zielgruppe bekannt waren. Im Gegensatz zu den Bewohnern der "Assenheimerstraße" wiesen jedoch die Bewohner und Bewohnerinnen des Projekts "Stoltzestraße" - so die Vereinsmitarbeiterin Doris Westphal - ein gravierendes Drogenproblem auf: 60% der Jugendlichen waren abhängig von harten Drogen.

Die Zielgruppe bestand aus Jugendlichen im Alter zwischen 17 und 25 Jahren, insgesamt 24 Personen, die sich nach äußerem Erscheinungsbild und eigenem Selbstverständnis der Punkerszene zuordneten. Aufgrund konfliktreicher Familienkonstellationen und dem damit verbundenen Verlust des häuslichen Wohnraums hatten einzelne lange Phasen des 'Herumziehens' bzw. 'auf-der-Straße-lebens' hinter sich. Ein Teil dieser Gruppe hatte eine Insel in Frankfurt-Rödelheim besetzt und dort ein Zeltdorf errichtet, um auf ihre Situation aufmerksam zu machen. Durch diese Aktion wollten sie die Behebung ihrer Obdachlosigkeit bei der Stadt Frankfurt erreichen. Fast alle waren ohne Arbeitsplatz und nur einige in Beschäftigungsverhältnissen im Rahmen einer Wiedereingliederungshilfe. Die Merheit der Gruppe bezog 'Hilfe zum Lebensunterhalt', einige hatten Heim- und Strafvollzugserfahrungen, Obdachlosen-Erfahrung, es bestand massiver Drogenkonsum. Diese Tatsache, so Doris Westphal, wurde von den Vereinsmitarbeitern und mitarbeiterinnen zunächst nicht deutlich genug in ihrer Brisanz erkannt; ihnen sei es vorrangig um das Hilfsangebot der Jugendhilfe gegangen, die Jugendlichen mit Wohnraum zu versorgen.

---

[33] Dieses Bildungsniveau scheint mir jedoch ein Spezifikum der Frankfurter Gruppe und allgemein aufgrund meiner Erfahrungen eine Ausnahme zu sein

Die Stadt Frankfurt stellte eine Liegenschaft in der Stoltzestraße zur Verfügung (vier Etagen incl. Laden), allerdings vorerst nur übergangsweise. Die Zielsetzung formulierten die Initiatoren im Projektantrag wie folgt:
- Überwindung von latenter Nichtseßhaftigkeit;
- Unterstützung von Ausbildungswünschen, Integration ins Berufsleben mit dem Ziel eigenständiger Existenzsicherung;
- Beratung, Betreuung und Krisenintervention, um Alkohol- und Drogenkonsum abzubauen sowie die Überwindung von aggressiver Dissozialität;
- Erprobung neuer Lebensmuster im Arbeitsprojekt (vgl. Projektkonzeption 1989, S. 4ff).

Als Zielsetzungen für das Arbeitsprojekt führten die Mitarbeiter und Mitarbeiterinnen das Erleben von Sinnhaftigkeit in ihrem Tun, gemeinsames, kooperatives Arbeiten und die Förderung von Durchhaltevermögen sowie allgemeine Stabilisierung an (ebd.).

Das Haus in der Stoltzestraße befand sich in einem stark renovierungsbedürftigen Zustand; neben dem Mangel an Waschmöglichkeiten war in zwei Stockwerken keine Heizung vorhanden. Die Finanzierung des Projekts wurde vom Sozial- und Jugendamt der Stadt Frankfurt übernommen. Die Bewohner und Bewohnerinnen zahlten ihre Miete - so die Mitarbeiterin - selbst an den Verein, entweder aus Mitteln der 'Hilfe zum Lebensunterhalt' oder aus eigenem Arbeitslohn.

Projektverlauf

Die anfängliche Euphorie durch den Gewinn von Wohnraum setzte Energie für die Entrümpelung und Renovierung des Hauses frei. Für die Binnenstruktur innerhalb des Hauses wurden Regeln getroffen, die Verbindlichkeit, Verantwortung und das Einhalten von Absprachen einüben sollten. Das städtische Liegenschaftsamt erwartete einen Mietzins von 11,- DM pro Quadratmeter Wohnfläche Kaltmiete. Erst durch die Erstellung eines Mietwertgutachtens konnte dieser auf weniger als die Hälfte reduziert werden.

Der massive Konsum von harten Drogen stellte für die Mitarbeiter und Mitarbeiterinnen eine große Herausforderung dar. Der Drogengebrauch brachte es mit sich, daß ein Teil der 'harten Drogenszene' ins Haus kam. Die Hausbewohner handhabten diese Besuche unterschiedlich. "Ein Teil bemühte sich das Haus 'clean' zu halten - andere ließen die Szene ins Haus" (Zwischenbericht Dezember 1991, S.7). Die Mitarbeiter und Mitarbeiterinnen versuchten sensibel zu intervenieren und zu vermitteln, doch die Punker nahmen die offiziellen Drogenberatungsstellen nicht an. Damit eine Eskalation des Problems verhindert und das gesamte Wohnprojekt nicht gefährdet würden boten die Mitarbeiter und Mitarbeiterinnen denjenigen Personen eine Entzugsbegleitung und therapeutische Gespräche an, die ernsthaft bereit waren, an ihrer Problematik zu arbeiten; den anderen wurde die fristlose Kündigung angedroht. Es wurde eine speziell ausgebildete Sozialarbeiterin eingestellt und so eine 'außerordentliche Beratungsstelle' geschaffen. Neben Einzelgesprächen, Begleitung bei Behördengängen und Besuchen im Krankenhaus während des Entzugs bot die Drogenberaterin eine wöchentliche Gesprächsgruppe an. Sie bereitete auch eine gemeinsame Fahrt an die Ostsee vor. Diese Fahrt sollte ein einwöchiger drogenfreier Urlaub sein, von gruppendynamischen und gruppentherapeutischen Elementen unterstützt. Drei Jugendliche konnten in Langzeittherapien vermittelt werden.

Da von Beginn des Projekts an deutlich war, daß das Haus nur als Übergangslösung gedacht war - auch aufgrund des schlechten baulichen Zustands -, suchten sowohl die Mitarbeiter und Mitarbeiterinnen als auch die Jugendlichen nach einem anderen geeigneten Objekt. Im Stadtteil Frankfurt-Griesheim eröffnete sich - nach Vorstellungen der Mitarbeiter und Mitarbeiterinnen - eine Möglichkeit, doch die Jugendlichen lehnten dieses Objekt ab, da ihnen der Stadtteil durch besondere negative Erfahrungen (Anwesenheit einer 'rechtsorientierten' Jugendgang, Industrieanlagen etc.) nicht annehmbar erschien. Obwohl die Vereinsmitarbeiter und -mitarbeiterinnen diese Argumentation nicht nachvollziehen konnten, akzeptierten sie die Ablehnung der Punks. Im Zwischenbericht vom Dezember 1991 heißt es dazu: "Die Gruppe junger Erwachsener ist nur zu erreichen, wenn ihr das Recht auf Ablehnung von Vorschlägen der Erwachsenenwelt zugebilligt wird" (ebd., S. 12). Daran, daß die Bewohner und Bewohnerinnen oft Jugendlichen, die auf der Straße lebten, Unterschlupf im Haus gewährten, entzündeten sich vielfach Diskussionen mit den Vereinsmitarbeitern und -mitarbeiterinnen. Obwohl diese sich um eine Regelung bemühten, wurde ihnen mehrfach von den Bewohnern vorgeworfen, sie würden es vorziehen, Menschen auf der Straße schlafen zu lassen, als ungenutzte Räumlichkeiten im Haus zur Nutzung anzubieten.

Eine Fluktuation der Hausbewohner innerhalb der Gruppe wurde positiv bewertet, da einige Jugendliche - nach einer begrenzten Phase der Begleitung bzw. Konsolidierung - andere Wege bzw. Wohnformen verfolgten und sich dadurch auch der 'realen Außenwelt' ohne sozialarbeiterische Begleitung stellten. Einige hielten jedoch noch weiterhin Kontakt zum Verein.

Aufgrund eines elektrischen Defektes brannte ein Stockwerk im Haus Stoltzestraße im Mai 1991 fast völlig aus. Die chronische Überbelegung durch Bewohnung des Kellers und der Zwischenstockwerke wurde daraufhin durch Auflagen der Brandschutzbehörden unterbunden. Da die Räume nicht mehr nutzbar waren, boten Wohnungs- und Liegenschaftsamt Ausweichmöglichkeiten an, die jedoch nicht ausreichten, alle Jugendlichen mit Wohnraum zu versorgen. Die sozialpolitische Entscheidung der Stadt Frankfurt, die Drogenszene an der Konstablerwache und anderen Plätzen des Stadtzentrums zu vertreiben, führte dazu, daß die Szene sich verlagerte und z.B. auch im Wohnprojekt des Vereins die Präsenz von Drogenabhängigen deutlich anstieg. Das führte zu einer massiven Überforderung sowohl der Bewohner und Bewohnerinnen als auch der Mitarbeiter und Mitarbeiterinnen. Im Zwischenbericht heißt es dazu: "Der Verein für soziale Arbeit im Stadtteil erklärte sich bereit, ein *Wohnprojekt* mit jungen Erwachsenen zu organisieren und kein *Drogenprojekt* (Hervorhebung im Original) (...) Wir sehen uns außerstande, die Verantwortung für die von unserem Verein nicht zu verantwortende Situation zu übernehmen. Wir weisen darauf hin, daß mit viel Engagement, kreativem Handeln, mit dünner Personaldecke und überdurchschnittlicher Arbeitsbelastung und Arbeitszeit Erfolge zu verbuchen sind, ohne das eigentliche Ziel erreicht zu haben" (ebd., S. 25). Demzufolge forderten die Vereinsmitarbeiter und -mitarbeiterinnen eine Entschärfung der Situation, z.B. durch die Einrichtung von Notschlafplätzen, getragen von der Stadt Frankfurt, und als "Minimalangebot 'Sleep-Ins' im Innenstadtbereich mit Angeboten der Weitervermittlung" (ebd., S. 26). Ein 'Sleep-In' wurde dann im Sommer 1992 in Frankfurt eröffnet.

5.1.5 Arbeitsprojekt "Rütteln und Poltern"

Ausgangsüberlegungen zu diesem Arbeitsprojekt basierten laut Doris Westphal auf dem Hintergrund, daß zum einen für die Gruppe der Punks der Zugang zum Arbeitsmarkt erschwert ist und zum anderen Arbeitsplätze im 'traditionellen Bereich' nicht den Wunsch- und Autonomieansprüchen der Punks entsprechen.

Im Herbst 1990 initiierte der Verein das Arbeitsprojekt "Rütteln und Poltern" in Kooperation mit der 'Werkstatt Frankfurt'. Die Finanzierung erfolgte zunächst über die 'Werkstatt Frankfurt' und 'Hilfen zur Arbeit' mit der Perspektive einer anschließenden Finanzierung durch 'Arbeitsbeschaffungsmaßnahmen'. Die Inhalte des Projekts waren so konzipiert und intendiert, daß nach Abschluß des Projekts für einzelne Teilnehmer und Teilnehmerinnen die Möglichkeit gegeben sein sollte, nach einem dreimonatigen Intensivkurs den Berufsabschluß als Forstwirt zu absolvieren. Dieses Projekt, ökologisch orientiert im Forstbereich angesiedelt, bot zunächst für zwölf, später für achtzehn Jugendliche einen Arbeitsplatz. Ein Jugendlicher aus der Punker-Szene, der über geeignete Vorerfahrungen im Forstbereich verfügte, fungierte als fachlicher Anleiter. Die staatlichen Forstämter der Umgegend vergaben an das Projekt Arbeitsaufträge in den Bereichen: Räumen von Windwurfflächen, Neuanpflanzungen, Fällen von Bäumen, Aufstellen von Borkenkäferfallen und den Bau von Zäunen. Die Vereinsmitarbeiterin wies in unserem Gespräch daraufhin, daß Bewohnern der Wohngruppe, die sich nicht auf das Arbeitsprojekt einlassen wollten, von der

Gruppe vorgeworfen wurde, sich durch ihre Verweigerung 'auf Kosten der anderen auszuruhen'. Für diejenigen, die sich am Arbeitsprojekt beteiligten, 'materialisierte' sich jedoch der Erfolg ihrer Tätigkeit und ihres Einsatzes vor ihren Augen in Form eines Transporters, diversen Arbeitsgeräten und Arbeitskleidung (vgl. Zwischenbericht 1991, S. 17f). "Die Projektteilnehmer sahen in den Aufträgen reale Arbeitsbedingungen und betrachteten sich als handelnde Gruppe, die arbeitsteilig sinnlich erfahrbare Tätigkeiten verrichteten. Aufgrund des Arbeitsortes (im Wald) wurde dieser als natürliches und ökologisch sinnvolles Arbeitsfeld betrachtet" (ebd.). Parallel zu der alltäglichen Arbeitserfahrung wurden vom Verein dazu Lehrgänge und Blockseminare organisiert, die den Teilnehmern und Teilnehmerinnen Grundkenntnisse im Bereich der Forstwirtschaft vermittelten.

Der Gedanke "Jeder nach seinen Fähigkeiten - jeder nach seinen Möglichkeiten" funktionierte jedoch nicht lange: die Gruppe spaltete sich in einen eher belastbaren Teil, die das Arbeitstempo vorgab und in diejenigen, die - aus unterschiedlichen Gründen - nicht mithalten konnten. So konnten die einzelnen Teilnehmer und Teilnehmerinnen ihre Belastbarkeit, ihre Kompetenz und ihr Durchhaltevermögen überprüfen und durch die Konfrontation mit den Anforderungen der realen Arbeitswelt eigene Ausgangsmotivationen und Vorstellungen relativieren. In einem vierzehntägigen Holzrückelehrgang erlernten die Teilnehmer und Teilnehmerinnen den Umgang mit Pferden; hieraus entstand der Wunsch, eigene Pferde im Projekt anzuschaffen. Betrachteten die Punks - laut Doris Westphal - das Kollektiv bis dahin noch eher als 'Spielwiese' bzw. Familienersatz, so sahen die Vereinsmitarbeiter und -mitarbeiterinnen in dem Entschluß, eigene Pferde anzuschaffen, einen Indikator für zunehmende Verantwortlichkeit. Dieser Wunsch erfüllte sich jedoch nur teilweise, da einzelne Teilnehmer und Teilnehmerinnen ihrer Verantwortung nicht nachkamen und so die Gesamtgruppe lähmten, was auch zum Teil - kollektiv beschlossene - Kündigungen nach sich zog. So konnte trotz intensiver Bemühungen der Mitarbeiter und Mitarbeiterinnen das Arbeitsprojekt nicht ausreichend gewinnbringend auf dem bestehenden Konkurrenzmarkt tätig sein. "Die Größenphantasien der jungen Erwachsenen bedurften einer Korrektur des Faktischen - die Konfrontation der eigenen Fähigkeiten mit der Realität der Arbeitswelt im Forstbereich" (Jahresbericht 1992, S. 21). Die Gruppe mußte erkennen, daß das ursprünglich formulierte Ziel einer Verselbständigung im Sinne eines eigenständig geführten Betriebes so nicht zu verwirklichen war. Dennoch entschieden sich immerhin sechs Teilnehmer und Teilnehmerinnen für eine weiterführende Ausbildung bzw. Umschulung in der Forstwirtschaft. Andere formulierten den Wunsch, weiterhin in den Bereichen Forst, Landschaftsbau oder Gartenbau arbeiten zu wollen.

5.2 Projekt Bielefeld

5.2.1 Vorbemerkungen

Bielefeld kann umgeben von einem eher ländlich geprägten Umfeld als Zentrum in Ost-Westfalen bezeichnet werden. In einem Gespräch mit dem Soziologen Andreas Kämper in der Stadtverwaltung in Bielefeld, der hier in der 'Beratungsstelle für Personen mit besonderen sozialen Schwierigkeiten' tätig ist, erhielt ich allgemeine Informationen zur Lebenslage der Punks in Bielefeld sowie einen detaillierten Bericht über die Entstehung des 'Punker-Pavillion', an dessen Initiierung Andreas Kämper maßgeblich beteiligt war. Die Stadt Bielefeld hat ca. 320.000 Einwohner. 15.000 Personen sind als wohnungssuchend registriert, wobei 8.000 Personen ohne eigene Wohnung vermerkt sind (hierunter fallen z.B. Haftentlassene und Entlassene aus Psychiatrien). 1.500 Menschen gelten als akut obdachlos. Die Mehrzahl der Obdachlosen ist in Unterkünften untergebracht, 60 Personen - darunter auch Punker - leben in Wohnwagen. Bekannt ist, daß ca. 100 Jugendliche ständig bei Freunden oder Bekannten übernachten und ca. 40 Jugendliche direkt auf der Straße, in Parks, Autowracks, besetzten Häusern oder in Neubauten, die noch leer stehen (alle Angaben Kämper Nov. 1992). Die frühere SPD-Grüne-Regierung der Stadt ist 1990 von einer CDU-FDP-Koalition abgelöst worden.

In den 80er Jahren haben Punks zunehmend aufgrund ihrer Notlagen die 'Beratungsstelle für alleinstehende Wohnungslose' aufgesucht, die an das 'Amt für soziale Dienste' der Stadt Bielefeld angeschlossen ist. Die Mitarbeiter und Mitarbeiterinnen dort haben sich jedoch völlig überfordert gefühlt, auf die Problemlagen der Jugendlichen adäquat zu reagieren. Etwa zeitgleich - so Kämper - häuften sich die Beschwerden Bielefelder Bürger sowie des Einzelhandels über das Verhalten der Punks in der Öffentlichkeit und vor den Käufhäusern in der Innenstadt. "Aus der Einsicht heraus, daß etwas getan werden muß" (Kämper 1992), förderte der damalige Jugendwohlfahrtsausschuß die Erstellung eines Konzepts über die Einrichtung eines zentral gelegenen Treffs für die Zielgruppe. Dieses Konzept wurde daraufhin von Mitarbeitern und Mitarbeiterinnen des Jugendamtes erarbeitet, die bereits in ihrer Funktion als 'Streetworker' Kontakt zur Gruppe der Punks hatten und deren Bedürfnisse kannten.

Das Konzept wurde schließlich vom Rat der Stadt Bielefeld bewilligt. Die Anmietung eines geeigneten Objekts in der Innenstadt erwies sich allerdings als schwierig und ist - so Kämper - von unterschiedlichen Interessengruppen mehrfach behindert worden.

Die Lebenslage der Bielefelder Punks hat sich in den letzten Jahren nach Ansicht Kämpers 'zugespitzt'. Verarmung, Obdachlosigkeit sowie ein zum Teil exzessiver Alkohol-, aber auch Drogenkonsum haben zu einer Verwahrlosung der Punks geführt, die noch in den 80er Jahren in diesem Ausmaß so nicht vorhanden war. Er bezeichnet die Lebenssituation der Punks heute kurz mit "vor sich hinsumpfen" (Kämper 1992). Im Laufe der letzten Jahre ist es gelungen, einem Teil der Punker zwei städtische Häuser zur Verfügung zu stellen, und ein Sozialpädagoge unterstützt die Jugendlichen bei der Regelung ihres Lebens-Alltags im Haus. Allerdings ist dies bei weitem nicht ausreichend, da sich die Problematik verschärft hat. Er plädierte für die "Investition von Geldern in dezentrale Einrichtungen und für eine 'Mischung' des jugendlichen Klientels, um weiterer Ausgrenzung entgegenzuwirken" (ebd.).

Auf die Frage nach Perspektiven der Jugendarbeit mit Punkern sowie für die Punker selbst antwortete er: "Für die Jugendarbeit fehlen bislang noch häufig handlungsanleitende Normen und ein angemessener Rahmen für die Arbeit mit dieser Zielgruppe, und für die Punker fehlt die minimale Kalkulierbarkeit von Perspektiven" (ebd.). Kämper, der in der "Bowery" (südlicher Stadtteil in Manhatten - New York) in einer Einrichtung für obdachlose Menschen tätig war, befürchtet zukünftig eine Zuspitzung der gesamten Problematik auch für die Bundesrepublik.

5.2.2 Analyse von Presseartikeln als Beispiel öffentlicher Berichterstattung von Vorgängen um die Punks

Im nachfolgenden Abschnitt sollen - in chronologischer Reihenfolge - Auszüge aus Presseartikeln der örtlichen Organe Bielefelds für die Jahre 1986-1989 dargestellt werden, um die öffentliche Berichterstattung von Vorgängen um die Punks und die Reaktionen der zuständigen städtischen Politiker und Politikerinnen - je nach politischer Parteizugehörigkeit - zu dokumentieren. Da die journalistische Berichterstattung in den Medien als 'meinungsbildendes und -beeinflussendes' Organ eine signifikante Rolle in unserer Gesellschaft innehat, erscheint es mir in diesem Zusammenhang sinnvoll, die von den Projektmitarbeitern und -mitarbeiterinnen des 'Punker-Pavillon' zur Verfügung gestellten Presseberichte in die vorliegende Arbeit als eine eigene Akzentsetzung miteinfließen zu lassen[34].

Der Leiter der Abteilung 'Jugendpflege' des Jugendamtes Bielefeld setzte schon im Sommer 1986 drei Sozialarbeiter und Sozialarbeiterinnen als 'Streetworker' in der Innenstadt ein, um das 'aggressive Klima' im Um-

---

[34] Als Abkürzungen verwende ich hier WB für 'Westfalen-Blatt', NW für 'Neue Westfälische' und SB für 'Stadt-Blatt'

feld der Punker zu reduzieren. Immer wieder führte das Verhalten der Punks in der Fußgängerzone zu 'öffentlichem Ärgernis'. Der Jugendamtsleiter erkannte die begrenzte Handlungsfähigkeit der Streetworker bezüglich des exzessiven Alkoholkonsum der Punks und äußerte hierzu: "Wenn die am Spätnachmittag zu sind, helfen die Worte unserer Leute nichts mehr" (NW 27.11.1986). Das übermäßige Trinken interpretierte er als 'sinnstiftendes Identifikationsmerkmal' der Gruppe, und er plädierte dringend für die Einrichtung eines zentralen Treffpunkts für die Jugendlichen in der Innenstadt, "nicht nur wegen der öffentlichen Ordnung, sondern zum Schutz der Jugendlichen vor der Selbstzerstörung". Was Jugendliche zu Punkern werden lasse - so der Leiter der Jugendpflege - sei wohl kaum die pure Liebe zur Freiheit, sondern der Druck einer Gesellschaft, die als Moloch empfunden werde (vgl. ebd.).

Weiter heißt es in den Presseberichten, die Punker seien durch 'nötigende Bettelei' aufgefallen und hätten Passanten massiv bedrängt, beschimpft und körperlich bedroht - die Ordnungsbehörde reagierte daraufhin mit einem verstärkten Einsatz von Fußstreifen (vgl. WB 2.12.1986). Obwohl sich alle vier im Stadtparlament vertretenen Parteien einig darüber waren, daß ein Treffpunkt geschaffen werden muß - letztlich auch auf Druck der innerstädtischen Kaufhäuser und Firmen -, wurde den Punkern ein der City nahegelegenes, stadteigenes und leerstehendes Haus, das eigentlich verfügbar gewesen wäre, verweigert. Der Leiter des städtischen Liegenschaftsamtes begründete dies damit, daß das Haus an einer Eingangsstraße zur City läge und sich viele Menschen, vor allem ältere Personen, von einem solchen Treffpunkt belästigt fühlen könnten. Ein Punker-Treff an 'dieser sensiblen Stelle' sei, so CDU-Sprecher Meichsner, nicht sinnvoll (vgl. NW 20.12.1986). Der Journalist des "Stadt Blatt" kommentiert dies wie folgt: "So geraten also der ganzen schönen sozialpädagogischen Einigkeit die Erfordernisse einer hygienischen Stadtarchitektur in die Quere" (SB 4.12.1986). Infolge der 'Trinkgelage' plant der Verkehrs- und Ordnungsausschuß im Dezember 1986 eine Änderung der Satzung, die es den Punks verbieten soll, "öffentlich Alkohol in störender Weise zu verzehren oder Trinkgelage abzuhalten" - die Satzung wird von einigen auch "Punker-Satzung" genannt (vgl. WB 18.12.1986). Gegen den Widerstand der SPD kam diese allerdings nicht zustande. Stattdessen wurde ein anderer Passus in der Satzung verabschiedet. Dieser lautet: "Es ist untersagt, in Anlagen und auf Straßen sich so zu verhalten, daß dadurch andere Personen behindert, belästigt oder gefährdet werden" (ebd.). Daraufhin wurden in der Folgezeit häufig Punker festgenommen, wenn die Vertreter der Ordnungsbehörde 'nötigende Bettelei' oder Trunkenheit ausmachten. Das Auswahlkriterium der Polizei, wen sie wann für sechs, acht oder mehr Stunden festhält, beschreibt eine Punkerin als "hauptsache bunt und stachelig" (ebd.). Ein Punker wurde festgenommen, weil er seine Jeansjacke, dem typischen Punker-

Outfit entsprechend, mit abgerundeten Schraubenköpfen, Muttern und Feuerzeugkappen verziert hatte. Als Begründung für seine Festnahme wurde ihm mitgeteilt, die Jacke falle unter das Waffengesetz (vgl. ebd.). In der folgenden Zeit beschwerten sich die Bielefelder Einzelhändler immer massiver bei der Stadtverwaltung und forderten Abschaffung der 'katastrophalen Situation'. Bürger blieben - so z.B. der Geschäftsführer von "Quelle" - dem Einkaufszentrum fern, weil sie sich von den 'herumlungernden' Punkern bedroht und belästig fühlen. Die Kundschaft verlagere sich auf andere Städte und der Einzelhandel müsse daher Einbußen hinnehmen (vgl.WB 13.2.1987). Die Stadtverwaltung bildete daraufhin eine Arbeitsgruppe, die kurzfristige Lösungsvorschläge zur 'aktuellen Punkerproblematik' erarbeiten sollte (vgl. ebd.).

Ein in der Stapenhorststraße von Punkern besetztes Haus erregte in der Folgezeit das öffentliche Interesse. Die Nachbarn reichten bei der Stadtverwaltung eine Unterschriftenliste ein, um ihren Forderungen auf Abschaffung der "skandalösen Mißstände" Nachdruck zu verleihen. Die Punker lebten in diesem Haus mit insgesamt 17 Hunden, denen das Veterinäramt eine gute Ernährung bescheinigte und feststellte, daß dem Tierschutzgedanken kein Schaden zugefügt werde. Auch das Gesundheitsamt wurde eingeschaltet, das - obwohl sich gestapelter Unrat angesammelt hatte - zwar "widerlichen Gestank und starke Verschmutzung", aber keine Seuchengefahr feststellte (WB 21.2.1987). Als dann jedoch bei einem Punker eine offene Tuberkulose diagnostiziert wurde, mußte das Haus desinfiziert werden. Das Haus, so das 'Westfalen-Blatt', sei seit über zwanzig Jahren nicht mehr renoviert worden, die Decken fielen quadratmeterweise herunter, die Fenster brächen aus dem Stock, mit Schraubenziehern liessen sich Dübellöcher in die schwammigen Wände bohren und ein Rohrdefekt im Keller verursache eine knöcheltiefe Wasserlache vor der einzig funktionierenden Toilette im Haus. Der Journalist resümierte: "Wer möchte in einem derart verrotteten Haus ausgerechnet die jungen Leute zu pfleglichem Verhalten auffordern, deren Lebensphilosophie eben nicht auf Disziplin und Ordnung beruht?" (WB 28.2.1987). Nach einer Räumungsklage der Stadt bot diese den Punkern ein Ausweichquartier an: ein abbruchreifes Haus im Stadtteil Schildesche. Die Bürger des Stadtteils wehrten sich allerdings gegen den Zuzug von Punkern in ihren Stadtteil. Eine Unterschriftenliste wurde bei der Stadtverwaltung eingereicht und dadurch gegen das Vorhaben protestiert (vgl. WB 11.3.1987). Da die Punker aber von den Behörden als 'nicht mietfähig' eingestuft wurden, konnten diese nicht in Sozialwohnungen der Stadt eingewiesen werden (NW 13.3.1987). Burgermeister Schürmann stellte fest, daß die Punker sicher Menschen seien, sich aber leider nicht so benehmen würden (vgl. ebd.). Dennoch konnte als Übergangslösung ein Haus in einem anderen Stadtteil gefunden werden, das allerdings aufgrund von Bauplänen für ein Autobahnkreuz bald abgerissen werden sollte (vgl. NW 23.4.1987). Die Verwaltung reichte die Kompetenzen hin und her. Das Jugendamt schob die Verantwortung und Zuständigkeit bei Wohnfragen auf das Ordnungsamt, dieses wiederum auf das Liegenschaftsamt, jenes auf die gesamte Verwaltung (vgl. WB 11.3.1987). So verzögerte sich eine adäquate Handhabung der Gesamtproblematik.

Währenddessen suchten die Mitarbeiter und Mitarbeiterinnen der Jugendhilfe parallel zur Lösung der Wohnungsfrage weiterhin nach einem geeigneten Treff im Innenstadtbereich. Da sich hier keinerlei Lösung abzeichnete, erwog die Stadtverwaltung, auf einem städtischen Grundstück nahe des Zentrums einen Raumcontainer aufzustellen. Der Jugendamtsleiter Hirschauer begründete diese Überlegung nun damit, daß diese Subkultur zwar seit zehn Monaten von Streetworkern betreut würde, diese aber mittlerweile vollauf mit einer unerläßlichen Einzelfallhilfe beschäftigt seien und aus Mangel an geeigneten Betreuungsräumen improvisieren müßten. Hirschauer: "Einige der jungen Leute sind in einer hoffnungslosen Verfassung" (NW 14.5.1987). Die Jugendpflege in Bielefeld werde nicht zulassen, daß diese jungen Menschen 'vor die Hunde' gehen (ebd.). Die CDU forderte in einer Stadtratssitzung ein "härteres Durchgreifen". Der Fraktionsvorsitzende forderte eine "stärkere Präsenz der Polizei", und ein Fraktionskollege pflichtete ihm bei und setzte seine Prioritäten: "Das Schutzbedürfnis der Bürger muß hier an erster Stelle stehen" (ebd.). Im Sommer 1987 spitzte sich das 'Punker-Problem' im Innenstadtbereich weiter zu: Bürger beschwerten sich gehäuft in Briefen bei Ordnungsamt und Einzelhandel. Zu dem 'einheimischen' festen Kern der Gruppe von ca. 50 Personen kämen nun auch noch Punks von außerhalb hinzu. Neben Hamburg, Köln und Frankfurt sei Bielefeld mittlerweile eine bundesdeutsche 'Punkerhochburg' geworden (NW 12.8.1987). Das 'Westfalen-Blatt' sprach von "menschlichen Wracks, die sinnlos betrunken in der Innenstadt auf den Bürgersteigen und vor den großen Kaufhäusern herumliegen" (WB 29.7.87), und initiierte eine Telefonaktion mit der städtischen Beigeordneten für Recht und Kultur zum Thema "Punker in der Innenstadt". In der Ankündigung heißt es: "Das Thema 'Punker' ist zur Zeit Stadtgespräch Nummer 1. Ratlose Bürger fragen sich zornig, was denn in den vergangenen Jahren aus ihrer Fußgängerzone geworden sei und was ihre Stadt gegen die unbeschreiblichen Zustände unternommen hätte" (WB 30.7.1987). Weiter wird auf die Stadt München verwiesen, die durch eine Sondernutzungs-Satzung die Fußgängerzone von "Punkern und anderen unerwünschten Gästen" freihalte (ebd.). In der Quintessenz dieser Telefonaktion wurde deutlich, daß sich vor allem ältere Frauen und Mütter mit kleinen Kindern von den Punks durch 'Anpöbeln', 'massives Betteln' und durch das äußere Erscheinungsbild der Punker bedroht fühlten. Neben ordnungsbehördlichen und polizeilichen Maßnahmen müsse auch sozialpädagogische Betreuung für diese Gruppe gewährleistet sein (vgl. WB 31.7.1987). Der Einzelhandel meldete eine Umsatz-Einbuße von 20 % (vgl. WB 5.8.1987).

Im Oktober 1987 forderte die CDU im Stadtparlament die Erstellung eines Wohn- oder Bauwagens auf der stadteigenen Fläche, da ihr die Pläne des Containerprojekts vom Jugendamt "zu endgültig" seien. Die Einrichtung für die Punker solle nach außen hin als Provisorium mit ambulantem Charakter ersichtlich sein, da die CDU für eine "feste" Einrichtung außerhalb der City plädiere (NW 2.10.1987). Der von der sozialliberal-grünen Regierung der Stadt geplante Container von knapp 100 Quadratmetern (1 Mitarbeiterbüro, Sanitäranlagen und eine Teestube) sei "viel zu groß", so CDU-Vorsitzender Meichsner, man befürchte eine 'Verfestigung der Szene' (WB 3.10.1987). In weiteren Presseberichten wurde die Fertigteilbaracke beschönigend als 'Punker Pavillion' bezeichnet. Obwohl die 'Interessenvertretung der Hauseigentümer von Häusern in der Innenstadt' in vorangegangenen Jahren die Anmietung eines Ladenlokals für die Punker erfolgreich verhindern konnte und nun auch die Anlieger gegen die Genehmigung des Behelfbaus eine 'Einstweilige Verfügung' erwirkten, wurde diese jedoch vom Verwaltungsgericht Minden nicht bestätigt (WB 18.2.1988).

So konnte der 'Punker Pavillion' im Februar 1988 erstellt und im April 1988 eröffnet werden. In einem Pressebericht über die Eröffnung der Baracke heißt es: "Die jungen Ausgeflippten und Bindungslosen mit dem grellbunten Irokesenkopfputz, den schwarzen Nietenjacken und schweren Springerstiefeln, zumeist Arbeitslose, zum Teil Alkoholsüchtige und Drogenabhängige, sollen hier ihre Anlaufstelle haben" (NW 27.4.1988). Der 'Westdeutsche Rundfunk' und 'RTL-plus' drehten Beiträge und führten Interviews mit den Punkern durch.

Parallel zu dieser Entwicklung einer Tagestreff-Möglichkeit konnte die Stadt zwei Wohnhäuser für die Punks zur Verfügung stellen und mit insgesamt 30 Punkern reguläre Mietverträge abschließen. Ein Sozialarbeiter begleitet die Wohnprojekte und hält sich - wie die beiden Streetworker der Szene, Lutger Böwing und Birgit Büscher - auch tagsüber im 'Punker-Pavillion' auf.

Über seine Anfänge als Streetworker mit der Punker-Szene berichtete Lutger Böwing von 'anfänglichen Berührungsängsten', da deren Gesellungsformen und Lebensweise verbunden mit starkem Alkoholkonsum schon damals seiner Ansicht nach keine Kultur- oder Kunstform mehr repräsentierte, sondern ein Abdriften in die Verwahrlosung darstellte. "Die Punker lagen zum Teil vor den Geschäften in der Innenstadt und auf den Bürgersteigen" (Böwing 1992); niemand habe sich für die Probleme dieser jungen Menschen interessiert, niemand habe sich um sie gekümmert. Das städtische Jugendzentrum sei nicht in der Lage gewesen, den Punkern dort 'Raum' zu geben, andererseits hätten die Punks selbst dies auch nicht gewollt. Die Gastronomie gar habe sich geweigert, diese Jugendlichen zu bedienen. Die meisten der Punker hätten mit ihrem Elternhaus und der Schule gebrochen und Kontakt zu den Eltern bestehe nur noch in Einzelfällen. Die dringlichste Aufgabe sei damals gewesen, den Punks zunächst Wohnraum zu beschaffen. Dies sei nach den 'chaotischen Zuständen' in einem von den Punks besetzten Haus (vgl. Pressespiegel) durch ein vom Liegenschaftsamt zur Verfügung gestelltes Haus auch gelungen - aber man habe hier 'Lehrgeld' bezahlt, da rechtsorientierte Jugendliche mit Molotowanschlägen Überfälle auf das Haus verübt hätten.

Obwohl er die Eröffnung des Punker-Pavillion in 1988 ausdrücklich begrüßt und an dem Konzept selbst mitgearbeitet habe, vertrete er die Ansicht, daß aufgrund der Beschwerden des Einzelhandels der Bielefelder Innenstadt "eher Stadtbereinigungs-Interessen denn soziale Motivation" zur Einrichtung des Treffs geführt hätte. Heute wären sich Politik, Parteien und Kaufleute darüber einig, daß dieses Modell funktioniere. Die sozialen Probleme der Punks seien allerdings seiner Ansicht nach dadurch bei weitem nicht beseitigt. Dennoch sei der Treff für die Jugendlichen eine Art 'Heimat' geworden (Böwing 1992).

5.2.3 'Punker-Pavillion Bielefeld'

Seit 1988 fungiert der Punker-Pavillion als Kontakt-, Anlauf- und Beratungsstelle. Durch die Versorgung mit Wohnraum für einen Teil der Punker und durch die Errichtung dieser Kontaktstelle in City-Nähe hat sich die allgemeine Situation in der Innenstadt in den letzten Jahren deutlich entschärft . Diese Entwicklung, so die Projektmitarbeiter und -mitarbeiterinnen, bestätigt auch der Einzelhandel. Dennoch kann diese als Provisorium konzipierte Baubaracke mittlerweile den gewachsenen Erfordernissen nicht mehr genügen. Bei meinem Besuch im Punker Pavillion verdeutlichte Lutger Böwing, langjähriger Streetworker und Mitarbeiter im Punker-Pavillion, in unserem Interview die Brisanz der heutigen Probleme: aufgrund der schlechten Rahmenbedingungen und des Personalmangels könne zur Zeit im Umfeld von Begleitung und Beratung nur noch der Status quo gehalten werden: "Wir verwahren hier den Ist-Zustand. In dem 45 qm großen Aufenthaltsraum halten sich nachmittags zuweilen bis zu 70 Personen zeitgleich auf" (Böwing 1992). Bei meinem Besuch war bereits um 14 Uhr der Raum überfüllt von Punkern mit ihren Hunden, und gegen 18 Uhr hatte sich nochmals eine Gruppe von ca. 50-60 Personen vor dem Punker-Pavillion eingefunden (obwohl es schon dunkel und kalt war, Nov.1992). Hinzu kommt - so die Mitarbeiter und Mitarbeiterinnen - noch ein weiteres Problem: seit 1990 begann sich die Zusammensetzung der Besuchergruppe zu verändern und es suchten zunehmend drogenabhängige junge Menschen den Punker-Pavillion auf, der vorher fast ausschließlich von Punks besucht wurde. Der bis dato ungebrochene Zulauf von drogenabhängigen Jugendlichen hat zur Folge, daß die Mitarbeiter und Mitarbeiterinnen an manchen Tagen gezwungen sind, die Einrichtung zu schließen. Den Zulauf von Drogenabhängigen führen die Mitarbeiter und Mitarbeiterinnen darauf zurück, daß die Anzahl dieser Personengruppe auch in Bielefeld ständig ansteigt und der Punker-Pavillon die einzig "niedrigschwellige" Einrichtung in City-Nähe ist, die ganztags durchgängig geöffnet hat. Etwas resigniert bezeichneten die Mitarbeiter und Mitarbeiterinnen in unserem Gespräch den Punk-Pavillion mittlerweile als "Junk-Pavillion". Diese angespannte Lage führt dazu - so Lutger Böwing - daß der ursprüngliche Auftrag, Punk-Jugendliche sozialpädagogisch zu beraten und zu betreuen, durch massive Auseinandersetzungen innerhalb der Szene nicht mehr zu realisieren ist; rechtliche Verpflichtungen wie Aufsichtspflicht, Einhaltung des Konsumverbotes und des Verbots vom Handel mit Drogen etc. können nicht mehr aufrecht erhalten werden. Die Einrichtung ist täglich völlig überfüllt. Notarzteinsätze, Polizeieinsätze sowie Nötigung und Bedrohung der Mitarbeiter und Mitarbeiterinnen kommen fast täglich vor, und ungestörte Beratungsgespräche sind unter diesen Arbeitsbelastungen und -bedingungen allenfalls vormittags möglich. Die notwendige Sorgfaltspflicht, die Wahrung der Intimsphäre und die Beachtung des Datenschutzes kann so nicht mehr gewährleistet werden.

Im Treff selbst besteht kein Konsumzwang, Kaffee, Tee und Mineralwasser sind frei, ebenso die Benutzung des Telefons, der Waschmaschine und des Trockners. Man toleriert das Rauchen von weichen Drogen, um dadurch das Heroin zu verdrängen. Es wird auch Bier ausgeschenkt, jedoch keine 'harten' Alkoholika. Durch den Ausschank von Bier versuche man, den Alkoholkonsum zu steuern und somit das 'Einschleusen' von Alkohol zu verhindern. Die Besucher und Besucherinnen müssen sich an der Tür einer Kontrolle unterziehen. Da die Bierausgabe jedoch nicht profitorientiert ist, besteht so kein Anlaß, Bier 'einzuschmuggeln'.

Als Ziel formulierten die Mitarbeiter und Mitarbeiterinnen des Punker-Pavillions in unserem Gespräch die Verselbständigung der Punker, das "Aufspüren von Arbeitsplätzen auf dem zweiten Arbeitsmarkt in Nischen" wie z.B. im Licht- und Tonbereich von Musikbands, in alternativen Arbeitsprojekten sowie die Versorgung mit adäquatem Wohnraum. Auch bei der Suche nach Proberäumen für Musikgruppen geben die Mitarbeiter und Mitarbeiterinnen Unterstützung. Die Besucherstruktur wird von ihnen in einer Konzeptvorlage, in der die Anforderungen an eine 'erweiterte Beratungsstelle' dargelegt werden, wie folgt beschrieben:
- "80 % mehrfach drogenabhängige Jugendliche und junge Erwachsene
- Bielefelder Punks
- alkoholabhängige Personen aus der Stadtstreicherszene
- junge Erwachsene in erheblicher Notsituation aufgrund bestehender oder drohender Obdachlosigkeit

- Alleinerziehende mit Kindern
- Haft- und Therapieentlassene
- Freigänger
- abgängige Jugendliche aus Heimen oder Elternhaus" (Konzeptvorlage 1991, S.2).

Dem gegenüber stehen - so die Mitarbeiter und Mitarbeiterinnen im Gespräch - zwei hauptamtliche Mitarbeiter und eine hauptamtliche Mitarbeiterin und zwei Mitarbeiterinnen, die über eine AB-Maßnahme finanziert werden - also zeitlich begrenzt dort tätig sind, sowie eine Mitarbeiterin im Anerkennungsjahr. Eine der AB-Maßnahmen ist derzeit bereits ausgelaufen. Der Thekendienst im Treff wird für einen Jugendlichen aus dem Programm 'Arbeit statt Sozialhilfe' finanziert. Die Mitarbeiter und Mitarbeiterinnen betonen, daß mittlerweile durch die ausgedehnte, ganztägige Öffnungszeit von 9-19 Uhr Aufgaben wie Streetwork-Einsätze in der Innenstadt, Begleitung bei Ämtergängen und Gerichtsverhandlungen, Krankenhaus- und Gefägnisbesuche nur noch unzulänglich geleistet und vorrangig der Betrieb der Einrichtung aufrechterhalten werden kann. Bei Urlaub oder Krankheit der Mitarbeiter und Mitarbeiterinnen könne so folglich aufgrund der dünnen Personaldecke nicht immer vermieden werden, die Einrichtung zu schließen. Darüberhinaus stellen die räumlichen Bedingungen erhebliche Anforderungen an die psychische und physische Belastung der Mitarbeiter und Mitarbeiterinen. Da Telefonieren für die Jugendlichen kostenlos ist, wird das Büro zusätzlich frequentiert. Die Ausgabe von Schlüsseln zum Wegschließen persönlicher Utensilien sowie Waschzubehör zur freien Benutzung von Dusche und Waschmaschine wird ebenfalls über das Büro geregelt. So sind kaum noch Gelegenheiten für ein ruhiges Gespräch, zum Lesen oder Nachdenken vorhanden. Da sich - so die Mitarbeiter und Mitarbeiterinnen - die bisherige Angebotsform bewährt hat, ist eine Ausweitung der Einrichtung unumgänglich. Außerdem halten sie die Initiierung von kombinierten Wohn- und Arbeitsprojekten für sinnvoll, um so stigmatisierte Randgruppen nicht auszugrenzen und ihnen zielgerichtet verstärkt Integrationschancen zu bieten. Die mangelnde Wohnraumversorgung für ihr Klientel ist immer noch ein nicht lösbares Problem. Die Zahl der Obdachlosen hat auch in Bielefeld steigende Tendenz aufzuweisen. Die ehemaligen Bewohner des von der Stadt 'Am Güterbahnhof' zur Verfügung gestellten Hauses sind vorübergehend in Wohnwagen untergebracht. Die Suche nach Wohnraum für die Punks hat daher wieder vorrangige Priorität - neben der Suche nach einer Standortalternative für die Einrichtung. Der Ankauf oder die Anmietung eines Gebäudes oder die Erstellung eines Gebäudes in Festbauweise wird daher forciert. Ein entsprechender Antrag liegt der Stadtverwaltung

Bielfeld vor[35]. Ebenso ist die Stadt auf die prekäre Situation der Zunahme von drogenabhängigen Jugendlichen im Punker-Pavillion aufmerksam gemacht worden; es wurde ein Drogenbericht (1992) vorgelegt, eine detaillierte Zustandsbeschreibung mit Problemanalyse erarbeitet sowie Lösungsmöglichkeiten und Perspektiven aus der Sicht der Mitarbeiter und Mitarbeiterinnen bei der Stadt vorgelegt. Diese ist nun aufgefordert, zu handeln.

5.3 Projekt Fulda

5.3.1 Vorbemerkungen

Die Stadt Fulda mit ca. 60.000 Einwohnern ist das regionale Wirtschafts-, Konsum-, Verwaltungs- und Dienstleistungszentrum in Osthessen. Die ländliche Umgebung (Rhön, Vogelsberg, Hünfeld bis Schlüchtern) zählt zu den strukturschwächsten Gebieten im hessischen Raum. Die Arbeitslosenquote betrug zum Zeitpunkt der Projektinitiierung ca. 8 %, die der jugendlichen Arbeitslosen 8,8% (Statisitik des Arbeitsamts Fulda, Juli 1988). Zwar ging man damals von einer tendenziell quantitativen Abnahme dieser Zahlen aus, befürchtete jedoch eine gewisse "Sockelarbeitslosigkeit" und eine qualitative Verschlechterung der Situation von jugendlichen Arbeitslosen. In Fulda und dessen Umfeld dominiert traditionell ein eher konservatives politisches Mehrheitsklima. Die kommunalpolitische Mehrheit von CDU und FDP bilden die Stadtregierung, und im Landkreis regiert die CDU mit absoluter Mehrheit. Das Jugendhilfe-Spektrum befindet sich überwiegend in kirchlicher oder städtischer Hand. Von 1989 bis 1992 blieb das städtische Jugendzentrum wegen Umbauarbeiten und einer konzeptionellen Neuorientierung geschlossen, da die Angebote des Jugendzentrums die Jugendlichen nicht mehr erreichten und die Jugendlichen dem Treff fernblieben.

---

[35] Dieses Gebäude wurde mittlerweile von der Stadt Bielefeld am Güterbahnhof erstellt. Bei einem Besuch dieser Einrichtung im Mai 1995 mit einer Gruppe Studenten im Rahmen eines Lehrauftrags an der Fachhochschule Fulda wurde im Gespräch mit den Mitarbeitern deutlich, daß dieses Projekt derzeit fast ausschließlich von drogenabhängigen Jugendlichen aufgesucht wird (tägl. ca. 150 Jugendliche). Nur noch wenige Bielefelder Punks gehören zu den Besuchern. Auf die Frage, wo diese sich nun aufhalten bzw. treffen, erhielten wir die Auskunft, daß sich einige verselbständigt hätten, in angemieteten Häusern leben und mittlerweile andere Trefforte hätten

5.3.2 Die Einrichtung der Arbeiterwohlfahrt

Die Einrichtung der Arbeiterwohlfahrt befand sich seit 1980 an der Peripherie der Innenstadt und war mit zwei Büroräumen, zwei größeren Treff- bzw. Gruppenräumen, einer Küche sowie einer zwei Straßen entfernten Fahrradwerkstatt - im Vergleich mit dem Projekt in Bielefeld - relativ gut ausgestattet. Sie war die einzige zentral gelegene Einrichtung für Jugendliche aus sogenannten 'Randgruppen'. Laut Hafeneger war sie "ein weitgehend geschützter, von institutionellen Interessen und Erwachsenen unkontrollierter sozial-räumlicher Ort", und die Projektmitarbeiter und -mitarbeiterinnen waren "mit ihrer Präsenz und ihren Angeboten für viele Punks die einzigen sie (professionell) ernstnehmenden, unterstützenden und auseinandersetzungsbereiten Erwachsenen in Fulda" (Abschlußbericht Hafeneger 1992, S. 25 ff).

5.3.3 Projekt "Wohnen, Arbeiten und Leben von Punks in der Provinz"

Das Modellprojekt hatte eine Laufzeit vom 1. April 1989 bis 31. Dezember 1991, wurde vom 'Bundesministerium für Jugend, Familie, Frauen und Gesundheit' sowie der Stadt Fulda finanziert und in Trägerschaft der Arbeiterwohlfahrt, Bezirksverband Hessen Nord, durchgeführt. Die Förderung erfolgte aus dem Budget des 40. Bundesjugendplans im Programm 'Wirkungsanalysen, Weiterentwicklung und Erprobung neuer Wege in der Jugendhilfe'. Die wissenschaftliche Begleitung wurde von der Fachhochschule Fulda übernommen. Seit 1980 war ich in der Einrichtung als Sozialarbeiterin tätig. Das 'Punk-Projekt' wurde von mir mitinitiiert. Meine unmittelbare Beteiligung kann somit Zweifel an der Objektivität der Projektdarstellung aufkommen lassen. Ich bin daher bemüht, den Projektverlauf so weit wie möglich sachlich deskriptiv aufzuzeigen. In Kapitel 6 werden dann die Ergebnisse diskutiert. Ich bin jedoch der Ansicht, daß mir erst meine Projekttätigkeit einen vertieften Einblick in die Zusammenhänge zum Themenkomplex 'Jugendhilfe mit Punks' ermöglicht hat und sich die so gewonnenen Erfahrungen handlungsanleitend auf mein gesamtes Forschungsvorhaben auswirkten.

Die 'Geschichte' des 'Punk-Projekts' soll hier nur insoweit kurz skizziert werden, wie sie zum Verständnis der Rahmenbedingungen der Projektarbeit notwendig erscheint.

Ausgangslage

Auf dem Hintergrund zwei vorangegangener Modellprojekte, "Beratung für arbeitslose Jugendliche" von 1980-1984 und "Arbeitsweltbezogene Jugendsozialarbeit" von 1984-1989 (beide aus Mitteln des Bundesjugendplans des BMJFFG), wurde die Einrichtung der Arbeiterwohlfahrt zu einem bekannten und wichtigen Treff/Anlaufpunkt für Jugendliche und junge Erwachsene in Fulda. Aufgrund der inhaltlichen Angebote der Beratungs- und Kontaktstelle war die Einrichtung bis dato nicht nur bei kommunalen Einrichtungen und Behörden sowie der im Jugendhilfe-Spektrum relevanten Dienste anerkannt, sondern auch bekannt als zentrale Anlaufstelle für sozial und gesellschaftlich ausgegrenzte und benachteiligte Jugendliche wie Sozialhilfeempfänger und -empfängerinnen, Obdachlose, ledige junge Mütter, straffällige Jugendliche, ausländische Mädchen, langzeitarbeitslose Jugendliche. Darüberhinaus fand die Einrichtung in der ortsansässigen Presse eine gute Lobby. Ein engagierter und an den Problemlagen und Lebenssituationen Jugendlicher interessierter Redakteur der 'Fuldaer Zeitung' berichtete regelmäßig und sachlich sowohl über die Einrichtung als auch über die besonderen sozialen Problemlagen von Randgruppen in größeren Artikeln. Dies trug zu einem zunehmenden Bekanntheitsgrad und zu einer breiteren Akzeptanz der Beratungsstelle bei. Schon zum damaligen Zeitpunkt genoß diese den Ruf der Unparteilichkeit und wurde schon 1987 von Hafeneger als "Insel einer engagierten betroffenenorientierten Jugendarbeit" bezeichnet (Hafeneger 1987, S.11). Die Räume konnten von unterschiedlichsten Gruppen (politischen Gruppen, Selbsthilfegruppen, Gesprächskreisen, Schulklassen für Partys, Fachhochschulstudenten und -studentinnen usw.) angemietet werden.

Auf dem skizzierten Hintergrund wird es nachvollziehbar, daß auch die Punks - die sich tagsüber mit ihren Hunden auf einem öffentlichen Platz in der Innenstadt aufhielten - ohne größere "Schwellenangst" die Einrichtung bei besonderen Problemlagen hin und wieder aufsuchten, zumal sie vor Ort in keine Angebote oder Maßnahmen im Jugendhilfe-Spektrum eingebunden waren. Auch der städtische Jugendtreff war für sie keine adäquate Anlaufstelle. Da sich im Laufe dieser Kontaktzeit mit den Punks durch Hilfestellungen unseres Teams bei unterschiedlichen Problemen (Ärger mit Ämtern und Behörden, Wohnungs- und Arbeitssuche, finanzielle Probleme etc.) kleinere Erfolge erzielen ließen, wuchs rasch eine Vertrauensbasis, die vor allem in persönlichen Krisenzeiten der Punks zum Tragen kam. In der projekteigenen Fahrradwerkstatt konnten auch vom Jugendrichter auferlegte soziale Arbeitsstunden abgeleistet werden. Eine 'Aneignung' der Einrichtung durch die Punker erfolgte auch rasch durch das sich in der Folgezeit konstituierende Arbeitslosenfrühstück, bei dem die Jugendlichen gegen einen Minimalbeitrag in Selbstorganisation "gesunde" Nahrungsmittel zu sich nehmen konnten. Dies führte dazu, daß andere Jugendliche sich durch den 'rauhen Umgangston' der Punks und durch deren Hunde gestört und verängstigt fühlten und manche der Einrichtung fernblieben. Sicher verstärkten auch Berührungsängste mit dieser expressiven Gruppe diesen Prozeß. Allerdings nahmen am Arbeitslosenfrühstück während des gesamten Projektverlaufs regelmäßig auch alleinerziehende Mütter mit ihren Babys und Kleinkindern teil. Das Zusammensein mit den Punks und deren Hunden fand in auffallend friedlicher Koexistenz statt. Darauf soll hier explizit hingewiesen werden. Aber es gab wegen der Hunde häufig gesonderte Probleme: wenn mehrere Hunde gleichzeitig während des Frühstücks anwesend waren, störten diese oft durch lautes Gebell, durch 'Hundekämpfe' und vorwitziges Schnappen nach Lebensmittel. Die mit den Punks darüber geführten Gespräche blieben zunächst erfolglos. Dem 'kreativen' Vorschlag eines Punks, die Hunde 'a la Wildwest' an einer Stange vor dem Haus anzubinden, wurde zwar nicht entsprochen, ließ aber erkennen, daß auch die Hundebesitzer die Problematik erkannten. Versuche, die Hunde in einem anderen Raum einzuschließen, scheiterten am lauten Gebell und den daraus resultierenden Konflikten mit den anderen Hausbewohnern. Die Punks, auf eine Lösung der Konflikte angesprochen, machten zunächst ihrerseits deutlich, daß sie entweder mit Hund oder gar nicht mehr in die Einrichtung kommen würden. In einer gemeinsamen Teamsitzung wurde beschlossen, diese Konsequenz in Kauf zu nehmen. Daraufhin löste sich das Problem überraschend auf, da die Punks für die Zeit ihrer Anwesenheit im Projekt ihre Hunde bei Freunden in Obhut, oder, sofern sie über eine Wohnung verfügten, zu Hause ließen. Eine minimale Anzahl von Hunden in der Einrichtung störte nicht.

Da wir aufgrund anderer Schwerpunkte im Projektalltag nicht in der Lage waren, auf die geäußerten Bedürfnisse der Punks (Mittagessen, Wohngemeinschaft, Job) adäquat zu reagieren, entstanden auf deren wiederholtes Drängen, "doch auch mal außer dem Arbeitslosenfrühstück etwas für sie zu tun", gemeinsam mit ihnen Überlegungen, ein eigenes Projekt für diese Gruppe zu initiieren und eine Konzeptvorlage zu erarbeiten. Zum damaligen Zeitpunkt war jedoch kein auf diese Zielgruppe gerichtetes geeignetes Hilfsinstrumentarium bekannt, auf das hätte zurückgegriffen werden können. Parallel dazu führte das Verhalten der Punks in der Innenstadt zunehmend zum Anlaß 'öffentlicher Ärgernisse'. Durch 'exzessive Trinkgelage' vor den Kaufhäusern und vor allem auch durch nicht angeleinte Hunde fühlten sich Bürger und Bürgerinnen immer wieder bedroht und belästigt. Beim städtischen Ordnungsamt gingen wiederholt Beschwerdebriefe ein (vgl. auch dazu die Situation in Bielefeld). Die Jugendhilfe der Stadt sah sich nicht in der Lage, geeignete Hilfen anzubieten und fühlte sich von den wachsenden Problemen überrollt. Zeitgleich dazu trat die Stadt an uns mit der Bitte heran, hier die vorhandenen Kontakte und Zugangsmöglichkeiten zu nutzen und Interventionsmöglichkeiten im Spektrum der Jugendhilfe für die Zielgruppe zu finden. Dabei sicherte die Stadt ideelle und finanzielle Unterstützung zu. Bei unseren Konzeptüberlegungen spielte zunächst die Tatsache, daß es bislang wenig Verwertbares über Jugendhilfe-Maßnahmen für bzw. mit dieser Zielgruppe gab - vor allem auch nicht für den ländlich strukturierten Raum - eine bedeutende Rolle. Erfahrungen anderer Jugendhilfe-Projekte in Großstädten mit dieser Zielgruppe (wie z.B. Berlin, Frankfurt) lagen bis dato nicht vor. Ein geplantes Austausch-Seminar im 'Institut für Sozialarbeit und Sozialpädagogik' in Frankfurt/Main für Mitarbeiter und Mitarbeiterinnen, die mit der Zielgruppe der Punks in Kontakt waren, kam nicht zustande. Ein Treffen mit einem Mitarbeiter des Frankfurter Projekts gab zwar wichtige Impulse, letztlich fühlten wir uns jedoch auf uns alleine gestellt; zudem schienen die dort vorhandenen Erfahrungen nicht auf die ländlichen Rahmenbedingungen übertragbar zu sein. Wie im weiteren Verlauf der Darstellungen ersichtlich wird, differieren Ausgangsbedingungen, Projektverlauf, Problemdarstellungen und letztlich Erkenntnisse nicht allzusehr von den Erfahrungen und Ergebnissen der von mir besuchten Projekte in den Großstädten.

Zielgruppe des Projekts

Die Zielgruppe setzte sich aus Jugendlichen und jungen Erwachsenen zusammen, die sich qua eigener Definition, Lebenslage und äußerem Erscheinungsbild der Punk-Szene zuordneten. Diese randständige, gesellschaftlich und sozial weitgehend ausgegrenzte jugendkulturelle Gruppe war (und ist weiterhin, wie die vorliegende Arbeit aufzeigt) schon zum Zeitpunkt des Projektbeginns von spezifischen Problemlagen besonders betroffen. Viele der Jugendlichen kamen aus einem problematischen familiären Umfeld aus dem Landkreis in die Stadt, in der Hoffnung, dörflicher sozialer Kontrolle und Diskriminierungen sowie einengender Mechanismen zu entrinnen und hier alternative, ihnen mehr entsprechende Lebensformen vorzufinden. In der Stadt trafen sie auf Gleichgesinnte und schlossen sich dort zusammen, weil hier eigene Überlebensstrategien vermeintlich besser verwirklicht werden können. Aufgrund brüchiger Sozialbiographien, fehlender Schul- und Ausbildungsabschlüsse, ohne feste Arbeit und berufliche Perspektiven befanden sich diese Jugendlichen in einer existentiell bedrohlichen, prekären Lebenslage. Einige waren obdachlos oder hatten längere Erfahrungen mit Obdachlosigkeit hinter sich.

Zielsetzungen des Projekts

Vorrangiges Ziel war die Entwicklung ganzheitlicher Förderprogramme für Punks im ländlichen Raum. Ganzheitlich bedeutet hier Verknüpfen von Wohnen - Arbeiten - Leben.
Mit zwei zentralen Angeboten, nämlich begleiteten Wohngruppen und der Einrichtung von Einfacharbeitsplätzen, sollte herausgefunden werden, ob die scheinbar doppelt perspektivlose Situation der Punks im ländlichen Raum verbessert werden kann. Vor allem sollten noch vorhandene Selbstorganisierungskräfte reaktiviert und unterstützt und die Übernahme von Eigenverantwortlichkeit gefördert werden. Ein weiteres Ziel sollte vor allem sein, ihre Unabhängigkeit von staatlicher Fürsorge zu fördern. Auch die Verwirklichung eigener Lebensvorstellungen und die Teilhabe an oder auch Mitgestaltung von gesellschaftlichen Entwicklungsprozessen (im Rahmen des Jugendwerks der AWO) sollte hierbei besonders forciert werden.

Projektinhalte

Aufgrund der vorgefundenen Problemkonstellationen wurden im Konzept favorisiert:
- die Einrichtung von begleiteten Wohngruppen als zunächst konzipierte Minimalversorgung sowie Unterstützung der Jugendlichen bei der Suche nach Wohnraum für diejenigen, die in einer anderen Wohnform leben wollen;
- die Schaffung von Einfacharbeitsplätzen in zwei Bereichen (Werkstatt-Bereich und Tagescafé mit Mittagstisch).

Wohngruppen

Es sollten zwei Wohnungen für jeweils 3-4 Punks angemietet werden, die jeweils über einen Notaufnahmeplatz verfügen. Nach einer Stabilisierungsphase war intendiert, daß die Jugendlichen die Mietverträge selbst übernehmen und nach und nach aus der Wohngruppe ausziehen, damit andere Jugendliche nachrücken können.

Einfacharbeitsplätze

Die biographischen Lebensläufe der Punks ließen erkennen, daß sie zum einen auf dem Arbeitsmarkt aufgrund fehlender beruflicher Qualifikation als ungelernte Arbeitskräfte kaum Chancen haben, eine (wenn möglich gleich bezahlte) Tätigkeit zu finden, zum anderen Punks auch wegen ihres äußeren Erscheinungsbilds häufig auf Ablehnung stoßen. Erschwerend kam hinzu, daß sog. 'Arbeitstugenden' wie Pünktlichkeit, Zuverlässigkeit, Ordnung, Durchhaltevermögen u.a., die für eine Tätigkeit gefordert werden, weitgehend fehlten, da diese nicht erlernt bzw. infolge der subkulturellen Selbstdefiniton abgelehnt wurden. Auch eine 'finanzielle Lebensplanung' im Sinne einer Strukturierung (4 Wochen Tätigkeit, danach Lohnzahlung) war für viele Punks nicht vorstellbar. Das Fehlen des Führerscheins erschwerte darüberhinaus oftmals gerade im ländlichen Raum eine Einstellung. Aus den genannten Gründen erschien die Einrichtung von 'Einfacharbeitsplätzen' als geeignet, den Jugendlichen ohne größere Anforderungen an eine berufliche Qualifikation und arbeitsvertragliche Regelung übergangsweise Arbeitsmöglichkeiten zu verschaffen.

Die vorhandenen Werkstätten im Bereich Zweirad und Holz (in einem weiteren Jugendprojekt des Trägers im ländlichen Umfeld) sollten genutzt werden. Die Einrichtung eines Jugendcafés in Zusammenarbeit mit der Fachhochschule Fulda, Fachbereich Haushalt und Ernährung wurde forciert, es sollte ein täglich wechselndes Vollwert-Mittagsessen für arbeitslose und obdachlose Jugendliche zubereitet und zum Selbstkostenpreis abgegeben werden. In Zusammenarbeit mit dem Arbeitsamt und den Sozialbehörden von Stadt und Landkreis sollte eine Maßnahme installiert werden, gefördert nach dem Arbeitsförderungs- und dem Bundessozialhilfegesetz. In einem individuell auf die Zielgruppe zugeschnittenen Bildungsteil sollte die Erlangung des Führerscheins vorrangiges Ziel sein. Die konzipierten Bereiche waren unmittelbar mit den geäußerten Bedürfnissen der Punks und ihrer Lebenswelt verflochten (warmes Mittagessen für alle, Fahrradreparaturen, Holzarbeiten für sich selbst, für Flohmärkte, Weihnachtsmarkt, Erlangung des Führerscheins). Die skizzierten Tätigkeitsfelder wurden als einzige institutionell zugänglichen Möglichkeiten für Punks in Fulda betrachtet, die - von einer sozialpädagogischen Begleitung flankiert - einen begrenzten finanziellen Anreiz boten und Mitgestaltungsraum zuließen.

Bevor anschließend der Projektverlauf dargestellt und in Kap. 6. Ergebnisse und Effizienz des Projekts näher analysiert werden, sollen zunächst einige handlungsanleitende Fragen aufgezeigt werden, die das Team zwischen Konzeption und Projektbeginn vorrangig beschäftigten. Diese waren im einzelnen: Wie kann das 'doppelte Mandat' gehandhabt werden? Wird das Projekt zur 'gesellschaftlichen Befriedung' eingesetzt und somit 'funktionalisiert'? Fungiert das Projekt als 'Alibi', als 'Sammel- und Auffangbecken' für in der Öffentlichkeit unliebsame und nicht erwünschte Jugendliche? Wie können bei den Punks Autonomiebestrebungen unterstützt werden bei gleichzeitig gefordertem Einlassen auf arbeitsmarktnotwendige Anforderungen? Wie können Konflikte begleitet, gehandhabt und konstruktiv gelöst werden? Kann die Vorstellung der Punks vom 'kollektiven Handeln' in die Realität umgesetzt werden? Welche Anforderungen an das Selbstverständnis stellt die Projektarbeit für das Team dar? Wie ist der unkonventionelle Lebensstil der Punks in einen eher planvoll geführten Arbeitsbereich miteinzubeziehen?

Projektverlauf

Von drei pädagogischen Mitarbeitern und Mitarbeiterinnen (zwei Sozialarbeiterinnen/Dipl. Pädagoginnen, ein Sozialarbeiter) übernahm jeweils ein(e) Mitarbeiter/in einen Teilbereich. Während des gesamten Projektverlaufs wurde das Team von einem weiteren Mitarbeiter (von Beruf Schlosser) unterstützt, der zunächst als Honorarmitarbeiter, später über eine Arbeitsbeschaffungsmaßnahme finanziert wurde. Dieser Mitarbeiter war eine sogenannte 'Schlüsselperson', da er über enge Kontakte zur Punker-Szene verfügte und deren Vertrauen besaß. Ebenso waren in allen Bereichen zahlreiche Studierende des Fachbereichs Sozialwesen der Fachhochschule Fulda - im Rahmen eines Projekts 'Jugendarbeit' - involviert, was zunächst von den Punks eher kritisch und ablehnend angesehen wurde. Im Projektverlauf ergaben sich jedoch gute, zum Teil freundschaftliche Kontakte zu den Studierenden, so daß diese akzeptiert wurden.

5.3.4 Bereich Wohnen - begleitete Wohngemeinschaften

Zunächst sollte eine Wohnung angemietet werden. Durch Kleinanzeigen in den örtlichen Presseorganen wurden Wohnungen für eine Wohngruppe und Zimmer bzw. kleinere Wohnungen für einzelne Personen gesucht. Die Anmietung einer geeigneten Wohnung für die erste Wohngruppe ergab sich dann relativ rasch, als über den Büros und Räumen der Einrichtung eine studentische Wohngemeinschaft auszog. Nach Gesprächen mit einer weiteren noch im Haus verbleibenden studentischen Wohngemeinschaft, der Hauseigentümerin und einem Vertreter der Punker-Gruppe konnte eine Einigung auf einen Mietvertrag mit dem Träger als Hauptmieter zu einer angemessenen Miete erzielt werden. Von den Punkern wurden in Zusammenarbeit mit dem Team gemeinsam Kriterien entwickelt, nach denen die Auswahl der zukünftigen Bewohner getroffen werden sollte. Diese Kriterien beinhalteten u.a. akute Obdachlosigkeit, verminderte Chancen auf dem allgemeinen Wohnungsmarkt (z.B. wegen äußerem Erscheinungsbild, mit Hund etc.), Rangfolge auf der Interessentenliste. Letztendlich entschieden die Punks selbst über die Zusammensetzung der Wohngruppe. Anderen konnte etwa zeitgleich durch Anzeigen in der Tageszeitung bei ihrer Wohnungssuche geholfen werden. Um Autonomiebestrebungen der Punks zu unterstützen, wurde als Zahlungsmodalität mit den Jugendlichen vereinbart, daß diese selbst den Mietzins monatlich der Hauseigentümerin überweisen. Die Punks schlossen jeweils eigene Mietverträge mit dem Träger des Projekts ab - dadurch konnte beim Sozialamt die Kostenübernahme der Miete auf das jeweilige Konto des Jugendlichen geregelt werden. Die Aufteilung der Räume verlief unproblematisch, die Jugendlichen renovierten die Wohnung und richteten sich ein. Als Schalldämmung in dem sonst nach oben offenen Haus wurde - wie mit den Punks vereinbart - eine Holzwand eingezogen, die als 'schwarzes Brett' funktionalisiert wurde. Die Wohngruppe erstellte einen Putzplan, der im Rotationsverfahren eingehalten werden sollte. Die Bewußtheit über einen nun eigenständig verfügbaren Lebensraum war in der Folgezeit für die Punks bedeutsam: die ersten Partys wurden veranstaltet, und auch tagsüber wurden die Bewohner häufig von Mitgliedern der 'Szene' besucht. Ein Bewohner erklärte euphorisch: "Der Tag, an dem ich hier einen Platz in der WG erhielt, das war der schönste Tag in meinem Leben".

Nach dieser konstituierenden Phase deuteten sich erste Konflikte mit einem benachbarten Arzt an, dessen Sprechzimmer an das Zimmer eines Bewohners angrenzte. Es gab Beschwerden über tagsüber laute Musik und Hundegebell. In einem gemeinsamen Gespräch mit dem Arzt und den Punkern in der Praxis des Arztes wurde der Einbau einer schallisolierenden Zwischenwand beschlossen; im Laufe der Zeit erwies sich diese jedoch als nicht ausreichend. Ende des Jahres zeigte sich der Bedarf nach einer zweiten Wohngruppe; einige der Punks waren akut obdachlos, einige übernachteten bei Freunden/Bekannten; der eigentlich als 'Notplatz' konzipierte Raum in der Wohngruppe wurde permanent bewohnt. Mehrere Anzeigen in den Tages- und Wochenblättern sowie Anfragen bei der Stadt, dem Landkreis sowie bei Wohnungsbaugesellschaften blieben erfolglos. Eine daraufhin durchgeführte Wohnungsmarktanalyse (vgl. dazu Kap. 2.) deren Ergebnisse in der Presse veröffentlicht wurden, machte die Schwierigkeiten deutlich, daß finanziell schwache Personen kaum Aussicht haben, bezahlbaren Wohnraum zu finden. Punker mit Hunden stehen in der Rangordnung mit an letzter Stelle. Im Mai wurde eine öffentliche Gesprächsrunde zum Thema "Wohnungsnot in Fulda" veranstaltet. Der Vorsitzende des Mieterbundes bestätigte eine "äußerst angespannte Lage" auf dem Wohnungsmarkt, und der Leiter des städtischen Wohnungsamtes benannte die Zahl der 'wohnungssuchenden Menschen' zu dieser Zeit auf 1.500 allein für die Stadt Fulda. Die Einrichtung einer zweiten Wohngruppe gelang nicht.

In der bestehenden Wohngruppe häuften sich in dieser Projektphase die Konflikte: mangelnde Sauberkeit der Treppe und des Flurs; leere Flaschen wurden im Flur gestapelt; zu laute Musik führte zu Beschwerden der Nachbarn; unentsorgter Müll lag im Garten. Durch wiederholte Gespräche mit der Wohngruppe gelang zunächst eine Regulierung der Probleme. Jedoch wies die Wohngruppe in sich keine Fluktuation und eine hohe Binnenstabilität aus: Alltagsprobleme und -konflikte wurden von den Bewohnern weitgehend selbst gelöst. In einer Szene-Gaststätte wurde - auf Einladung von den Punks - mit den Mitarbeitern und Mitarbeiterinnen das einjährige Bestehen der Wohngruppe gefeiert.

In der anschließenden Projektphase häuften sich die Beschwerden der Hausbesitzerin, die nun öfters in der Einrichtung erschien. Sie äußerte, daß sie mit den Mietern der Wohnung nicht einverstanden sei und bezog sich auf das äußere Erscheinungsbild der Punks, deren allgemeines Verhalten, der Lärmbelästigung der Nachbarn; auch die Hunde der Punks waren Gegenstand der Kritik, obwohl bei Abschluß des Mietvertrags die Haltung von Hunden ausdrücklich erlaubt war. Durch die Intervention des Teams konnte zwar die Problematik zunächst abgefedert und abgeschwächt, in der Folgezeit eine Eskalation jedoch nicht verhindert werden. Durch Feste bis in die frühen Morgenstunden fühlten sich sowohl die studentische Wohngemeinschaft im Haus als auch die umliegenden Nachbarn gestört. Anzeigen wegen "nächtlicher Ruhestörung" veranlassten die Polizei zu Besuchen. Während gemeinsamer Gespräche mit der studentischen Wohngemeinschaft zeigten sich die Punks wenig einsichtig, und die Lärmbelästigung eskalierte. Um das Bestehen der Wohngruppe nicht zu gefährden, wurden die Punks in einem Gespräch bei gleichzeitiger Beachtung der Interessen aller Beteiligten mit der Realität konfrontiert, wobei die selbstdestruktiven Verhaltensweisen der Punker neue Fragen aufwarfen: Wieso übernehmen die Jugendlichen nicht mehr Verantwortung? Wieso leugnen sie eigene Anteile an den Konflikten? Wieso gefährden sie durch ihr Verhalten ihre Wohnmöglichkeiten, die sie doch für sie so bedeutsam darstellen? Ist die mögliche Konsequenz - erneute Obdachlosigkeit - nicht existentiell bedrohlich für sie? Wurde das Ausmaß des Alkoholkonsums und dessen Auswirkung von uns Mitarbeitern und Mitarbeiterinnen unterschätzt? In den darauffolgenden Gesprächen mit der Wohngruppe verdichtete sich die Vermutung, daß der selbstreflexive Anteil bei den Punks zwar vorhanden ist, jedoch keine Verhaltensänderung bewirkte. Die euphorische Stimmung wurde durch Gemeinsamkeitsgefühl, Gruppenzusammenhalt und excessiven Alkoholkonsum verstärkt und erzeugte quasi ein 'Abschirmen' vor den Anforderungen der Außenwelt. Das momentane Erleben von "Action" und Feiern, "sich treiben lassen", erhielt Priorität; mögliche Konsequenzen wurden verdrängt. Es entstand eine "Alles-egal-Stimmung", die für das Team zunächst auch verständlich war, aber nicht akzeptiert werden konnte. Die Hauseigentümerin kündigte daraufhin die Wohnung und drohte mit Kündigung der Räume der gesamten Einrichtung des Projekts im Erdgeschoß. Da die Punks nicht in die Obdachlosigkeit 'entlassen' werden sollten, wurde wiederholt alternativer Wohnraum gesucht. Beim Mieterbund wurden gemeinsam mit ihnen Erkundigungen eingeholt, ob die Jugendlichen trotz der Kündigung zunächst in der Wohnung bleiben könnten. Als der Konflikt mit dem benachbarten Arzt zu eskalieren drohte, beschloß der Jugendliche, dessen Zimmer an das Sprechzimmer des Arztes grenzte, auszuziehen und bei einem Freund "unterzuschlüpfen". Die Hausbesitzerin wertete dies als "gutes Bemühen" und sah von einer Räumungsklage ab. Außerdem kündigte sie an, das Haus verkaufen zu wollen und trat in Verhandlungen mit einem Makler. Die Projektmitarbeiter und -mitarbeiterinnen prüften daraufhin über den Träger, ob dieser das Haus erwerben könnte und verbanden damit ein zukünftiges "Renovierungs- und Instandsetzungsprojekt", da das Haus in schlechtem Allgemeinzustand war. In der Phantasievorstellung aller Beteiligten sah man schon die zweite Wohngruppe im Haus sowie den Ausbau des Tagescafés in greifbare Nähe gerückt. Rechtliche, finanzielle und terminliche Klärungsprozesse sowie Gespräche mit der Hauseigentümerin führten jedoch zu keinem Ergebnis. Diese drängte zum Auszug der Punker - so konnte die Auflösung der Wohngruppe letztendlich nicht verhindert werden. Ein Punker zog zu einem Freund in eine benachbarte Straße. Ein studentisches Paar, das im gleichen Haus lebte, bot daraufhin den verbleibenden Punkern der Wohngruppe einen Wohnungstausch an. Da sich jedoch in dieser Straße mittlerweile auch Konflikte mit Nachbarn gezeigt hatten, lehnten die Punks den Vorschlag ab, da sie weiteren Ärger befürchteten. So wurde nach Wohnmöglichkeiten für die verbliebenen Punks gesucht. Zum Ende des Jahres (an dem auch gleichzeitig die Förderung für das Projekt auslief) hatten diese zwar einen 'Unterschlupf' gefunden, verblieben damit aber weiterhin in einer Lebenssituation, die kaum eine gesicherte Wohnperspektive bot. Auch die Sozialpolitiker der Stadt - auf diese prekäre Situation angesprochen - waren nicht in der Lage, geeigneten Wohnraum zur Verfügung zu stellen.

5.3.5 Tagescafé

Bei der Konzeptplanung hatte sich bereits seit ca. zwei Jahren das 'Arbeitslosenfrühstück' als sozial-kommunikativ bedeutsame Instanz bewährt und war fester Bestandteil der Einrichtung. Für die Gruppe der Punker gab es sonst vor Ort keine Treffmöglichkeit außer dem öffentlichen Platz im Innenstadtbereich. Daher sollte die erfolgte 'Raumaneignung' des Gruppenraums aufgegriffen und ein Tagestreff für Punker, aber auch andere randständige Jugendliche, entstehen, in dem kein Konsumzwang herrschen sollte. Einseitige vitaminarme Ernährung (z.B. nur Nudeln, Konserven) ließ gesundheitliche Probleme erkennen. Exzessiver Alkohol- und Nikotinkonsum wirkten darüberhinaus verstärkt schädigend. Daher erschien es bei der Konzeptplanung sinnvoll, eine Zusammenarbeit mit der Fachhochschule Fulda, Fachbereich Ernährung zu verankern. Im Rahmen von Praktika der Studierenden sollte gemeinsam die Zubereitung von 'gesunden' Mahlzeiten ermöglicht werden. Außerdem sollten die Jugendlichen zur weiteren individuellen, existentiellen Absicherung durch die Einrichtung von Einfacharbeitsplätzen, finanziert durch das AFG bzw. AB-Maßnahmen sowie über das BSHG (hier 'Hilfen zur Arbeit') in einem sozialpädagogisch begleiteten Rahmen an 'Arbeit herangeführt' werden. Zu diesem Zweck war intendiert, einen geeigneten Raum in zentraler Lage anzumieten. Aufgrund der angespannten Lage auf dem Wohnungsmarkt wurde für die Anmietung eines gewerblichen Raums eine längere Suchphase einkalkuliert; außerdem wurde parallel dazu als 'Notlösung' geplant, das bisherige Fotolabor in eine Küche umzubauen und den großen Gruppenraum der Einrichtung als Tagestreff-Café zu öffnen.

Verlauf des Café - Projekts

Die Suche eines geeigneten Raums/Ladens erwies sich wie erwartet als äußerst schwierig. Auch das Beauftragen ortsansässiger Makler führte zu keinem Erfolg. Die angebotenen Räume zeigten sich entweder als zu teuer, hatten eine ungünstige Lage oder eine unbrauchbare Raumaufteilung. Auch ein zentral gelegenes und stadteigenes Gebäude erwies sich als ungeeignet, da es baufällig und für den Abriß vorgesehen war. Für einen nahegelegenen Laden verlangte der Besitzer 4.500 DM Kaltmiete, ein anderer Hausbesitzer lehnte die Einrichtung eines Jugendcafés in seinem Haus ab. Da sich das Fehlen jeglicher Perspektive abzeichnete, konzentrierten wir uns auf die Umfunktionierung der Gruppenräume. Zunächst wurde - neben dem wöchentlichen Arbeitslosenfrühstück - einmal pro Woche auf einem Provisorium ein warmes gesundes Mittagessen gekocht. Die Punks kauften dafür auf dem Wochenmarkt frisches Gemüse und Salat ein; es wurde Wert auf Vollkost gelegt. Die Zahlungsmodalitäten für das Mittagessen mußten in der Anfangsphase mehrmals modifiziert werden, da nicht alle Jugendlichen den notwendigen Eigenanteil aufbringen konnten. Obwohl einige Punker bisher ihre einzige warme Mahlzeit in einer karitativen Einrichtung einnahmen - die Mahlzeit gab es dort frei -, entwickelte sich das gemeinsame Planen, Einkaufen, Zubereiten und Einnehmen der Mahlzeit rasch zu einer sozialkommunikativen Instanz, ähnlich wie das Arbeitslosenfrühstück. Daran nahmen oft bis zu 30 Personen teil, auch (Punker)Frauen mit ihren Kindern, die sich einmal wöchentlich in der "alleinerziehenden Müttergruppe" trafen. Die Stadt Fulda gewährte - durch die Unterstützung des Stadtjugendpflegers - für Frühstück und Mittagessen einen finanziellen Zuschuß. Konflikte ergaben sich bezüglich des Aufräumens und Saubermachens nach dem Essen; durch die Erstellung eines Koch-, Putz- und Spülplans konnte dies zunächst geregelt werden. Folglich wurde zweimal pro Woche gemeinsam gekocht, es nahmen durchschnittlich ca. 15-20 Personen daran teil. Nachdem auch die weitere Suche nach einem größeren Café-Raum erfolglos blieb, wurde die Umgestaltung der vorhandenen Projekträume beschlossen. Es wurde eine Küche mit den erforderlichen Gerätschaften installiert (Herd, Geschirrspüler, Kühlschrank, Arbeitsplatte). Dies geschah ausschließlich in Eigenleistung der Jugendlichen. Der große Gruppenraum wurde - ebenfalls in Eigenleistung - mit Unterstützung des Mitarbeiters renoviert und mit den vorhandenen finanziellen Mitteln neu eingerichtet ("schwarz-weiß-Café"). Die Raumgestaltung oblag ebenso ausschließlich den Jugendlichen. Nach erneuter 'Raumaneignung' verbrachten die Punker auch zunehmend die Nachmittage hier. Bei einem Besuch des Bürgermeisters in der Einrichtung erhielt dieser spontan eine Einladung zum Kartenspiel. Im Anschluß an Arbeitslosenfrühstück und Mittagstisch konnten in der Folgezeit abwechselnd Diskussionsrunden, Filmvorführungen und Seminarplanungen durchgeführt werden. Eine Mitarbeiterin des Arbeitsamts, ein Mitarbeiter eines alternativen Beschäftigungsprojekts im Landschaftsbereich sowie der Stadtjugendpfleger wurden zu Diskussionsrunden eingeladen. Allgemein verliefen diese Angebote in einer offenen und lockeren Atmosphäre, wenngleich sich auch in der Folgezeit Konflikte häuften: vereinbarte Regeln (Spülen der Töpfe, Putzen, Saubermachen) wurden nicht eingehalten; bedingt durch Armut einzelner wurden Lebensmittel gestohlen; nachts wurde in die Küche 'eingebrochen' und gekocht, danach nicht wieder aufgeräumt; da sich die Projektmitarbeiter und -mitarbeiterinnen bereit erklärten, den Gruppenraum auch abends offen zu lassen, fanden diese morgens 'ein Chaos' vor; mangels einer festen Bleibe übernachteten einzelne Jugendliche im Gruppenraum, was auch der Hauseigentümerin nicht verborgen blieb. Daher wurde beschlossen, den Raum abends abzuschließen. Dies hatte zur Folge, daß sich die Jugendlichen für abends und nachts im Keller einen "Raum aneigneten", hier wurde gefeiert und Kerzen gebrannt, was aus Brandschutzgründen äußerst gefährlich war. Daraufhin wurde der Gruppenraum wieder geöffnet - mit 'treuhänderischer Schlüsselverwaltung' eines sich verantwortlich zeigenden Punks. Darüberhinaus zeigte sich eine steigende "Nehmer- und Benutzer-Haltung". Nur wenige fühlten sich verantwortlich für die Einhaltung von gemeinsam ausgehandelten Regeln. Obwohl dies auf dem Hintergrund bislang fehlender Partizipationsmöglichkeiten und der damit nicht erlernten Verantwortungsübernahme gesehen wurde, fühlte sich das Team zeitweilig hilflos und überfordert. In gemeinsamen Gesprächen konnten die vorhandenen Probleme reflektiert und immer wieder nach Lösungsstrategien gesucht werden. Die intendierte Einrichtung von festen Arbeitsplätzen über AFG oder BSHG kam - nach häufig geführten Gesprächen im Arbeitsamt sowie im Sozialamt - nicht zustande. Vier Anträge für langzeitarbeitslose Sozialhilfeempfänger und -empfängerinnen beim Kreisausschuß des Landkreises wurden mit der Begründung abgelehnt, daß bislang noch keine Erfahrungswerte bezüglich der Wirksamkeit von Maßnahmen nach Paragraph 19 Absatz 1 BSHG vorlägen und daher keine finanzielle Unterstützung hinsichtlich der beabsichtigten Beschäftigungsinitiative gewährt werden könne. Gespräche mit dem ersten Beigeordneten des Landkreises und mit dem Leiter des Sozialamtes führten - trotz des verbal geäußerten Wohlwollens gegenüber der geleisteten Projektarbeit - zu keinem positiven Ergebnis. Auch die Verhandlungen mit dem für diesen Bereich zuständigen Abteilungsleiter des Arbeitsamts führten zu keinem Erfolg. Eine dem Arbeitsamt vorgelegte Liste von acht arbeitslosen Jugendlichen zur Überprüfung der Ansprüche auf eine AB-Maßnahme wurde nach den Kriterien der Arbeitsverwaltung abgelehnt, da die Punks die Voraussetzungen nicht erfüllten. Fehlende Anwartschaftszeiten, fehlende Leistungsbezüge und fehlende, regelmäßige Meldungen beim Arbeitsamt (trotz jahrelang registrierter Arbeitslosigkeit einzelner) verhinderten auch hier die Initiierung einer sozial absichernden Beschäftigungsmaßnahme. Durch Recherchen bei anderen Trägern und Kontaktaufnahme zu Fachleuten in anderen Städten kam eine öffentliche Diskussionsveranstaltung zum Thema "Beschäftigung und Beschäftigungsinitiativen" zustande, an der neben den Punks auch die Vertreter der Arbeitsverwaltung und des Landkreises sowie der Stadt teilnahmen. Hier berief man sich allerdings auf "fehlende Erfahrungen", "Verwaltungsvorgaben" und "fehlende Instrumente und Programme"; es wurden zwar vage Versprechungen gemacht, aber die Realisierung einer Beschäftigungsinitiative kam dennoch nicht zustande. So konnte auch die von einigen Punks geäußerte Hoffnung, durch die Einrichtung eines regulären "Jugendcafés" eine Verselbständigung durch Übernahme des Cafés nach Projektablauf zu erreichen, nicht realisiert werden.

5.3.6 *Fahrradwerkstatt/Renovierung*

Bereits im Rahmen des vorhergehenden Modellprojekts "Arbeitsweltbezogene Jugendsozialarbeit" konnten einzelne Jugendliche in der schon seit Jahren existierenden, an das Projekt angegliederten Fahrradwerkstatt entweder auf Honorarbasis (mit Vertrag) oder auch nur stundenweise etwas Geld verdienen. In dieser Zeit wurde deutlich, daß viele der Punks Schulden hatten (oftmals durch nicht bezahlte Strafen, die im Laufe der Zeit durch Mahngebühren anwachsen) und eine Arbeit suchten, die ihnen ihre geleistete Tätigkeit sofort honoriert. Eine sog. 'finanzielle Lebensplanung', die für die Bezahlung geleisteter Arbeit in der Regel vier Wochen Wartezeit vorsieht, war angesichts der existentiellen Armut der Punker in dieser Form für sie auch nicht denkbar. Als 'ungelernte Arbeitskraft' auf dem Arbeitsmarkt waren sie von vornherein benachteiligt und sahen die eventuell zur Verfügung stehenden Tätigkeiten aufgrund ihrer eigenen Vorstellungen und Interessen nur als kurzzeitige Jobs an - ohne berufliche Lebensplanung. Bei den Konzeptüberlegungen erschien es sinnvoll, neben dem Bereich Tagescafé einen weiteren Bereich zu erschließen und die vorhandene Zweirad-werkstatt zu nutzen mit dem Blick, eine weitere Beschäftigungsinitiative einzurichten.

In der Beschäftigungsmaßnahme sollten einfache Arbeitsfertigkeiten im Metallbereich erlernt werden wie Reparatur von Fahrrädern, Bau von Tandems. Auch ein Fahrradverleih war geplant. Der über eine AB-Maßnahme finanzierte Mitarbeiter (Schlosser) übernahm die fachliche Anleitung in diesem Bereich, unterstützt vom Projektmitarbeiter, der auch über eine handwerkliche Qualifikation verfügte. Mit diesen Überlegungen, Einfacharbeitsplätze mit quasi "ambulantem Charakter" sowohl im Café-Bereich als auch im Zweirad-Werkstatt-Bereich zu schaffen, sollte - wie im Konzept beschrieben - vor allem folgendem Aspekt Rechnung getragen werden: "Nach den bisherigen Erfahrungen können junge Menschen, die sich oft schon mit einem Leben von Sozialhilfe arrangiert haben, nur motiviert werden, eine Arbeit aufzunehmen, wenn sie erfahren, daß die Arbeit unmittelbar mit ihren Bedürfnissen und ihrer Lebenswelt verflochten werden kann" (Konzept der Mitarbeiter und Mitarbeiterinnen 1989, S.9). Mit dem 'Heranführen' an die Arbeitswelt verknüpfte das Team bei der Konzepterarbeitung auch die Vorstellung, daß die Jugendlichen durch eine reguläre Bezahlung - über erweiterte Partizipationsmöglichkeiten am gesellschaftlichen Leben und erste Schuldenregulierung hinaus - mehr Selbstwert erlangen und zu mehr innerer Stabilität gelangen. Die Überlegungen basierten auch auf der Vorstellung, daß einzelne Jugendliche sich die Werkstatt als 'Ort eigener Verselbständigung' aneignen könnten.

Verlauf Zweirad-Werkstatt und Renovierungsprojekt

Über einen Bericht in der Tageszeitung wurde die Fahrradwerkstatt in der Folgezeit neu belebt. Arbeitsaufträge waren zahlreich vorhanden, Räder wurden vor allem für Menschen mit einem niedrigen Einkommen (Sozialhilfeempfänger und -empfängerinnen, Studierende, Schüler und Schülerinnen, Arbeitslose) instand gesetzt. Ein Mitarbeiter der Stadtverwaltung gab den Bau eines Tandems in Auftrag. Die Jugendlichen waren zunächst engagiert und motiviert, zumal der "Lohn" gleich nach dem "Bezahlen" (der Spende) der Fahrradreparatur ausgezahlt wurde. In einem Gespräch mit der Presse formulierte ein Punk seine Sichtweise: "Ohne die Beschäftigungen würden alle nur dumpf rumhängen, zumal man am Abend weiß, was man geschafft hat" (Fuldaer Zeitung 14.9.1990, S.9). Die in der Presse und in einem Faltblatt angegebenen Öffnungszeiten der Werkstatt waren jedoch nur durch die Präsenz des Projektmitarbeiters sowie durch die engagierte ehrenamtliche Mitarbeit von Studierenden der Fachhochschule Fulda aufrechtzuerhalten.

Bei den Punkern entwickelte sich in dieser Projektphase zunehmend eine Haltung, die geprägt war von einem unmittelbaren Versorgungsgedanken

("Ich arbeite nur, wenn ich Geld brauche"). Demzufolge nahmen die Unzuverlässigkeiten zu: begonnene Reparaturen wurden nicht beendet und auf den Projektmitarbeiter "übertragen"; es fehlten Werkzeuge, es wurde nicht aufgeräumt. Der Mitarbeiter intervenierte durch "Werkstattsitzungen", in denen Zuständigkeiten und Verantwortungsübernahme geklärt und geregelt wurden. Mit dem Träger wurden parallel dazu für vier Punks, die sich vorrangig interessiert, engagiert und verantwortlich zeigten, Honorarverträge abgeschlossen. Es wurden Arbeitspläne erstellt und zuständige Dienste eingeteilt. In Zusammenarbeit mit der Stadt konnten immer wieder durch Auktionen von Fundgegenständen günstig Räder erstanden werden. Die Punks fuhren systematisch bei Sperrmüll die Straßen ab. Für ein Tagungshaus wurden zehn Räder fahrtüchtig instand gesetzt und die Übergabe in einem Presseartikel veröffentlicht. Allerdings scheiterten auch hier die wiederholt geführten Verhandlungen mit der Arbeits- und Sozialverwaltung, eine feste Beschäftigungsinitiative einzurichten. Dies wirkte sich in dieser Phase des Projekts für alle Beteiligten als äußerst demotivierend aus. Zeitgleich dazu wurden einige Jugendliche, die Sozialhilfe bezogen, vom Arbeitsamt zu "beruflichen Wiedereingliederungskursen" verpflichtet, was von den Jugendlichen als Paradoxon empfunden wurde, da sie gern in der Fahrradwerkstatt an einer Beschäftigungsmaßnahme teilnehmen wollten. Einige verweigerten die Teilnahme, was eine Kürzung der Sozialhilfe auf ein absolutes Existenzminimum zur Folge hatte. Es mag nicht verwundern, daß bei den Jugendlichen Aggressionspotential und Demotivierung zunahmen. Somit waren einer perspektivischen Entwicklung des Werkstattbereichs auch hier enge Grenzen gesetzt. Ungenaue Buchführung und fehlendes 'Management' trugen zur Problemmaximierung bei. Dennoch gelang es einem Punk, sich die Fahrradwerkstatt als eigenständiges Arbeitsfeld 'anzueignen' und zu erschließen. Er arbeitete über mehrere Monate täglich vier Stunden zuverlässig in der Werkstatt und wurde dadurch zum Ansprechpartner für 'Kunden' und alle Beteiligten. So entwickelte sich für ihn die Perspektive, die Werkstatt in eigener Regie nach Ablauf der Projektzeit selbständig weiterzuführen. Eine neue Perspektive, einen weiteren Arbeitsbereich zu verankern, eröffnete sich durch den Anruf einer Mitarbeiterin des Kreissozialamts. Diese fragte an, ob die Gruppe der Punks die Wohnung eines Sozialhilfeempfängers renovieren könnte. Obwohl die Jugendlichen - bis auf einen ausgebildeten Stukkateur - nur begrenzte Erfahrungen für diesen Bereich mitbrachten, erwies sich ihre Anlernbereitschaft und Motivation bei der ersten Renovierung durchaus positiv. Hierbei leitete der Projektmitarbeiter, der eine handwerkliche Ausbildung als Maler mitbrachte, die Jugendlichen bei den anfallenden Arbeiten an und vereinbarte mit ihnen eine adäquate Zahlungsmodalität, da das Sozialamt erst nach Abschluß der Renovierung den Betrag überwies. Auch die Handwerkskammer tolerierte dies als sozialpädagogisches Projekt und sah darin keine Konkurrenz zu

Handwerksbetrieben vor Ort. Weitere Aufträge folgten sowohl vom Sozialamt als auch in trägereigenen Einrichtungen (Kreisgschäftsstelle, Altenwohnheim). In dieser Zeit häuften sich die Probleme: die Zuverlässigkeit der Jugendlichen ließ nach, bei Arbeitsbeginn am Morgen fehlten Mitarbeiter, es gab Beschwerden über die ausgeführten Arbeiten, die Mängel aufwiesen (z.B. neue Tapeten wurden über alte geklebt oder rutschten wieder von der Wand, es gab Faltenwurf und Kleisterstreifen, Ölflecke und -streifen bei gestrichenen Türrahmen und Leistensockeln). Der Mitarbeiter, der die Jugendlichen anleitete, verbrachte viel Zeit mit Materialbeschaffung, Lagerhaltung, Buchführung und anderen Projektaufgaben und konnte nicht ausschließlich an der jeweiligen Baustelle sein. Auch Zeitpläne konnten nicht immer eingehalten werden. Der Mitarbeiter traf in 'Dienstgesprächen' Absprachen über Arbeitsschritte und versuchte, über die Stützung der "klassischen Arbeitstugenden" eine mittelfristige Planungsperspektive herzustellen. In gemeinsamen Gesprächen wurden die Alltagserfahrungen immer wieder reflektiert.

Dennoch gelang durch die kontinuierliche Auseinandersetzung und Miteinbeziehung der Jugendlichen in alle Arbeits- und Planungbereiche und durch die so gewonnenen Erfahrungen von Orientierung und Einstieg in den 'Arbeitsmarkt' bei einzelnen Jugendlichen ein Verselbständigungsprozeß, der vor allem auch die konzeptintendierte Unabhängigkeit von sozialer Fürsorge mitbrachte: Zwei Punks übernahmen selbständig die angebotenen Renovierungen; ein Jugendlicher machte sich als Waldarbeiter selbständig, ein anderer reparierte Gebrauchtwagen, einige Jugendliche fanden Jobs außerhalb (Montage), ein Jugendlicher begann seinen Zivildienst, eine Punkerin arbeitete als Serviererin in einer Disco, eine weitere zeichnete Cartoons für Zeitschriften, ein anderer fand einen Job in einem Landschaftsprojekt. Obwohl der Szene-Zusammenhang keinesfalls aufgegeben wurde, konnten doch so für einzelne neue Lebenspläne entfaltet werden.

Weitere Aktivitäten

Während des gesamten Projektverlaufs wurden jährlich von der gesamten Gruppe große Sommerfeste geplant und durchgeführt, die oft von bis zu 500 Jugendlichen besucht wurden und sich jeweils über vier Tage erstreckten. In der Planungsphase teilten sich die Punks die Organisation einzelner Bereiche auf, wobei jede(r) verantwortlich einen übernahm. Um hier nur exemplarisch einige Schwerpunkte zu nennen: ordnungsrechtliche Genehmigung und Brandschutz, Platzsuche und -miete, Einladung von Musikbands (auch von außerhalb), Beschallung, Entwurf von Plakaten und Handzetteln, Plakatierung, Presse- und Rundfunkankündigungen, Zeltverleih, -aufbau und -abbau, Bühnenbau, Bestuhlung, Gesundheitszeugnisse für die Essensausgabe, Organisation von (warmem) Essen und (kühlen) Getränken, fahrbare

Toilettenanlagen, das Aufstellen von Platzordnern, Putzdienst, Kasse, Buchführung, Abrechnung, Sauberkeit und vieles mehr. Demzufolge hatten diese Sommerfeste überregionalen Charakter, es reisten Jugendliche und Punk-Gruppen aus München, Essen und Norddeutschland an. Hier wurden vielfach enge Kontakte geknüpft, und die auswärtigen Punks luden zu Gegenbesuchen ein.

Ein weiterer Schwerpunkt bildete die Seminararbeit. Es fanden sowohl Wochenendseminare als auch Bildungsurlaube und Bildungsfahrten statt. Vier Bildungsfahrten gingen nach Ungarn, Frankreich und in die damalige DDR. An diesen Fahrten nahmen regelmäßig 10-20 Personen teil. Auch die schon im Rahmen des Jugendaustauschs durchgeführte Fahrt nach Manchester/Großbritannien fand in diesem Schwerpunkt statt. Ferner absolvierten Jugendliche regelmäßig Gruppenleiterkurse und arbeiteten in den verbandseigenen Gremien mit (Kreis-, Bezirks-, Landes- und Bundesebene des Jugendwerks der Arbeiterwohlfahrt), zum Teil in Vorstandspositionen. Sie vertraten hier vor allem die Interessen jugendlicher Randgruppen und bestimmten sozialpolitisch die Inhalte der Jugendwerksarbeit mit. An den jährlich stattfindenden Fachhochschultagen der Fachhochschule Fulda konnten auf der Basis der Kooperation mit dem Projekt 'Jugendarbeit' und daraus entstandener freundschaftlicher Kontakte zu den Studierenden eigene Beiträge eingebracht werden. So gab es hier jeweils zwei eigene "Punker-Zelte", in denen die Punks eigene Getränkemixturen verkauften, deren Erlös sie untereinander aufteilten.

Rumänien-Spenden-Aktion

Ein Jugendlicher der Szene, der selbst aus dem Grenzgebiet Jugoslawiens zu Rumänien stammt, berichtete nach einem Heimatbesuch über die katastrophalen Verhältnisse in den Kinderheimen, die in der Folgezeit auch in Fernseh- und Zeitschriftenberichten dokumentiert wurden. Die von ihm in einem Kinderheim aufgenommenen Fotografien veranlassten die Punks zu spontaner Solidarität. Durch einen Spendenaufruf wurden zunächst alte Bekleidung und Lebensmittel gesammelt und mit einem gemieteten Kleintransporter nach Rumänien gebracht. Daraufhin weitet sich die Spendenaktion aus: es wurde beim Träger ein treuhänderisch verwaltetes Konto eingerichtet und die Sachspenden der Bevölkerung stapelten sich in allen Räumen der Einrichtung, so daß diese nicht mehr genutzt werden konnten. Die Punks richteten daher außerhalb ein Lager ein. Von den Rumänien-Rückkehrern wurden öffentliche Dia-Vorträge gehalten. Die hohen Geldspenden wurden für den Kauf von Lebensmitteln und Grundgütern eingesetzt. Ein Möbelhaus spendete Kinderbetten und Matratzen. Der nächste Transport wurde sowohl von einem befreundeten Arzt (ehrenamtlich) als auch von einem Redakteur der ortsansässigen Tageszeitung begleitet. Daraufhin erschienen sechs aufeinanderfolgende Berichte der Aktion in der Presse, was den Punkern vor Ort viel Sympathie einbrachte. Dem Aufruf nach einer Übernahme von Patenschaften für die Kinder folgten fast 100 Familien und Einzelpersonen. Ein Punker, der auch Bewohner in der Wohngruppe war, übernahm federführend die Patenschaftskartei. Wegen der hohen Verkehrsbelastung tagsüber vor dem Projektgebäude wurden die angemieteten Transportfahrzeuge nachts von den Jugendlichen mittels einer 'Menschenkette' beladen. Nähmaschinen, alte Herde, Matratzen, Decken, Betten, Kleidung und Lebensmittel, Kinderspielsachen und Pakete der Paten wurden verladen. Insgesamt begleiteten die Punks sechs mal die Transporte. Im Sommer 1990 wurde von einer kleinen Gruppe insgesamt vier Wochen lang unter fachlicher Anleitung ein Kinderheim in Rumänien ehrenamtlich renoviert und instandgesetzt.

Ende des Projekts

Die Finanzierung des Projekts lief Ende 1991 aus. Bis Mitte 1992 konnten die Räume noch ehrenamtlich und auf Honorarbasis offen gehalten werden. Trotz vielfältiger Unterstützung des Trägers sowie des Kreisverbands der AWO und der Stadt Fulda, die ihrerseits in einer Empfehlung an das Land Hessen eine weiterführende Finanzierung vorschlug - entsprach das Land Hessen nicht den Anträgen und vergab vorhandene finanzielle Mittel an einen Träger im Landschaftsbereich.

Derzeitige Situation vor Ort

Zum derzeitigen Zeitpunkt bleibt festzuhalten, daß sich einige der Punks, die in das Projekt involviert waren, verselbständigen konnten. Sie leben entweder in Wohngemeinschaften oder allein in kleinen Wohnungen. Einige haben eine Ausbildung/Umschulung begonnen oder finden in unregelmäßigen Abständen Jobs, die zeitlich befristet sind. Andere jedoch leben in alten Bauwagen an der Peripherie der Stadt - unter katastrophalen hygienischen Bedingungen. Die Stadt weigert sich bislang, zumindest einen Toilettenwagen aufzustellen. Gesundheitliche Beeinträchtigungen bei den Punks sind auffällig. In der Öffentlichkeit sorgen die Punks mit ihren Hunden und auch Jugendliche der angrenzenden Szene seit Sommer 1994 durch ihr Aufhalten an öffentlichen Plätzen bei excessivem Alkoholkonsum und Bettelei wieder verstärkt für 'öffentliches Ärgernis' vor Ort (Fuldaer Zeitung 11.06.1994, S.9; FZ 17.06.1994; FZ 13.07.1994, S.7). Es existierte bislang im Raum Fulda - außer dem vom Jugendwerk der AWO einmal wöchentlich durchgeführten Arbeitslosenfrühstück - keine Jugendhilfemaßnahme oder Einrichtung, die sich speziell der Problematik der 'Randgruppen' und Punks annimmt. Es wurde auch bis heute von keiner Einrichtung vor Ort Interesse für eine Arbeit mit dieser Zielgruppe artikuliert.

In den Jahren 1994 und 1995 wurde von ehrenamtlichen Mitarbeitern und Mitarbeiterinnen des 'Jugendwerks der AWO' in Zusammenarbeit mit einer studentischen Gruppe der Fachhochschule Fulda ein Konzept erarbeitet, Finanzierungsanträge formuliert und über die Einrichtung eines 'niedrigschwelligen Tagestreffs' für jugendliche Randgruppen im Stadtzentrum verhandelt. Gesprächspartner waren der Bürgermeister, Mitglieder des Magistrats, der Jugendamtsleiter, Mitglieder aller Parteien und Ausschüsse (Jugendhilfeausschuß, Sozialausschuß). Ebenso wurde mit Geschäftsleuten der Innenstadt über ein Modell von 'social-sponsoring' verhandelt und die Öffentlichkeit über das Vorhaben durch die Presse und den Rundfunk informiert. Seit 1. Januar 1996 konnten - nach langer Suche - zentral gelegene Räume gefunden und - über einen privaten Vermieter - angemietet werden. Am 29.02.1996 wurde dieses 'Drop-In' offiziell eröffnet. Ebenso wurde vom Jugendwerk der AWO ein Konzept für ein 'Pilotprojekt Streetwork' erarbeitet und der Stadt Fulda vorgelegt; diese hat mittlerweile finanzielle Mittel für Streetwork bewilligt. Geplant ist, den Stützpunkt für Streetwork in den Tagestreff zu integrieren.

6. Darstellung der Untersuchungsergebnisse

Zunächst werden die Einschätzungen der von mir befragten Projektmitarbeiter und -mitarbeiterinnen (PMA), ihre Sichtweisen und Interpretationen über die Wirksamkeit der Maßnahmen für die Punks vorgestellt (vgl. S.91-170). Als zentrale Herausforderung erwies sich hierbei für mich, aus der Fülle des vorhandenen Interviewmaterials die jeweils relevanten Aussagen der Mitarbeiter und Mitarbeiterinnen herauszufiltern und komprimiert zusammengefaßt darzustellen.

Analog der in den Projekten vorgefundenen Schwerpunkte von Handlungsansätzen habe ich eine Strukturierung in die fünf Bereiche Streetwork, Drop-In-Centren/Tagestreffs, Wohnen, Arbeitsprojekte- und initiativen und den Jugendaustausch vorgenommen. Das soll auch zur besseren Übersichtlichkeit in der Darstellung der miteinander zu vergleichenden Ergebnisse beitragen, auch wenn einzelne Handlungsansätze miteinander verwoben sind und ineinandergreifen.

6.1 Einschätzung der Effizienz aus der Sicht der Befragten

6.1.1 Streetwork

Der Streetworker Martin Williamson in Sheffield zieht aufgrund der vorgefundenen, unzureichenden Rahmenbedingungen (er arbeitet alleine ohne Team, es gibt keine Anbindung an einen lokalen, niedrigschwelligen Treff) eine eher kritische Bilanz im Hinblick auf die Wirksamkeit seiner Tätigkeit. Den gelingenden Aufbau einer 'guten, vertrauensvollen Beziehung' zu den Jugendlichen interpretiert er als seine vorrangigste Aufgabe; nur auf dieser Grundlage werde er überhaupt von den Jugendlichen akzeptiert und könne Hilfestellung in dringlichen Lebenslagen geben. Diese Vertrauensbeziehung baue sich auf durch eine grundsätzlich akzeptierende Grundhaltung und Verschwiegenheit sowie seine zuverlässige und regelmäßige Präsenz an den Trefforten. Durch die tägliche Konfrontation mit der Not und den Verelendungserscheinungen (Hautprobleme, chronische Bronchitis, Untergewicht, offene, schlecht heilende Wunden) werde ihm seine eingeschränkte Handlungsmöglichkeit jedoch bewußt, was in ihm häufig 'deprimierende Gefühle' verursache. Tatsächlich, so seine Einschätzung, könne er bei den Jugendlichen hinsichtlich einer realen Verbesserung ihrer Lebenslage wenig ausrichten, da Beratung und Information über mögliche staatliche Zuschüsse und den Zugriff auf diese lediglich dazu dienten, 'ihren Kopf über Wasser zu halten'. Er verwahre so eher den Mangel als daß er innovative Impulse setzen und eine wirklich greifbare Verbesserung beeinflussen könne. Er fühle sich als 'Teil eines Systems mißbraucht' und vermute, daß sein vom 'City Council' eingerichteter Arbeitsplatz als Streetworker vorrangig aus 'politischen Gründen' erfolgt sei und nicht primär aus der Einsicht heraus, vorhandenen Notlagen der Jugendlichen zu begegnen. Resigniert kommentiert er seine Tätigkeit in ihrer Gesamtheit mit den Worten: 'It's a joke'. Für die Jugendarbeit mit diesen marginalisierten jungen Menschen brauche man 'einen langen Atem' und vor allem bessere Rahmenbedingungen. Er stelle allerdings die Sinnhaftigkeit von Streetwork generell keinesfalls infrage, da seiner Ansicht nach nur durch die aufsuchende Jugendarbeit überhaupt Kontakte zu den Jugendlichen hergestellt werden könnten. Allein dies reiche jedoch nicht aus, um deren reale Lebenslage zu verbessern. Erste Abhilfe könne jedoch ein Treff in der Innenstadt schaffen, ein 'gutes Team von Kollegen', von wo aus weitere Hilfen organisiert und initiiert werden könnten.

Tracy Pike vom 'Cyrenian Day Centre' in Bristol interpretierte gerade diese vorhandene Möglichkeit vor Ort als hilfreich. Sie grenzt die Wirksamkeit der 'Outreach-work' auf die Kontaktebene und auf eine beratende/begleitende Funktion ein. Das Team von drei Streetworkern sei bei den Jugendlichen in der Innenstadt und an den einschlägigen Aufenthaltsorten akzeptiert; die hohe Frequentierung des Tagestreffs führt sie u.a. auch direkt auf die Straßen-Kontaktarbeit zurück.

Auch Rick Williams, der Leiter des Jugendaustauschs, kam nur über das direkte Aufsuchen an ihren Trefforten in der Innenstadt mit den Punks in Kontakt. Da es bis dato keine Streetworker in Manchester gab und die Punks in keine Jugendhilfemaßnahmen involviert waren - Rick Williams die Punks jedoch für den Jugendaustausch gewinnen wollte -, entschied er sich zunächst für eine zurückhaltende Beobachtung der Szene und deren Gruppenstrukturen. Daraufhin sei ihm ein Anknüpfungspunkt zu einem bereits älteren Punk gelungen, der in der Gruppe eine Schlüsselposition innehatte. Rick führt das Zustandekommen des Jugendaustauschs direkt auf diese dreimonatige Kontaktphase auf öffentlichen Plätzen zurück, in der sich sukzessive eine Vertrauensbasis aufbaute. Er habe sich selbst immer als Gast der Punker gesehen und sei auch als solcher von diesen akzeptiert worden. Seine Grundhaltung habe er anfangs dadurch zum Ausdruck gebracht, daß er abgewartet habe, bis die Punks ihn einluden, sich zu ihnen zu setzen. Er mißt dieser Kontaktphase ganz wesentliches Gewicht bei.

Lutger Böwing, langjähriger Streetworker im Umfeld mit Punks in Bielefeld, vermutet, daß seine Stelle eher aus 'Stadtbereinigungsinteressen' eingerichtet worden sei. Die Stadt habe Streetworker eingesetzt, weil die Punks in der Innenstadt von der Bevölkerung und den ansässigen Geschäftsleuten als 'Störfaktor' wahrgenommen wurden, die durch ihr äußeres Erscheinungsbild und ihren Habitus die öffentliche Ordnung störten[36]. Er berichtet von anfänglichen Berührungsängsten mit der Zielgruppe, da deren Lebensweisen, Gesellungsformen - begleitet von exzessivem Alkoholkonsum - und Habitus ihm nicht vertraut waren. Diese Berührungsängste konnten jedoch durch den täglichen Kontakt mit der Zielgruppe Schritt für Schritt abgebaut werden. Das sichtbare Elend könne zwar durch Streetwork nicht gelindert bzw. beseitigt werden, immerhin sei es jedenfalls gelungen, für eine Gruppe von Punks über die Kommune Wohnraum zu beschaffen und in der Folgezeit ein Konzept für einen niedrigschwelligen Tagestreff - den späteren Punker-Pavillion - zu entwerfen. Durch den Einsatz von Streetwork sei jedenfalls überhaupt erst der Kontakt zur Szene möglich geworden, weshalb er - auch zukünftig - diesem Arbeitsfeld eine hohe Relevanz zuordne.

6.1.2 Drop-In-Centren/Tagestreff

Das 'Cyrenian Day Centre' in Bristol wird von der Jugendarbeiterin Tracy Pike als 'Drop-In-Centre' bezeichnet, das sich durch seine lockere, offene Struktur auszeichne und in dieser Form einmalig in Bristol sei. Die hohe Akzeptanz führt sie auf die offene 'Komm-und-Geh-Struktur', auf das als Mitspracheforum eingesetzte wöchentliche 'members-meeting' (hier werden z.B. auch die Preise für die Mahlzeiten gemeinsam festgelegt und darüber entschieden, welche Kurse duchgeführt werden sollen) sowie auf die Tatsache zurück, daß sich die Aufteilung der Räumlichkeiten (Erdgeschoß = Tagestreff und offener Bereich, Küche und Theke; 1. und 2. Stock = Büros, Beratungsräume, kleinere Gruppenräume, Werkräume, Bibliothek) dahingehend bewährt habe, daß sich die Besucher und Besucherinnen im unteren Gebäudeteil ungestört und unbeobachtet von den Mitarbeitern und Mitarbeiterinnen aufhalten können und so nicht permanent dem 'Zugriff' von Sozialarbeitern ausgesetzt seien. Wünschen die Besucher und Besucherinnen Beratung, Unterstützung und Information, gehen sie ein Stockwerk höher und "klopfen an unsere Türen". Der so unbürokratische und nicht pädagogisierte Umgang mit den Besuchern ist für sie eine grundlegende Voraussetzung dafür, daß die Punks das Day Centre so häufig aufsuchen, da

---

[36] vgl. hierzu Kap. 5.2

gerade diese lockere Treffmöglichkeit für sie wichtig sei. Und schließlich seien es erwachsene Menschen, die selbst entscheiden sollen, welche Hilfe sie brauchen und ob sie überhaupt welche brauchen. Trotz vielfältiger Hilfsmöglichkeiten, die das Day Centre mittlerweile in den unterschiedlichsten Bereichen leiste, könne jedoch ihrer Einschätzung nach grundlegend an den realen Lebenslagen der Jugendlichen wenig verbessert werden, was sie oft deprimiere. Sinnvolle Betätigungsfelder für die Jugendlichen zu eröffnen, um dadurch ein akzeptables Einkommen zu erzielen, sei momentan durch das Day Centre nicht zu leisten. Sie akzeptiere dies jedoch, da ihrer Ansicht nach eine Einrichtung nicht alles abdecken könne. Die Schwerpunkte seien im Day Centre anders gewichtet; das Team sehe es jedoch als Aufgabe an, durch eine rege Öffentlichkeitsarbeit auf die Lebenslagen der Jugendlichen aufmerksam zu machen und auch durch ein gut organisiertes SozialManagement weitere Zuschüsse zu erschließen. Die hohe Anzahl von durchschnittlich täglich 150 Besucher und Besucherinnen und die Tatsache, daß bereits vor 9 Uhr morgens die Punks auf die Öffnung warten, ist für sie ein Ausdruck dafür, daß das Day Centre eine soziale Heimat darstelle.

Christine Holt kritisiert für Sheffield die Schließung des Projekts 'Spring Street' Ende der 80er Jahre, das als 'Drop-In' großen Zulauf gehabt hätte. Obwohl die Anzahl der Jugendlichen in prekären Notlagen heute nicht geringer sei, argumentiere das 'City Council' mit fehlenden Finanzen. Das habe zur Folge, daß es keinerlei niedrigschwellige Anlaufstellen gäbe. Allerdings definiere sie 'Drop-Ins' allein als nicht ausreichend, um Jugendhilfe nicht auf die Befriedigung existentieller Grundbedürfnisse allein zu reduzieren. Daher stelle sie sich ein kombiniertes Centre vor, das auch Bildungs- und Arbeitsplatzangebote bereitstelle.

Eine gleichsam hohe Akzeptanz wie in Bristol läßt sich für den Punker-Pavillion in Bielefeld konstatieren. Die tägliche Flut der Besucher und Besucherinnen und die Zunahme von Jugendlichen mit verschärften Problemlagen (Drogenabhängigkeit, Haft- und Therapieentlassene, Ausreißer) führt laut Lutger Böwing dazu, daß mittlerweile "nur noch der Status quo" aufrecht erhalten und der "Ist-Zustand verwahrt" werde. Dringlichstes Ziel sei daher eine Erweiterung der Räumlichkeiten und des Stellenplans. Obwohl sich durch die Versorgung mit Wohnraum zumindest für einen Teil der Punker und die hohe Akzeptanz des Treffs bei den Jugendlichen die angespannte Situation in der Innenstadt deutlich entspannt habe und die Punks den Punker Pavillion als täglichen Treffpunkt nutzen, könnten die sozialen Probleme auch bei größtem Engagement der Mitarbeiter und Mitarbeiterinnen höchstens gelindert, aber nicht beseitigt werden. Da im Punker Pavillion ein 'freies Klima' herrsche, nicht bürokratisch vorgegangen werde und die Punks den Treff als "ihre Heimat" betrachten, weise die Struktur solcher Treffs für ihn absolut in die richtige Richtung. Auch seien nur auf diesem Weg überhaupt regelmäßige Kontakte zur Szene und kleinere Hilfestellungen möglich. Dies sieht er auch durch die täglich hohe Besucherzahl bestätigt. Die Effizienz ließe sich seiner Ansicht nach durch eine räumliche Ausweitung und eine Aufstockung der Planstellen im Haushaltsplan der Stadt wesentlich erhöhen, da in der jetzigen Situation vor Ort sowohl Zeit als auch Ruhe als auch Personalkapazität für längere Gespräche, Besuche im Gefängnis, für Streetwork und begleitende Funktionen - sofern gewünscht - völlig fehle. Derzeit denke das Team über ein kombiniertes Wohn- und Arbeitsprojekt nach, um den Punks eine Alternative zu schaffen. Auf der derzeitigen Grundlage empfänden die Mitarbeiter und Mitarbeiterinnen jedoch häufig ein "Gefühl der absoluten Machtlosigkeit", da die Möglichkeiten der Hilfe begrenzt blieben und eher nur kurzfristig wirksam seien.

6.1.3 Bereich Wohnen

Mick Woodcock, einstiger Hausbesetzer und Gründungsmitglied von 'Self help housing' in Bristol, interpretiert die Tatsache, daß in seinem Projekt der einstige Grundgedanke der Selbsthilfe bis heute noch Gültigkeit habe, als den bedeutendsten Erfolg dieser Initiative. Zwar spüre SHH leerstehende, reparaturbedürftige, aber noch zur Nutzung geeignete Häuser auf und organisiere durch Zuschüsse die Renovierung. Die Jugendlichen selbst seien jedoch dann dazu aufgefordert, bei der Instandsetzung - gegen Vergütung - aktiv mitzuwirken und sich so ihren Wohnraum selbst zu gestalten. Da andere Projekte wie 'East Bristol housing'[37] die Punks wegen deren Hunde als Mieter ablehnten, existiere bei 'Self Help' eine längere Warteliste, nach der je nach Dringlichkeit der aktuellen Not entschieden werde. Seiner Einschätzung nach sei es gerade für die Punks, die in Bristol noch zur aktiven Hausbesetzerszene gehörten, wichtig, durch sein Projekt zu *legalem* Wohnraum zu kommen. Beim Auftreten von Konflikten in den Wohngemeinschaften selbst oder mit den Nachbarn angrenzender Häuser - meist wegen zu lauter Musik - werde nur eingegriffen, wenn Konflikte zu eskalieren drohten. Hier setze das KonfliktManagement seines Teams ein. Lange Obdachlosenerfahrungen und das Wissen der Punks um die prekäre Wohnungsmarktlage begünstige seiner Ansicht nach das Einhalten der aufgestellten Regeln. Er beobachte auch folgende Eigendynamik: durch die (zum Teil entlohnte) aktive Mitarbeit bei der Instandsetzung der Gebäude seien die Jugendlichen nicht bereit, den so erlangten Wohnplatz wieder aufzugeben und sich nach einer begrenzten Wohndauer, in der sie 'Fuß gefaßt ha-

---

[37] auch dieses Projekt wurde von mir besucht. In einem Interview erklärte die Mitarbeiterin Pippa Adamson, daß ihre Initiative als einzige vor Ort auch Wohnraum an Jugendliche unter 18 Jahren vermietet; da die Punks hier jedoch wegen ihrer Hunde als Mieter abgelehnt werden, wurde dieses Projekt in die vorliegende Untersuchung nicht einbezogen

ben', auf dem freien Wohnungsmarkt - wie eigentlich konzeptionell intendiert - eine dauerhafte Bleibe zu suchen. Die Folge davon sei, daß sie ihren Wohnraum nicht aufgäben und dieser zum Teil mehrere Jahre bewohnt werde. So könne sein Projekt insgesamt weniger Jugendliche von der Straße holen, dafür leiste es jedoch einen qualitativ hohen Beitrag zur Beseitigung von Obdachlosigkeit bei den derzeitigen Bewohnern.

Für Tracy Pike vom 'Cyrenian Day Centre' ist die Versorgung mit Wohnraum "die Basis und Ausgangsbedingung" zur Regelung weiterführender Angelegenheiten, wie z.B. Jobsuche. Erst durch vorhandenen Wohnraum werde es - so ihre Wahrnehmung - möglich, noch vorhandene Ressourcen und Fähigkeiten im Individuum zu wecken, die sonst durch das Leben auf der Straße im Verborgenen blieben oder ganz verloren gingen. Die bislang zur Verfügung stehenden 40 Wohnplätze schätzt sie aufgrund der Tatsache, daß von 10 Bewerbern lediglich ein Jugendlicher einen Wohnplatz erhalten kann, als "bei weitem nicht ausreichend" ein. Die große Flut von Bewerbern reflektiert ihrer Einschätzung nach deutlich die Versäumnisse der Regierung und deren Wohnungspolitik, die Jugendhilfe-Einrichtungen mit solchen geringen Maßnahmen nicht auffangen könnten. So bleibe der Handlungsspielraum eng und die vorgefundene Not, durch Obdachlosigkeit verursacht, könne nur kurzfristig gelindert werden: durch die Möglichkeiten, die der offene Treff biete: heißen Tee, Frühstück, gesundes Mittagessen, 'warme Worte', um die Jugendlichen dann wieder auf die Straße zu schicken.

Auch das 'Roundabout' in Sheffield wird in seiner Effizienz von Jim Kenny nur als 'Zwischenstation', als kurzfristige Übergangslösung definiert. Die Punks nutzen durch die flexible Handhabung vorrangig das 'Sleep-In', auch wegen der vorhandenen Wasch- und Kochgelegenheiten, auch Frühstück werde bereitgestellt. Bei den Punks habe sich herumgesprochen, daß hier niemand abgewiesen werde, der nicht bezahlen kann (egal, aus welchen Gründen) - sofern ein freier Schlafplatz vorhanden sei. Dies erhöhe die Annahme der Einrichtung wesentlich, auch im Umfeld von Sheffield. Die maximale Aufenthaltsdauer von 14 Nächten im Sleep-In verweise jedoch die Jugendlichen anschließend wieder auf die Straße, was für alle im Projektteam sehr frustrierend sei. Daher werde das Team in Zukunft einen Schwerpunkt seiner Aktivitäten auf die Erschließung weiterer Zuschüsse setzen, um weiterführende Hilfen möglich zu machen. Seiner Einschätzung nach könnte das 'Roundabout' wesentlich effizienter wirken, wenn diese Voraussetzungen erfüllt wären. Bislang sei das Team auf die enge Zusammenarbeit mit Fachkollegen angrenzender Bereiche (hier vor allem der Bewährungshilfe) angewiesen. Da seiner Erfahrung nach die Straffälligkeit von Jugendlichen in direktem Zusammenhang mit langer Obdachlosigkeitserfahrung stehe und diese wiederum traumatische, zum Teil eskalierende Probleme (physische und psychische Erkrankungen) verursache, sei das Team bemüht, den Nutzern eine ganzheitliche Hilfestellung in ihrem Projekt zu geben, was jedoch derzeit nicht geleistet werden könne.

Für die Mitarbeiterin Doris Westphal in Frankfurt war die Versorgung mit Wohnraum die Basis für einen einsetzenden Verselbständigungsprozeß bei den Punks. Trotz vielschichtig aufgetretener Probleme im Wohnbereich wertet sie die Tatsache, daß vom Projektteam immer wieder selbstregulierende Prozesse der Gruppe aktiviert und herausgefordert wurden, als wesentliches Moment für eine letztendlich gelungene Verselbständigung des Wohnprojekts. Ein gemeinsames Wochenendseminar trug ihrer Einschätzung nach wesentlich dazu bei, das Zusammenleben neu zu definieren und zu strukturieren. Den Wunsch der Punks nach kollektivem Wohnen interpretiert sie als Ausdruck dafür, in der Gemeinschaft eine 'Ersatzfamilie' zu finden, was ihrer Ansicht nach in der Biographie einzelner Punks (zerbrochene Familien, Heimaufenthalte, Strafvollzugserfahrungen) begründet liegt und das Bedürfnis nach dem Erleben von Gemeinschaft reflektiere; daher fungiere die WG auch als 'Not- und Zweckgemeinschaft'. Sie gebe den Jugendlichen Halt und stecke einen äußeren Rahmen. Dem professionellen Selbstverständnis des Teams mißt sie wichtige Bedeutung bei: im 'Notfall' zu intervenieren und Begleitung anzubieten, also auch stets Auseinandersetzungsbereitschaft zu signalisieren, die Übernahme von Verantwortung jedoch zu verweigern und diese wieder auf die Gruppe zu übertragen. Dadurch seien positiv zu bewertende Lernschritte der Punks möglich geworden (z.B. selbständige Mietregelung, Kollektiventscheidung bei notwendigen Kündigungen). Ihren als "nicht autoritär" bezeichneten Anspruch an ihren Arbeitsstil, der sich z.B. darin ausdrücke, bei Mietrückständen oder anderen Problemen, die das Zusammenleben der Gruppe betreffen, nicht mit einer Räumungsklage zu drohen, sondern alternative Möglichkeiten zu finden (z.B. ein eingerichteter Finanzpool), trage wesentlich zur Stabilisierung der Vertrauensbeziehung bei. Auch die Bereitschaft, sich in wöchentlichen Plena auseinanderzusetzen und gemeinsam zu diskutieren, erhöhe ihrer Einschätzung nach die Fähigkeit der Wohngruppe, auftretende Binnenprobleme selbst zu regulieren (z.B. Probleme mit Nachbarn, Lärmbelästigung durch laute Musik, Polizeieinsätze, Verunreinigung der Bürgersteige durch Hundekot). Dies wird von ihr als 'notwendiger gruppendynamischer Prozeß' interpretiert, der wesentlich zur schrittweisen Verselbständigung des Wohnprojekts beigetragen hat.

Die Versorgung mit und Bereitstellung von Wohnraum sieht Lutger Böwing vom Punker-Pavillion in Bielefeld als eine 'nicht lösbare Aufgabe' der Einrichtung an. Obwohl die Vergangenheit gezeigt habe, daß sich nur durch den Einsatz von Jugendarbeit (Anmietung zweier städt. Häuser und Einstellung eines Sozialarbeiters als Begleiter der Wohngruppen) die Wohnsituation für eine Gruppe von Punkern entspannt habe, seien bei steigender Tendenz jugendlicher Obdachloser von kommunaler Seite keine Bestrebungen erkennbar, weiteren Wohnraum zu schaffen. Dies sei für ihn und das Team völlig unverständlich. Aufgrund von Abrißplänen sei zudem eine Gruppe Punks wieder in Wohnwagen 'umgesiedelt' worden. Ein kombiniertes Wohn- und Arbeitsprojekt für die Punks sei zwar anvisiert, könne jedoch auch wieder nur beispielhaft zeigen, daß solche Maßnahmen sinnvoll seien und von den Punks gewünscht, angenommen und mitgetragen würden.

6.1.4 Arbeitsprojekte und -initiativen/Aktivitäten

Den auf einer Forumsveranstaltung artikulierten Wunsch der Punks nach einem eigenen Treffraum, in dem auch gemeinsam gekocht und gegessen werden sollte, werteten die Projektmitarbeiter und -mitarbeiterinnen des Frankfurter Vereins als Ausdruck dafür, daß die Punks leben und wohnen miteinander verknüpfen und ihren Alltag in einem urbanen Umfeld selbst gestalten wollten. Die von der Gruppe in Eigeninitiative vorgenommenen Renovierungs- und Umbauarbeiten des verfügbaren Raums interpretierte die Mitarbeiterin als Ausdruck vorhandenen Engagements, das sich auch in dem Wunsch, ein Szene-Café - das spätere 'Café Exzess' - zu betreiben, äußerte. Die Tatsache, daß das 'Café Exzess' bis heute existiert und sich mittlerweile verselbständigt hat, wird als großer Erfolg eingeschätzt.

Für das Arbeitsprojekt 'Rücken und Poltern' resümieren die Mitarbeiter und Mitarbeiterinnen die Effizienz dieser Maßnahme auf mehreren Ebenen: Die Wahl des Arbeitsbereichs in der Forstwirtschaft habe den Vorstellungen der Punks entsprochen, da diese "auf der Sinnsuche des Lebens sich weigern, Arbeitsplätze anzunehmen, die ihnen das Gefühl der Naturvernichtung respektive der Trennung von Natur vermitteln. Tätigkeiten in Fabriken, Büros oder Lagerhallen sind mit dem Gefühl besetzt, in einem Gefängnis zu arbeiten" (Jahresbericht 1992, S.21). Wenn auch in diesem Projekt das intendierte Ziel, den Betrieb nach Ablauf der Maßnahme selbständig weiterzuführen, nicht erreicht wurde, so werten die Mitarbeiter und Mitarbeiterinnen es als Teilerfolg, daß durch die Maßnahme die Arbeitswelt für die Zielgruppe positiv erschlossen werden konnte und sich für einige Punks dennoch weiterführende Perspektiven aufgetan haben. Im Binnenbereich der Gruppe konnten sich durch auftretende Widersprüche (z.B. Kollektivanspruch versus Unzuverlässigkeit einzelner, selbstbestimmtes Arbeiten versus ökonomischer Kriterien und Zwänge) Reflexions- und Klärungsprozesse entwickeln, wodurch eigenes Verhalten überprüft und mangelnde Belastbarkeit und Eigenverantwortlichkeit erkannt werden konnte. Auch durch eine prozeßbegleitende 'Moderation' der Mitarbeiter und Mitarbeiterinnen konnte sich - so deren Einschätzung - die Bereitschaft für die Aufnahme einer qualifizierten Ausbildung unter klassischen Ausbildungsbedingungen entfalten, die als 'Ergebnis eines Wandlungsprozesses' interpretiert wurden. Die Teilnahme an Seminaren und Lehrgängen im Berufsfeld der Forstwirtschaft, zu deren Abschluß sich die Teilnehmer und Teilnehmerinnen einer Prüfung des gelernten Stoffs unterziehen mußten, bewerten die Mitarbeiter und Mitarbeiterinnen als 'Qualifikations- und Fertigkeitszugewinne'. In diesem Projekt sei es gelungen, die Punks aus dem 'Anspruchsdenken eines Sozialhilfeempfängers herauszuführen' und die Bereitschaft sei geweckt worden, zukünftig den eigenen Lebensunterhalt selbst zu erwirtschaften. Für Bielefeld lagen bis dato noch keine Erfahrungen in diesem Bereich vor. Die Mitarbeiter und Mitarbeiterinnen des Punker-Pavillion sahen jedoch in der Initiierung eines kombinierten Wohn- und Arbeitsprojektes ihre zukünftige Herausforderung, um - nach Ansicht des Mitarbeiters Lutger Böwing - weiterer Marginalisierung der Zielgruppe entgegenzuwirken. Die Arbeitsaktivitäten der Punks im Projekt Fulda werden in Kap. 7.1.4. reflektiert.

6.1.5 Jugendaustausch mit Punks aus Manchester und Fulda

Rick Williams betonte in unseren Gesprächen[38] immer wieder ausdrücklich, daß nicht die eigentliche internationale Jugendbegegnung - also die jeweils sieben Tage 1994 in Fulda und 1995 in Manchester - entscheidenden Einfluß und Auswirkungen auf die Lebensführung hinsichtlich einer wahrnehmbaren Verbesserung - in langfristiger Perspektive - gezeigt habe. Hierfür sei der Gesamtprozeß verantwortlich, der in der intensiven, gemeinsam erarbeiteten neunmonatigen Vorbereitungsphase sowie den anschließend beibehaltenen Kontakt zur Gruppe durch wöchentliche Meetings im 'City Centre Project' bestanden habe bzw. bis heute noch besteht. Diese wöchentlichen Treffen dienten der Kontaktstabilisierung und wiederum als Vorbereitungsforum für den Gegenbesuch der Fuldaer Gruppe 1995 in Manchester und für 1996 wieder in Fulda. Auf dem Hintergrund der Lebenslage, in der er die Punks zu Kontaktbeginn vorgefunden habe, sei die Aussicht, einmal aus dem gewohnten 'Alltagstrott' herauszukommen, mit dem Flugzeug zu reisen (was für alle ein erstmaliges Erlebnis war) und Punks in ähnlicher Lebenslage in einem anderen Land kennenzulernen, Hauptmotivation für die Gruppe in Manchester gewesen, sich auf das Vorhaben einzulassen. Zusätzlich sei der Gruppe der Einstieg dadurch erleichtert worden, daß sie davon ausgegangen sei, mit einer 'internationalen Jugendbegegnung' seien keine großen Erwartungen an sie verknüpft. Es sei ihnen anfangs vorrangig um Begegnung, Austausch, Abenteuer und Spaß denn um ein 'Seminarprogramm' gegangen. Für Rick zeigte die Tatsache, daß alle Teil-

---

[38] da die Jugendbegegnungen mittlerweile schon fast zu einer 'Institution' geworden sind, treffen wir uns regelmäßig jedes Jahr und haben so Gelegenheit, uns auszutauschen und die Maßnahmen gemeinsam zu reflektieren

nehmer und Teilnehmerinnen (zum Teil aus der 'hard-core'-Szene) die Vorbereitungsphase durchgehalten und keine(r) den Teilnehmerplatz aufgegeben hatte (11 verfügbare Teilnehmerplätze bei 25 Interessenten), daß die sonst eher plan-, ziel- und strukturlos lebenden Punker unter bestimmten förderlichen Voraussetzungen durchaus in der Lage waren, ein gemeinsames Ziel zu verfolgen und sich zudem ihren Teilnehmerbeitrag (50 Pfund) durch das Herstellen und den Verkauf einer Obdachlosenzeitung zu verdienen. Zu diesen förderlichen Voraussetzungen zählte er seine sensible, zurückhaltende Kontaktaufnahme mit der Gruppe, seine Grundhaltung, den Punks nichts 'vorsetzen' zu wollen, daß er sich durch Loyalitätstests als vertrauenswürdig erwiesen habe und so im Vorfeld kleinere Hilfestellungen möglich wurden, vor allem jedoch, daß er sie herausgefordert habe, eigene Fähigkeiten und Kompetenzen zu zeigen und zu nutzen (z.B. indem die Punks selbst das Programm bestimmten, Vorschlägen der Fuldaer Gruppe zustimmten oder ablehnten, das 'Street-Art-Project' vorbereiteten). Dieses zielgerichtete Vorgehen bei erwiesenem Durchhaltevermögen sei für ihn auch deshalb ein Erfolg, weil das Leben auf der Straße bei bereits langandauernder Arbeitslosigkeit (80% der englischen Gruppe war arbeitslos) den eigenen Lebensrhythmus völlig verändern und bei einigen eine deutlich resignative, aggressive und (selbst)destruktive Lebenseinstellungen verursacht hatte, die sich sukzessive durch die gemeinsamen Aktivitäten wandelten. Nach der gemeinsamen Woche in Manchester resümierte Rick Williams: "Mit ihren gemeinsamen Erfahrungen und dadurch, daß sie zusammen arbeiten, entdeckten die zwei Gruppen, daß sie beide sowohl ein Interesse als auch ein Talent für Kunst hatten. Ziel der Ausstellung war es unter anderem, einige der negativen Vorstellungen, die die Öffentlichkeit hat, zu bekämpfen und zu zeigen, daß die Jugendlichen trotz ihres wilden Aussehens ausgeprägte Talente besitzen". Wesentlich sei für ihn auch die Tatsache, daß er durch diesen Gesamtprozeß zum festen Ansprechpartner - nicht nur in Krisenzeiten - geworden sei, immer wieder um Rat und Hilfestellung (häufig bei Strafverfolgung und Gerichtsangelegenheiten) gebeten werde und die Anbindung an das 'City Centre Project' wenigstens für einen Teil der Gruppe gelungen sei. Dies sei ein Ausdruck dafür, daß Teilbereiche des 'Manchester youth service' von den Punkern angenommen werden, was jedoch mit der bestehenden Bindung an seine Person verknüpft sei. Er könne immer wieder erneut feststellen, daß durch diese gesamte Entwicklung bei einigen ein Konsolidierungsprozeß mit wahrnehmbaren psychischen, vor allem aber auch physischen Stabilisierungen eingesetzt habe und sich weitere, als Lernprozess zu deutende Auswirkungen zeigen: ein Punk habe - anhaltend bis heute - das Trinken aufgegeben und besuche regelmäßig eine Selbsthilfegruppe; Charly (der als 'key-person' bezeichnete, 30-jährige Punk) ist es gelungen, in einem vom 'City Centre Project' zur Verfügung gestellten Raum ein 'T-Shirt-business' zu etablieren (er gestaltet, bedruckt und verkauft

T-Shirts); zwei weitere Punks engagieren sich dauerhaft bei der Herstellung und dem Vertrieb der Obdachlosenzeitung 'Big Issue', drei Punks haben Kurse am 'Manchester College für Kunst und Technologie' belegt, ein Punk wird einen Tischlerlehrgang besuchen, ein anderer hat ein Stipendium vom 'Princess Trust' erhalten, um an der 'Offenen Universität' einen Computerkurs besuchen zu können, eine Punkerin hat eine Anstellung als Friseurin gefunden. Andere nutzen vorhandene Energien für die Job- und Wohnungssuche. Als dauerhaftesten Erfolg wertet er die Tatsache, daß sich die Punker-Gruppe als belastbares und aktives Team in der zweiten Vorbereitungsphase für den Gegenbesuch der Fuldaer Gruppe engagiert und diesen mitgetragen habe.

Der auf seine Einschätzung der Effizienz dieses Jugendaustauschs hin befragte Honorarmitarbeiter in Fulda (Sozialwesenstudent), der beide Jugendbegegnungen begleitete, nannte einen weiteren, wesentlichen Aspekt. Er äußerte, daß durch die täglich permanente Zeit des Miteinanders während des Jugendaustausches (quasi tägl. 20 Stunden, jeweils 7 Tage beim Besuch der Gruppe Manchester in Fulda und beim Gegenbesuch in Manchester) das Vertrauen zueinander vertieft und dadurch von einzelnen Punks Probleme angesprochen wurden, die sie sonst in den kurzen Treffen beim wöchentlichen Arbeitslosenfrühstück eher für sich behalten würden. Auch als Sozialarbeiter könne man sich nicht mehr 'verstecken', man sei für die Jugendlichen greifbar, und das Einlassen auf die Lebens- und Gedankenwelt der Punks sei dadurch leichter. Der Jugendaustausch habe für die sonst in Lethargie und inneren Zwängen gefangenen Jugendlichen 7 Tage Freiheit bedeutet. Sie hätten sich eingelassen und seien offener geworden. Er stimme der sozialräumlichen Theorie zu, daß sich durch solche 'events' bei den Jugendlichen innerlich ein Selbstwertgefühl und Selbstvertrauen entwickele, was Einfluß auf ihr weiteres Leben habe und sich z.B. im Engagement für den nächsten Austausch äußere.

7. Darstellung und Diskussion der Untersuchungsergebnisse

7.1 Eigene Einschätzung der Effizienz

Im folgenden Abschnitt schließt sich meine eigene Effizienzanalyse an. Einen weiteren Blick werfe ich auf das Selbstverständnis der Projektmitarbeiter und -mitarbeiterinnen, um auch hierdurch Hinweise auf mögliche Schlußfolgerungen und Konsequenzen für eine zielgruppenadäquate Jugendhilfe mit Punks zu erhalten. Die Frage nach den zentralen Herausforderungen für die Mitarbeiter und Mitarbeiterinnen im Alltagsgeschehen mit Punks und ihre Reaktionen und Umgehensweisen damit steht hierbei im Vordergrund. Einige in einzelnen Projekten gescheiterte Vorhaben und eine kurze Reflexion der Ursachen wurden in die Ausführungen miteinbezogen.

In den abschließenden Schlußfolgerungen werden die Untersuchungsergebnisse aus den vorgestellten Projekten und Maßnahmen der Jugendhilfe mit Punks in Großbritannien und der Bundesrepublik in Bezug auf die eingangs formulierten Fragestellungen und Arbeitshypothesen evaluiert und diskutiert.

7.1.1 Streetwork

Als wesentliches Ergebnis aus dem Bereich Streetwork wird deutlich, daß überhaupt erst durch die 'aufsuchende Sozialarbeit' an den Trefforten der Jugendlichen Kontakte zur Zielgruppe der Punks hergestellt werden konnten. Durch den unmittelbaren Zugang im Lebensfeld (hier vorrangig an öffentlichen Plätzen im Innenstadtbereich, vor Kaufhäusern, in Parks und Fußgängerzonen - in Großbritannien auch in Parkhäusern) erweist sich Streetwork als geeigneter, primärer Ansatzpunkt, um in existentiellen Notlagen eine erste - wenn auch begrenzte - Hilfe anzubieten, die es den Jugendlichen ermöglicht, wie Martin Williamson es formulierte, 'ihren Kopf über Wasser zu halten'. Regelmäßige, aber unaufdringliche, zurückhaltende Anwesenheit und ein zuverlässiges 'Da'-Sein an den Trefforten, das Einhalten von getroffenen Absprachen und eine nicht wertende Grundhaltung den Jugendlichen gegenüber haben sich als wesentliche Merkmale gezeigt, die zur Stabilisierung der Vertrauensbeziehung und zu einer dauerhaften Kontaktbereitschaft beitragen. Allerdings läßt sich aus den Ergebnissen schlußfolgern, daß weiterführende Hilfen, die tatsächlich eine greifbare Verbesserung ihrer zum Teil vielschichtig schwierigen Lebenslagen ermöglichen und diese absichern helfen, nur im Kontext eingebundener, Streetwork angegliederter Ressourcen dauerhaft gelingen kann. Fehlen diese, so wird Streetwork über eine primäre 'Feuerwehrfunktion' nicht hinausreichen, wie das Beispiel aus Sheffield deutlich zeigt. Da hier jegliche Anbindung an einen zentralen Treff fehlt sind die Handlungsmöglichkeiten des Streetworkers sehr eng. Durch diese fehlende Alternative wird Martin Williamson so zudem in der kalten Jahreszeit auf öffentliche Gaststätten und Szene-Cafés verwiesen; bestehender Konsumzwang, ein hoher Geräuschpegel und fehlende Rückzugsmöglichkeiten für ruhige Gespräche erschweren seine Aufgaben. Auch die Tatsache, daß er allein im Stadtzentrum für Streetwork zuständig ist und dadurch jegliche kollegiale Vernetzung fehlt, verschärft seine schwierigen Arbeitsbedingungen. Trotz dieser Rahmenbedingungen vermittelt er immer wieder durch seine unkonventionelle und in der Interaktion nicht an Bedingungen geknüpfte Grundhaltung, daß er ein die Jugendlichen ernst nehmender, sie annehmender, vertrauenswürdiger Ansprech- und Gesprächspartner ist. Dies ist auf dem Hintergrund der Tatsache, daß die meisten Punks kaum noch familiäre Kontakte oder Beziehungen haben, diese abgebrochen sind oder abgelehnt werden, besonders bedeutsam. Oftmals fehlen überhaupt jegliche (Gesprächs)Kontakte mit Erwachsenen. Streetwork bewegt sich hier in einem Spannungsfeld von sich einlassen, zuhöen können, die Jugendlichen mit ihren eigenen Lebensvorstellungen und -phantasien in ihrer soziokulturellen Lebenswelt akzeptieren können und dem tatsächlich Machbaren, Möglichen. In diesem Kontext erscheint es mir unverständlich, daß bis dato in Sheffield von kommunaler Seite her nicht mehr über weiterführende Alternativen nachgedacht wurde, obwohl durchaus positive Erfahrungen aus den vorangegangenen Projekten vorliegen. Demgegenüber ist in Bristol diese Alternative durch das zentrumsnahe Day Centre vorhanden. Dadurch werden die Streetworker entlastet und ihr Funktionsbereich deutlich auf die Kontaktebene eingegrenzt. Auch die Einbeziehung von Studierenden der 'Bristol Polytechnic' ist für das hauptamtliche Team eher ent- als belastend. In Manchester führte nur die Bereitschaft von Rick Williams, sein Büro zu verlassen und sich dem Lebensfeld der aus ca. 30 Personen bestehenden Punker-Gruppe - zunächst beobachtend, zurückhaltend - an öffentlichen Trefforten zu nähern, zu einem bis heute anhaltenden Kontakt zur Gruppe und zum skizzierten Jugendaustausch. Diese Maßnahme, die im Juli 1996 bereits zum fünften mal stattfinden wird, wäre ohne diese Kontaktebene sicher nicht zustande gekommen. In Bielefeld wurde durch Streetwork und die dadurch erfolgte unmittelbare Konfrontation mit den Lebenslagen der Punks akuter Handlungsbedarf von Jugendhilfe deutlich, was zur Erschließung von Wohnraum und zur Initiierung des 'Punker Pavillion' führte. Die Streetworker selbst nutzen hier den Tagestreff auch als 'Stützpunkt' und

Ausgangsort ihrer Aktivitäten, was in dieser Kombination sinnvoll erscheint.

7.1.2 Drop-In-Centren/Tagestreff

Das 'Cyrenian Day Centre' in Bristol ist die einzige vorgefundene Einrichtung im niedrigschwelligen Bereich in den drei von mir besuchten Städten in Großbritannien. Es zeichnet sich durch eine offene 'Komm-und-Geh-Struktur' aus, die Verweildauer ist ganztags möglich und an keinerlei Bedingungen geknüpft. Lediglich die Hunde, die meist zu den Punks gehören, müssen gemäß eines getroffenen Abkommens vor dem Gebäude angeleint werden. Das Centre hat sich für die Punks als täglicher Anlaufpunkt erwiesen, als 'soziale Heimat'. Hier sitzt man zusammen, frühstückt, trinkt Tee, trifft andere Jugendliche, nutzt vorhandene Waschmöglichkeiten und - bei Bedarf - Beratung und weiterführende Hilfestellung. Dem niedrigschwelligen Ansatz wird besonders auch durch die Tatsache entsprochen, daß Beratung mit den dort tätigen Mitarbeitern und Mitarbeiterinnen genutzt werden kann, aber nicht zwangsläufig mit dem Besuch in der Einrichtung und der Nutzung der vorhandenen Angebote verbunden ist, da sich die Büros und Beratungsräume in den oberen Stockwerken befinden. Die Mitarbeiter und Mitarbeiterinnen sitzen bisweilen zwar im Treff dabei, wodurch sich situativ Gespräche und Anknüpfungspunkte ergeben; die Entscheidung darüber, ob intensivere Gespräche geführt werden sollen, wird jedoch den Besuchern und Besucherinnen überlassen. So erhält das 'Day Centre' eher den Charakter eines zwanglosen Cafés, was sicher auch maßgeblich für die hohe Akzeptanz spricht. Diese wird auch dadurch deutlich, daß bereits morgens vor 9 Uhr die ersten Besucher und Besucherinnen vor dem Treff auf Öffnung warten. Dies kann auch als Ausdruck einer 'inneren Not' und sonstiger fehlender Alternativen interpretiert werden. Durch die Möglichkeit, im wöchentlichen Mitspracheforum selbst aktiv an der Gestaltung des Day Centre mitzuwirken, Kritik zu äußern und eigene Ideen und Vorschläge einzubringen, wird nicht nur die Bereitschaft zur Übernahme eigener Verantwortlichkeit aktiviert, sondern auch einer reduzierenden 'Nehmer-Haltung' entgegengewirkt. Daß gerade Punks dieses Forum nutzen, verwundert zwar auf dem Hintergrund ihrer Autonomiebestrebungen nicht und zeigt einmal mehr, daß ein von Jugendhilfe geschaffener 'Sozialraum' dann sinnvoll genutzt wird, wenn die Rahmenbedingungen für die Jugendlichen akzeptabel sind. Bezieht man die Tatsache in die Überlegungen mit ein, daß ein großer Teil der Punks (langzeit)obdachlos ist, so ist es schon erstaunlich, daß trotz mißlicher Lebenslage ihr Engagement nicht verloren gegangen ist. Dadurch wird von ihnen entgegen ihrer häufigen Alltagserfahrungen von Fremdbestimmung, Zwängen und von ihnen erwarteter Anpassung die Erfahrung gemacht, daß *ihre* Meinungen, *ihre* Mitarbeit und *ihre* Sichtweisen der Dinge diskussionswürdig und bedeutsam sind, die aufgegriffen und - wenn möglich - umgesetzt werden und so Partizipationserfahrungen schaffen. Über die Befriedigung der primären und existentiellen Bedürfnisse durch preiswerte und gesunde Mahlzeiten und Getränke, freie Duschmöglichkeiten, kostenlose Benutzung von Waschmaschine und Trockner sowie Bekleidung aus der angegliederten Kleiderkammer hinaus sind diverse kreative Aktivitäten im handwerklichen Bereich sowie Schreib- und Rechenkurse sinnvoll. Mehr noch: auch die Koppelung von 'Drop-In-Centre' an den 'Housing-Service' mit 40 Wohnplätzen greift unmittelbar die reale Notlage der Obdachlosigkeit auf und verhilft zumindest einigen Jugendlichen zu legalem Wohnraum. Hierdurch wird ein Grundstein zu weiterer Verselbständigung gelegt. Ebenso erweist sich die angegliederte 'Outreachwork' als sinnvoll, da hier über die Kontaktebene auf der Straße hinaus wenigstens weiterführende Hilfen - wenn auch begrenzt - angeboten werden können. So werden die Jugendlichen nicht - im wahrsten Sinne des Wortes - "im Regen stehen gelassen". Diese Alternative fehlt in Sheffield vollständig. Obwohl im 'Cyrenian Day Centre' ein angegliedertes Arbeitsprojekt fehlt, in welchem Punks und andere Jugendliche gegen entsprechende Entlohnung eine sinnvolle Tätigkeit ausüben könnten, erweist sich dennoch das Day Centre durch die gewählten Schwerpunkte in der inhaltlichen Arbeit und klar definierten Zuständigkeitsbereiche als 'ganzheitlich' orientiertes Projekt, das beispielhaft und richtungsweisend auch für die Bundesrepublik gelten kann.

Der Punker-Pavillion in Bielefeld zählt ebenfalls als niedrigschwellige Einrichtung mit offener Komm-und-Geh-Struktur zum Bereich der 'Drop-Ins'. Fehlender Konsumzwang und kostenlose Angebote (incl. Telefon) tragen zur Niedrigschwelligkeit bei. Durch die dort herrschende Atmosphäre ist der Punker-Pavillion zur 'sozialen Heimat' geworden. Der Treff besteht aus einer Fertigteilbaracke mit einer Gesamtfläche von knapp 100 qm, die sich in Teestube, Büro und sanitäre Anlagen aufteilt. Die Einrichtung hat mit den üblich assoziierten Vorstellungen und Merkmalen eines 'Pavillion' nichts gemein. Die Bezeichnung läßt dadurch nach außen hin eine 'beschönigende' Vorstellung aufkommen, die den realen Gegebenheiten völlig widerspricht - sie hat sich jedoch so eingebürgert und wurde daher auch von mir verwendet. Der täglich hohe Besucherstrom verweist auf den vorhandenen Bedarf solcher Einrichtungen und auf die hohe Akzeptanz bei den Besuchern und Besucherinnen. Als einzige niedrigschwellige Einrichtung im Innenstadtbereich, die ganztägig geöffnet ist, wird sie jedoch vermehrt von drogenabhängigen Jugendlichen aufgesucht: Dadurch wird die Drogenszene ins Haus verlagert. Dies führt bei den Mitarbeitern aufgrund weiterer fehlender Planstellen und der begrenzten Räumlichkeiten zur Überschreitung ihrer Belastbarkeitsgrenzen und zu völliger Überforderung. Infolgedessen treten die Belange der Punks zunehmend in den Hintergrund. Dadurch wird der ursprünglichen Intention des Punker-Pavillion kontraproduktiv entgegengewirkt. Um den Konsum von 'harten' Alkoholika und Drogen zu verhindern, wird tagsüber sowohl der Ausschank von Bier zum Einkaufspreis als auch der Konsum von weichen Drogen toleriert. Diese Erklärung ist zunächst plausibel und muß sicher im Kontext der insgesamt zugespitzten Gesamtsituation in Bielefeld betrachtet werden. Eine kritische Reflexion dieser toleranten Handhabung ist jedoch notwendig und wirft die Frage auf, ob eine Einrichtung der Jugendhilfe (auch wenn junge Erwachsene zu den Besuchern und Besucherinnen gehören) nicht generell zumindest tagsüber ein 'alkohol- und drogenfreier Raum' sein sollte, wo bestimmte Regeln ausgehandelt, akzeptiert und mitgetragen werden können. Aus dem Fuldaer Punk-Projekt liegen diesbezüglich andere Erfahrungswerte und Erkenntnisse vor, die in diese Richtung weisen.

Trotz der skizzierten Probleme schaffen es die Mitarbeiter und Mitarbeiterinnen immer wieder, den Fokus ihrer Tätigkeit verstärkt auf die alltäglichen Problemlagen der Besucher und Besucherinnen zu richten und diese bei ihrem täglichen 'LebensManagement' zu unterstützen. Das ist nur durch ihr hohes Engagement möglich. Hier müßten dringend die Rahmenbedingungen geändert und weitere Mitarbeiter eingestellt werden. Auch die Einstellung eines qualifizierten Drogenberaters ist unerläßlich. Während das 'Day Centre' in Bristol optimale Bedingungen aufweist - hierzu zählen insgesamt 40 Voll- und Teilzeitmitarbeiter und -mitarbeiterinnen, ein zentral gelegenes, großräumiges Gebäude, aufgeteilte Räumlichkeiten mit separatem Treff-, Büro- und Beratungsbereich, angegliederten Werkstätten etc. -, so zeigt die Gesamtsituation in Bielefeld, daß hier dringend weiterer Handlungsbedarf vorliegt. Die alltäglich überdurchschnittlich hohe Besucherzahl weist deutlich darauf hin, daß diese niedrigschwellige Einrichtung von Punks und Jugendlichen der angrenzenden Szene in hohem Maße akzeptiert wird.

7.1.3 Bereich Wohnen

Nur durch aktives 'Einmischen', durch Intervention von Jugendhilfe als Träger bzw. Initiator von Maßnahmen, gelingt es, obdachlosen Jugendlichen - zumindest für einen begrenzten Zeitraum - Wohnraum zu verschaffen. Das wird für den Bereich 'Wohnen' durch die vorliegenden Erfahrungen und Ergebnisse aus den einzelnen Projekten und Maßnahmen deutlich und gilt gleichermaßen für Großbritannien als auch für die Bundesrepublik. Von besonderer Relevanz ist hierbei, daß der so gewonnene Wohnraum *'legaler'* Wohnraum ist. Bereits wahrnehmbare Verelendungstendenzen bei den Jugendlichen konnten auf der Basis der Verfügung über eigenen Wohn- bzw.

Lebensraum aufgehalten werden und sich sukzessive Verselbständigungsprozesse entwickeln. Durch sozialpädagogisch flankierende Begleitung, die Herausforderung von Mitgestaltung und Selbstverantwortlichkeit konnten in dem neu geschaffenen 'Lebensraum' binnendynamische Prozesse und Autonomie- und Verselbständigungsbestrebungen der Punks positiv beeinflusst werden. Allerdings erweist sich der Handlungsspielraum von Jugendhilfe durch fehlende finanzielle Mittel und nicht ausreichend vorhandenem Wohnraum als begrenzt. Es kann auch nicht Aufgabe von Jugendhilfe sein, Versäumnisse der Wohnungspolitik zu beseitigen. Die Ergebnisse lassen jedoch die Schlußfolgerung zu, daß Jugendhilfe-Maßnahmen greifen und über die Krisenintervention in existentiellen Notlagen hinaus positive Akzente setzen können. Demzufolge müßte diesem Bereich eine wesentlich höhere sozialpolitische Relevanz beigemessen werden. Vergleicht man die Handlungsspielräume der Projekte beider Länder, so läßt sich erkennen, daß in Großbritannien - trotz ebenfalls gravierender Wohnungsnot - eine eher progressive Praxis zur Wohnraumbeschaffung möglich ist: zahlreiche Zuschüsse, 'housing'-Programme und das Überlassen von kommunalen (und auch kirchlichen) Gebäuden sowie zeitlich unbegrenzte finanzielle Zuschüsse für die Instandsetzung von sanierungsbedürftigen Häusern ermöglichen eine eher längerfristige Hilfe und geben auch den Projekten eine Perspektive. Anhand des britischen Modells von 'Self help housing' in Bristol wird dies deutlich: hier werden von der kommunalen Behörde Häuser zur Verfügung gestellt (zwei Häuser allein für den Zeitraum von 30 Jahren), die durch gesonderte Zuschüsse von Fachkräften (z.B. Elektriker, Maurer, Installateur) instand gesetzt werden. Jugendliche, die einen Wohnplatz suchen und über handwerkliche Fähigkeiten verfügen, können sich gegen Entlohnung an der Instandsetzung beteiligen. Da die Häuser lediglich auf einen bewohnbaren Standard gebracht werden, ist hier von den Mietern weitere Eigeninitiative gefordert (z.B. tapezieren, Fußboden verlegen etc.). Die Tatsache, daß 60% aller Mieteinnahmen wieder als Zuschuß für anfallende Reparatur- und Instandhaltungskosten verwendet und Wohngeld-Beihilfen der Kommune an die einzelnen Mieter indirekt wieder in die weitere Nutzung der Häuser investiert werden, weist dieses Projekt als gemeinnützig, nicht profitorientiert und als 'innovatives Modell' aus. Ein den Bewohnern eingeräumtes Mitgestaltungs- und Mitspracherecht ermöglicht ihnen eine aktive Einflußnahme, wodurch noch vorhandene Selbstverfügungskräfte mobilisiert werden. Die beschriebene Organisationsstruktur könnte daher wegweisende Impulse für eine zu verändernde Vorgehensweise in der Bundesrepublik geben.

Neben einem angegliederten 'housing-service' mit 40 Wohnplätzen verfügt das 'Cyrenian Day Centre' in Bristol zudem über einen sog. 'resettlement-service', in dessen Zuständigkeitsbereich Wiedereingliederungshilfen nach vorangegangener Obdachlosigkeit fallen (Beantragung von Wohnbeihilfen, Beschaffung und Transport von Mobiliar, Hilfen bei Bewerbungsschreiben, Informationen über (Weiter)Bildungskurse, Vermittlung zur Alkohol- und Drogenberatung und Bewährungshilfe, aber auch Unterstützung bei der Suche nach Wohnraum auf dem öffentlichen Sektor). Die Tatsache, daß im Durchschnitt lediglich ein Jugendlicher von zehn Wohnungssuchenden - und dann auch nur temporär für die Dauer von maximal einem Jahr - einen freien Wohnplatz erhalten kann, reflektiert sowohl die hohe Akzeptanz dieses Projekts, aber auch den enormen Bedarf, den Jugendhilfeeinrichtungen auch hier nicht abdecken können. Diese Anbindung an weitere Hilfs- oder Tages-Treffmöglichkeiten fehlt für das 'Roundabout' in Sheffield vollkommen. Das Projekt versteht sich primär als 'emergency-help' und gliedert sich in einen 'Sleep-In'-Bereich mit einer maximalen Verweildauer von 14 Tagen/Nächten sowie einen Wohnbereich (max. sechs Monate). Ehrenamtliche Mitarbeiter und Mitarbeiterinnen (die eine entsprechende Fortbildung erhalten) und das hauptamtliche Team ermöglichen eine 'Rundum-die-Uhr-Besetzung' - auch nachts kann Aufnahme erfolgen. Eine unbürokratische Handhabung, die sich auch darin ausdrückt, daß Jugendliche nicht abgewiesen werden, wenn sie die (geringe) Gebühr nicht entrichten können, ist sicherlich auch für die Akzeptanz dieses Projekts bei den Punks mitverantwortlich. Am 'Roundabout' zeigt sich exemplarisch, wie sich solche Projekte bei gesicherten finanziellen Zuschüssen sukzessive vergrößern können: begonnen mit drei Schlafplätzen im 'Sleep-In' verfügt die Einrichtung mittlerweile über sieben Plätze und zusätzlich über acht Wohnplätze. Allerdings fehlen auch weiterführende, begleitende Hilfsmöglichkeiten, was die Jugendlichen nach Verlassen des Projekts wieder in eine unsichere Lebenslage bzw. in erneute Obdachlosigkeit entläßt.

Für die Bundesrepublik können trotz fehlender Vorerfahrungen und mangelnder Vorkenntnisse der Träger im Bereich 'Wohnen' mit der Zielgruppe der Punks folgende Erkenntnisse aufgeführt werden: Im Frankfurter Projekt konnte das intendierte Ziel, die latente Obdachlosigkeit der Punks zu überwinden, den durch das Projekt erlangten Wohnraum zu erhalten und ein weiteres Abgleiten in die Marginalität zu verhindern, erreicht werden. Die Anmietung eines eigenen Hauses für die Punks (vgl. auch die Vorgehensweise in Bristol) erweist sich auf dem Hintergrund eines eher unkonventionellen Lebensstils der Zielgruppe als sinnvoll. Im Lauf der Projektphase gelingt den Punks ein Regulativ, mit der Polizeiwache die Absprache zu treffen, bei Anzeigen wegen Ruhestörungen oder ähnlichem nicht mit dem Streifenwagen vorzufahren, sondern dies telefonisch zu regeln. Hierdurch ist es im Frankfurter Projekt gelungen, daß die Punks in der Folgezeit nächtliche Exzesse und Ruhestörungen minimierten und sich sogar nachbarschaftliche Beziehungen normalisierten. Die Punks wurden sich über den drohenden Verlust ihres Wohnraums - bei Beibehaltung ihres 'lärmenden' Lebensstils - bewußt und reduzierten folglich den Lärmpegel. Dies reflektiert die sukzessive Übernahme von Eigenverantwortlichkeit und entläßt die Mitarbeiter und Mitarbeiterinnen aus deren Verantwortung.

Auch durch die Verstärkung weiterer selbstregulierender Prozesse, wie z.B. die Verfahrensweise der Mietzahlung an den Verein, konnten Autonomiebestrebungen aufgegriffen und unterstützt werden. Verselbständigungstendenzen lassen sich auf zwei Ebenen erkennen: zum einen ist die Fluktuation innerhalb der Wohngruppe als positiv zu werten, da einzelne Punks eigene Wohnformen entwickelten und den Wohnbereich verließen; zum anderen gründeten die verbliebenen Bewohner und Bewohnerinnen nach Ablauf der Projektphase einen 'eingetragenen Verein', um das Haus in eigener Regie übernehmen zu können. Es lassen sich drei wesentliche Merkmale herauskristallisieren, die den Projektverlauf negativ beeinflußten und blockierten:

- der zum Teil verwahrloste und sanierungsbedürftige Zustand der Häuser; Energie- und Kraftreserven wurden für die Instandsetzung verbraucht;
- akute Obdachlosigkeit Jugendlicher der angrenzenden Szene führte zu chronischer Überbelegung in den Häusern. Keller und Zwischenstockwerke wurden bewohnt, wodurch behördliche Auflagen negiert wurden und sowohl die Bewohner und Bewohnerinnen als auch die Mitarbeiter und Mitarbeiterinnen überfordert waren;
- massiv drogenabhängige Bewohner und Bewohnerinnen sowie Besucher und Besucherinnen gefährdeten durch die spezifische Problematik das gesamte zweite Wohnprojekt des Vereins, was durch die Einstellung einer eigenen Drogenberaterin im Haus zwar abgefedert, jedoch nicht gelöst werden konnte.

In Bielefeld erfolgte die Intervention von Jugendhilfe im Bereich Wohnraumbeschaffung aufgrund öffentlich gewordener Mißstände in einem von Punks besetzten Haus in der Innenstadt. Hier lebten Punks mit ihren insgesamt 17 Hunden in einem verwahrlosten, sanierungsbedürftigen Haus. In einer Alltagslethargie gefangen, verbunden mit exzessivem Alkoholkonsum und mitunter drogenabhängig, konnten die Punks den Mindestanforderungen an Hygiene und Müllentsorgung nicht nachkommen. Verantwortung wurde an andere delegiert, die sich wiederum nicht zuständig fühlten. Zudem motivierte das Leben in einem verwahrlosten Haus nicht zu Aktivitäten. Die Jugendlichen - so sich selbst überlassen - verwahrlosten ebenfalls. Es ist verständlich, wenn Nachbarn und Familien mit Kindern sich dadurch belästigt fühlen und Angst vor Ungeziefer und Ratten äußern, die durch Abfall im Hinterhof angezogen werden können. Nach einer Räumungsklage sollten die Punks 'ausgesiedelt' werden: ihnen wurde ein Ausweichquartier - ein zum Abbruch vorgesehenes Haus in einem anderen Stadtteil - angeboten. Durch den Protest der umliegenden Anwohner wurde der Bezug verhindert. Über das Jugendamt, das Ordnungsamt, das Liegenschaftsamt und die gesamte Verwaltung wurden die Zuständigkeitsbereiche 'hin und her' geschoben. Wieder wurde die Ohnmacht der Behörden deutlich, und eine befriedigende Lösung für alle Beteiligten wurde so immer weiter nach hinten verschoben. Erst durch den Einsatz von Streetworkern gelang der Kontakt zur Szene; in der Folgezeit konnten zwei städtische Häuser angemietet und ein Sozialarbeiter für die 'Betreuung' der Wohngruppen eingesetzt werden, wodurch eine Stabilisierung gelang. Zeitgleich versuchten die kommunalen Vertreter der CDU, den von den Streetworkern konzipierten Tagestreff 'Punker-Pavillion' außerhalb der City am Stadtrand anzusiedeln. Diese Beispiele lassen die Schlußfolgerung zu, daß soziale Probleme so 'abgeschoben' und unsichtbar gemacht werden sollten. Bis dato war es jedoch in Bielefeld nicht gelungen, eine langfristige, dauerhafte Lösung im Wohnbereich zu finden: Die flankierende sozialpädagogische Begleitung erwies sich hier - über einen längeren Zeitraum - als wirksam, verhinderte jedoch nicht, daß die Punks - aufgrund von Abrißplänen für die Häuser - wieder in Wohnwagen untergebracht wurden.

Für das Fuldaer 'Punk-Projekt' lassen sich für den Wohnbereich folgende Erkenntnisse festhalten: Die im Konzept intendierte Einrichtung von begleiteten Wohngruppen und Hilfestellung bei der Wohnungssuche für diejenigen, die andere Wohnformen suchten, basierte auf dem Wunsch der Punks und resultierte aus den vorhandenen Notlagen von Obdachlosigkeit. Die Anmietung einer freigewordenen Wohnung (im gleichen Haus des Projekts) gelang gleich zu Projektbeginn. Die Anmietung durch den Jugendhilfe-Träger ermöglichte auch hier überhaupt erst Zugriff auf Wohnraum für die Zielgruppe (dies gilt gleichermaßen für die parallel zum Wohnprojekt erfolgte Unterstützung einzelner Punks bei der Wohnungssuche durch Annoncen bzw. durch Intervention zur Erhaltung von Wohnraum bei drohender Kündigung, Mietschulden, Räumungsklagen etc.). Folgende Faktoren trugen zum Gelingen der Konsolidierungsphase bei:

- die Entscheidung über die Zusammensetzung der Wohngemeinschaft wurde letztlich (nach gemeinsam festgelegten 'Dringlichkeitskriterien') den Punks selbst überlassen;
- jeder Mieter schloß - als autonomieverstärkendes Regulativ - einen Mietvertrag mit dem Jugendhilfeträger ab, verpflichtete sich jedoch, die Miete selbst pünktlich an die Hauseigentümerin zu überweisen. Dadurch wurde auch die Abhängigkeit vom Träger minimiert, der somit nicht in Vorlage der Mietzahlungen gehen mußte;
- die Binnenregelung des WG-Alltags wurde von den Punks selbst ausgehandelt, das Projektteam intervenierte nur in Krisensituationen;
- ein nicht repressiver Umgang bei Konfliktgeschehen, ein das Wohnprojekt 'begleitendes' Selbstverständnisprofil der Mitarbeiter und Mitarbeiterinnen.

Trotz vielfältig aufgetretener Konflikte (Lärmbelästigung der Nachbarn durch laute Musik und Hundegebell, Nichteinhalten von Putzplänen des Flurs, den eine weitere im Haus lebende studentische WG mitnutzte), kann das erste Jahr als gelungen interpretiert werden. Die Gruppe selbst wies zudem eine hohe Binnenstabilität auf (es gab keine Fluktuation). Die in der Folgezeit eskalierenden Konflikte (Lärmbelästigung, nächtliche Polizeieinsätze im Haus, drohende Kündigung der Hausbesitzerin) müssen im Zusammenhang mit folgenden Faktoren gesehen werden:
- akute Obdachlosigkeit befreundeter Punks führte zu anhaltender Überbelegung der Wohnung, die sich zudem (vor allem abends und bis in die Nacht hinein) zum 'Szene-Treff' entwickelte;
- Wohn- und Treffalternativen fehlten, da auf dem Hintergrund der allgemeinen Wohnungsnot (vgl. hierzu Wohnungsmarktanalyse in Kap. 2.1.2) die Bestrebungen der Projektmitarbeiter und -mitarbeiterinnen, weiteren Wohnraum für die Zielgruppe zu erschließen, fehlschlugen;
- die Verfügung über eigenen Lebensraum war emotional hoch bewertet und führte zu einer euphorischen Grundhaltung, die durch exzessiven Alkoholkonsum verstärkt und mögliche Folgen sowie Grenzüberschreitungen negiert wurden.

Selbstkritisch muß hierzu angemerkt werden, daß sowohl das Ausmaß als auch die bereits eingesetzten Auswirkungen des exzessiven Trinkens von unserem Team völlig unzureichend bedacht und unterschätzt wurden.

Da in der Einrichtung tagsüber Alkoholverbot bestand (lediglich bei abendlichen Aktivitäten war Bierkonsum erlaubt) und sich in all den Jahren deshalb nur selten Konflikte ergaben (einige Punks gaben gar freiwillig beim Eintreffen in den Projekträumen ihre Bierflaschen zum Aufbewahren ab), wurde der Alkoholkonsum im privaten Wohnbereich, aber auch auf Festen und bei sonstigen Aktivitäten als 'zum Punk-Sein dazugehörig' betrachtet. Der scheinbare Widerspruch im Verhalten der Punks - einerseits die hohe Bedeutung von verfügbarem Wohnraum, andererseits dessen ständige Gefährdung durch ihr Verhalten bei fehlender Verhaltensänderung - muß auf dem Hintergrund des gesamten Gruppengeschehens - das eng mit Gruppendruck korreliert - reflektiert werden: (endlich) konnten im privaten Wohnbereich Partys gefeiert werden, durch laute Punk-Musik, rituellen lauten Umgangston und demonstrativen Alkoholkonsum wurde eine Anpassungsverweigerung artikuliert, da Anpassungsleistung an normative 'bürgerliche Lebens- und Verhaltensweisen' verachtet und als Verrat an der eigenen Lebensideologie betrachtet wurde.

Diese Erfahrungen im Fuldaer Projekt lassen die Schlußfolgerung zu, daß trotz intensiver Bemühungen um Konfliktbewältigung und Erhöhung des selbstreflexiven Anteils bei den Punks die Anmietung einer Wohnung in einem Mehrfamilienhaus für diese Zielgruppe weniger geeignet ist, da deren

Wohn- und Gesellungsformen/Lebensstil Konflikte mit den übrigen Hausbewohnern und den Nachbarn vorprogrammieren und ein solches Wohnprojekt gefährden. Sinnvoller ist die Anmietung eines Hauses - wie die Beispiele aus Bristol, Bielefeld und Frankfurt zeigen. Da sich im Fuldaer Projekt das gesamte Gruppengeschehen auf lediglich eine Wohnung konzentrierte - und dadurch eskalierte - muß allerdings die Frage aufgeworfen werden, ob nicht ausreichend verfügbarer Wohnraum die Gesamtsituation von vornherein wesentlich entspannt und eine längerfristige Wohnperspektive ermöglicht hätte.

7.1.4 *Arbeitsprojekte und -initiativen/Aktivitäten*

Erfahrungen in diesem Bereich liegen für Großbritannien nicht vor, da der Schwerpunkt der Projektinhalte vorrangig in den bereits skizzierten Bereichen Wohnraumbeschaffung, Streetwork und Drop-In-Centren angesiedelt ist. Einzelne Aktivitäten der Punks z.B. im 'Cyrenian Day Centre' in Bristol lassen sich eher unter 'Freizeit' subsumieren und sollen hier nicht expliziert werden.

In einem weiteren, in Bristol von mir mehrmals besuchten und in das Jugendzentrum 'Barton Hill' eingegliederten 'Graffitie-Projekt' waren keine Punks involviert. Dieses Projekt findet deshalb hier nicht weiter Beachtung[39].

Die Einschätzung der Effizienz des Jugendaustauschs wird gesondert in Kap. 7.1.5. dargestellt. Es lassen sich für die Projekte Frankfurt und Fulda vielschichtige Ergebnisse erkennen: In Frankfurt entwickelte sich aus der ursprünglichen Intention der Punker-Gruppe, einen Raum als Treffmöglichkeit zu nutzen, das 'Café Exzess'. Dies hat sich mittlerweile verselbständigt und in der Frankfurter Kulturszene etabliert. Wesentlich zum Gelingen trug die Auseinandersetzungsbereitschaft der Mitarbeiter und Mitarbeiterinnen bei, sich auf die Gruppe einzulassen und diese in ihrem Vorhaben zu unterstützen und zu begleiten. Die Angebote konnten bis dato im kulturellen und vor allem im Musik-Bereich erweitert werden. Die Punks gründeten einen eigenen 'Verein zur Förderung von Kommunikation, Kooperation und Umwelt e.V.', wodurch sich die Verselbständigung der Gruppe gefestigt hat. Das Beispiel zeigt einmal mehr, daß durch die Bereitstellung von 'Raum' - auch im Sinne von 'Entfaltungsraum' - und einer prozeßbegleitenden, sozialpädagogischen Unterstützung die Aktivierung noch vorhandener Ressourcen möglich ist, zu sinnstiftender Orientierung und zu 'sinnvollem Tun' beigetragen werden und so durch 'Hilfe zur Selbsthilfe' eine - zumindest

---

[39] Ergebnisse aus diesem Projekt vgl. Müller-Wiegand: Kunst aus der 'working-class' - ein Graffiti-Projekt im Jugendzentrum Barton Hill, Bristol, GB. In: Päd.Extra Nr.6 1993, S.46-47

ansatzweise - Verselbständigung gelingen kann. Dies zeigt sich auch in der Tatsache, daß es zwei Jugendlichen gelungen ist, ein 'Transport- und Entrümpelungsunternehmen' zu gründen und so unabhängig von staatlicher Transferleistung zu werden. Weitere Ergebnisse lassen sich auch für das Arbeitsprojekt 'Rütteln und Poltern' festhalten: der gewählte Arbeitsbereich im Forst- und Landschaftsbereich griff nicht nur die für die Punks eher typischen Vorstellungen auf, sondern machte durch den Erfahrungsprozeß auch die Überprüfung und Relativierung eigener Grenzen und grundsätzliche Einstellungen zu Arbeit möglich. Wenn auch nicht alle Teilnehmer und Teilnehmerinnen der Maßnahme Kontinuität und Durchhaltevermögen gleichermaßen entwickelten und einige die Maßnahme aufgaben, kristallisierte sich doch für andere eine weiterführende Perspektive heraus. So konnten z.B. in den Lehrgängen spezifische Kenntnisse und neue Kompetenzen erworben werden, die wiederum weitere Verantwortungsübernahme herausforderte (z.B. durch die Anschaffung von Pferden). Obwohl das intendierte Ziel, einen selbständig geführten Alternativbetrieb zu entwickeln, nicht erreicht wurde, kann doch festgehalten werden, daß es erst durch den Einsatz von Jugendhilfe gelungen ist, für die Zielgruppe neue Sinnzusammenhänge und für einzelne weiterführende Perspektiven zu erschließen.

Auch in Fulda konnte die ursprüngliche Intention - die eigenständige Übernahme von Teilbereichen (Zweirad, Renovierung, Café) und dadurch eine eigene Existenzsicherung für einzelne Punks - nicht realisiert werden. Dennoch muß die Frage, ob sich durch die vielfältigen Aktivitäten im Arbeits- und Beschäftigungsbereich eine Langzeitperspektive für einzelne eröffnet hat, differenziert betrachtet werden. Das wöchentliche Arbeitslosenfrühstück, das sich bereits zwei Jahre vor dem eigentlichen Projektbeginn durch aktive 'Raumaneignung' der Punks zu einer festen Institution etabliert hatte, erfüllte über die Möglichkeit, gesunde Nahrungsmittel zu sich zu nehmen, auch eine sozial-kommunikative Funktion. Das in Selbstorganisation der Punks durchgeführte Frühstück - die Projektmitarbeiter und -mitarbeiterinnen wurden hier lediglich turnusmäßig wie alle Teilnehmer und Teilnehmerinnen in die Organisation miteinbezogen - wurde regelmäßig von ca. 20-30 Jugendlichen besucht[40]. Der im Projektzeitraum etablierte Mittagstisch konnte sich nicht - wie konzeptionell intendiert - ausweiten; ebenso gelang es nicht, im Rahmen von Jugendhilfe das geplante Jugendcafé

---

[40] Das Arbeitslosenfrühstück wurde nach Ablauf des Projekts (Ende 1991) bis Ende Dezember 1995 in anderen, von den Punks selbstorganisierten Räumen weitergeführt und als Forum für die Planung des Jugendaustauschs und anderen Aktivitäten (Jugendwerk der AWO) genutzt; die ehemaligen Projektmitarbeiterinnen wurden ab und zu als 'Gäste' hierzu eingeladen. Die Jugendlichen erhielten hierfür jährlich kommunale Zuschüsse, die jeweils von ihnen selbständig und detailliert beantragt werden mußten. Seit Januar 1996 gibt es wieder in Trägerschaft des 'Jugendwerks der AWO' einen 'Tagestreff für jugendliche Randgruppen', vgl. hierzu Abschluß Kap. 5.3

zu verankern. Trotz gelungener Phasen blieb dieser Bereich rudimentär, was auf das Nicht-Zustandekommen der forcierten Arbeitsmaßnahmen über AFG und/oder BSHG zurückzuführen ist. Obwohl die vorhandenen Gruppenräume de facto als Jugendcafé genutzt und tagsüber - aber auch zeitweise abends - als 'offener Treff' hoch frequentiert wurden und wegen fehlender Alternativen offen standen, scheiterte das Vorhaben an den Vorgaben der Verwaltung, die ihre Verweigerung auf 'fehlende Erfahrungen in diesem Bereich' stützte. Die Bemühungen von Seiten der Jugendhilfe stoßen hier an Grenzen: Aufsuchende Gespräche in der Arbeits- und Sozialverwaltung, organisierte Gesprächsrunden und wiederholte Anträge blieben erfolglos und scheiterten letztlich an einer bürokratischen und zum Teil rigiden Praxis der Behörden, die sich auf Richtlinien und fehlende Erfahrungswerte beruft. Fehlende flexible Handhabung und fehlender 'Ermessensspielraum' lassen an den Gesetzgeber die Forderung ergehen, den einzelnen Behörden und Verwaltungsorganen mehr Spielraum und - nach kritischer Prüfung der Gegebenheiten - eigenständige Entscheidungsmöglichkeiten einzuräumen. Durch eine geförderte Arbeitsmaßnahme und eine ausreichende finanzielle Gesamtausstattung - dies gilt gleichermaßen für die Bereiche Fahrradwerkstatt, Renovierung und Cafébetrieb - hätten sich durchaus individuelle wie auch kollektive Stabilisierungs- und Verselbständigungsprozesse erzielen und berufsqualifizierende Fertigkeiten und Fähigkeiten erweitern lassen. An einem Beispiel will ich dies noch verdeutlichen: Ein gefördertes Arbeitsprojekt sah auch konzeptionell den Erwerb des Führerscheins Klasse 3 vor, da gerade im ländlichen Raum ein Führerschein für einen Job, z.B. als Fahrer, unerläßlich ist. Denjenigen Punks, die den Führerschein Klasse 3 schon hatten, sollte Gelegenheit gegeben werden, den Führerschein für kleinere LKW's zu machen. Das durch die Maßnahme verdiente Geld sollte so in den Erwerb des Führerscheins investiert werden, um sich dadurch langfristig unabhängiger zu machen. Da die Maßnahme nicht zustande kam und finanzielle Mittel fehlten, konnten die Jugendlichen auch den Führerschein nicht erwerben.

    Dieses wesentliche Ergebnis - die Abhängigkeit der Maßnahmen von bürokratischen Vorgaben - muß ausdrücklich hervorgehoben werden und könnte innovative Impulse setzen, um zukünftigen Jugendhilfe-Bestrebungen in diesem Bereich Rechnung zu tragen. Gerade im Umgang mit dieser stigmatisierten - und bereits deutlich marginalisierten - jugendkulturellen Gruppe, die sonst kaum noch durch Angebote der Jugendhilfe erreicht werden kann, würde eine nicht an starre Vorgaben und Richtlinien gebundene, flexiblere Herangehensweise der Behörden im Hinblick auf eine integrative, zielgerichtete und sinnhafte Lebensbewältigung und -gestaltung die Erfolgschancen vergrößern. Das Nichtgelingen der Umsetzung vorhandener Projektbausteine in real greifbare, geförderte Beschäftigungsmaßnahmen führte zu allgemeinem Unverständnis bei allen Beteiligten: den Projektmitarbeitern und -mitarbeiterinnen, dem Träger des Projekts, vor allem jedoch bei den betroffenen Punks selbst. Dies führte zeitweilig bei den Jugendlichen zum resignativen Rückfall in regressive Verhaltensweisen und zu einer gesteigerten Wut auf 'die Gesellschaft' per se, die somit aus dem Blickwinkel der Jugendlichen bei vorhandenem und unter Beweis gestelltem Willen zur Arbeitsaufnahme weitere Ausgrenzung und verweigerte Partizipation fortführte.

Durch diesen Prozeß wurden alle Beteiligten auf den eng gesteckten Rahmen des Projekts verwiesen; dennoch konnten über längere Zeiträume bei einigen Punks Verfestigungsprozesse und eine engagierte Mitarbeit wahrgenommen werden, die unmittelbar zur Tragfähigkeit des gesamten Projektverlaufs beitrugen und die Sinnhaftigkeit des Projektgedankens bestärkte. In der Fahrradwerkstatt und in der Renovierungsinitiative konnten sich einzelne Jugendliche auf Honorarbasis zumindes zeitweilig ein - wenn auch begrenztes - finanzielles Einkommen sichern; trotz auftretender Konflikte im Binnensystem konnten Zweiradwerkstatt und Renovierungsbereich bis zum Projektende aufrecht erhalten werden. Es gelang einem Punk, sich die Fahrradwerkstatt als Ort der Verselbständigung anzueignen und zwei Punks führten anfallende Renovierungen in eigener Verantwortung weiter (beides noch bis ca. einem Jahr nach Projektende). Die Idee, Einfacharbeitsplätze zum Erlernen von relativ 'einfachen' Arbeitsfertigkeiten ohne spezifisch nötige Vorerfahrungen und -kenntnisse zu schaffen, resultierte aus den Lebenslagen der Zielgruppe und erwies sich - wenn auch nicht für alle gleichermaßen - als durchaus sinnvoll. Häufiges Konfliktgeschehen forderte das Erlernen von konstruktivem Bewältigungsverhalten - als Erfahrungswert - heraus. Das 'Heranführen an Arbeit' und damit verbunden das Erlernen von Fertigkeiten sowie sozialen Fähigkeiten wie Durchhaltevermögen, Kontinuität, Zuverlässigkeit und Pünktlichkeit konnten hierbei eingeübt und verstärkt werden.

Auf diesem Hintergrund ist die Tatsache positiv zu werten, daß es der Fuldaer Gruppe in den Projektjahren und bis heute gelungen ist, jährliche Sommerfeste in Selbstorganisation durchzuführen sowie sich in den Jugendwerksvorständen auf Kreis-, Bezirks-, Landes- und gar Bundesebene als 'Vertreter der Randgruppen', zum Teil in Vorstandspositionen, zu etablieren. Die Zugehörigkeit zu einer sozialpolitisch tätigen Gruppe (außerhalb der eigenen Peer-group) bringt ganz neue Erfahrungen: Sie bietet Struktur und das Erleben, durch sinnhaftes Tun 'an einem Strang zu ziehen'. Sie bietet die Erfahrung, etwas 'bewegen zu können' und auch überregional gemeinsam tätig zu sein. Sie bietet die Erfahrung, sozialpolitisch 'mitzumischen'. So wurden prägende und weitere Marginalisierung verhindernde Erfahrungen gemacht, die - in einer eher langfristigen Perspektive - stabilisierende Auswirkungen auf ihre Persönlichkeit hat. Unter diesem (gruppenbezogenen) Aspekt ist auch die skizzierte 'Rumänien-Hilfsaktion' zu interpretieren. Hier spielten auch Motive der Verbundenheit mit 'Randgruppen' in einem anderen Land, denen es wesentlich schlechter geht als ihnen selbst, eine große Rolle. Durch die unmittelbare Konfrontation mit dem sozialen Elend in den Kinderheimen wurde die bei den Punks vorhandene ausgeprägte Sensibilität für soziale (Un)Gerechtigkeit aktiviert und in handelnde Solidarität transformiert. Diese Aktion von Punks und Jugendlichen der angrenzenden Szene dürfte in dieser Form einzigartig sein und läßt erkennen, daß ein Aktivierungspotential zu sinnstiftendem Tun bei den Jugendlichen vorhanden ist, das - unter entsprechenden Rahmenbedingungen - wiederbelebt werden kann.

7.1.5 Jugendaustausch mit Punks aus Manchester und Fulda

Zunächst muß diese Maßnahme insgesamt als einmalig im Jugendhilfebereich mit Punks und marginalisierten Jugendlichen bezeichnet werden. In der gängigen Fachliteratur lassen sich keine Hinweise auf ähnlich erfolgreiche Maßnahmen in diesem Bereich finden. Auch die Tatsache, daß im Juli 1996 dieser Jugendaustausch (als Gegenbesuch einer Gruppe aus Manchester wieder in Fulda) bereits zum fünften mal stattfinden wird, läßt auf den anhaltenden Erfolg dieser Maßnahme und deren Beliebtheit schließen. Es muß betont werden, daß es der Fuldaer Gruppe gelungen ist, diese Maßnahmen in Eigeninitiative zu organisieren und letztlich durchzuführen - ohne hauptamtlich tätigen Sozialarbeiter oder einer Sozialarbeiterin; lediglich bei der Beantragung der finanziellen Zuschüsse wurde die Gruppe unterstützt von einem Sozialpädagogen des Bezirksjugendwerks als Trägerverband. Diesen Fakt möchte ich ausdrücklich hervorheben. Hierdurch können die bislang skizzierten Aussagen hinsichtlich der durch die Projektaktivitäten bei einzelnen Punks erzielten Verselbständigungsprozesse - in langfristiger Wirksamkeit - deutlich unterstrichen und bestärkt werden.

Dies wirft die Frage auf: Wie ist es der Gruppe der Punks und Jugendlichen der angrenzenden Szene ohne hauptamtlich Tätige nun bereits seit fünf Jahren gelungen, das Projekt des Jugendaustauschs bis heute durchzuführen, zumal bereits zum Zeitpunkt der ersten Jugendbegegnung im September 1992 das Fuldaer Punk-Projekt beendet war und nicht mehr existierte, also auch die - vertrauten - Räumlichkeiten als Treff-, Ausgangs- und Stützpunkt nicht mehr verfügbar waren? Zuerst muß dies - auch auf die Gefahr der Redundanz hin - auf dem Hintergrund der durch die Projektaktivitäten möglich gewordenen Einbindung der Punks gesehen werden. Das Projekt bot einen stabilisierenden, remotivierenden und sozial- und kulturell reproduzierenden Rahmen, der Raum zur Selbsterfahrung und -entfaltung (mit dem - durchaus konfliktreichen - Austesten eigener Grenzen) stiftete und die sukzessive Übernahme von Verantwortung herausforderte und möglich machte. Einzelne Punks, die in mehrere Projektbausteine involviert waren - sowie vor allem auch die bereits älteren Punks - entwickelten die Funktion von Ansprechpartnern und hatten Vorbildwirkung. Sie wurden zu vertrauenswürdigen Identifikationsfiguren, zu wichtigen 'Schlüsselpersonen', auf die Verantwortung 'übertragen' wurde, die aber auch selbst ihrerseits diese Verantwortung übernahmen.

Die Federführung übernahmen bis heute der damalige Mitarbeiter der Fahrradwerkstatt - mittlerweile Sozialwesenstudent - und ein älterer Punk - mittlerweile Umschüler im Landschaftsbereich. Als entscheidender Faktor muß die Tatsache gesehen werden, daß beide aus der Szene bzw. der angrenzenden Szene kommen, was die Identifikation der Gesamtgruppe mit den Vorhaben auf Dauer begünstigt. Als weitere Erklärung muß das beständige Engagement des englischen Kollegen Rick Williams genannt werden, der von allen gleichermaßen akzeptiert und sehr geschätzt wird. Er hielt jeweils durchgängig durch das Jahr - telefonisch und schriftlich - Kontakt zur Fuldaer Gruppe und kam einmal pro Jahr selbst zu Vorbereitungstreffen nach Fulda. Durch seinen Einsatz und seine fachliche Qualifikation hat er grundlegend zum Erfolg dieser Maßnahme beigetragen.

Auf dem Hintergrund der prekären Lebenslagen der englischen Punks (Obdachlosigkeit, Langzeitarbeitlosigkeit, Heimerfahrung, Gefängnisaufenthalte, Strafverfahren) und der Tatsache, daß Rick Williams bis dato keinen Kontakt zu den Punks hatte und diesen erst mühsam aufbauen mußte, erscheint es besonders erstaunlich, daß es ihm gelungen ist, die Punks in diese Aktionen - die meisten dauerhaft - zu involvieren, wozu sein formuliertes Selbstverständnis und seine Grundorientierungen ausschlaggebend beigetragen haben.

Auch für die Fuldaer Gruppe gab es - aufgrund der skizzierten Ausgangsbedingungen - einige Hürden zu überwinden. So lehnte beispielsweise die Kommune einen finanziellen Zuschuß für den Jugendaustausch mit der Begründung ab, keine Sinnhaftigkeit in diesem Projekt zu erkennen, obdachlose englische Punks auf die Reise nach Deutschland zu schicken und hier die Fuldaer Punks mit den Geldern der Steuerzahler an dem bunten Besuchsprogramm partizipieren zu lassen. Anstatt für sie Arbeit und Unterkunft zu finden[41] und sie in die Gesellschaft zu integrieren, befürchte man eine Bestärkung der Punks in ihrer Randgruppenstellung durch einen Erfahrungsaustausch. Ein daraufhin von mir mit dem Bürgermeister initiierter und aufgenommener, zunächst schriftlicher, dann auch - intensiv - mündlicher Dialog (mehrseitiger Briefwechsel, zwei zweistündige Gespräche)

---

[41] diese Aussage erscheint mir auf dem Hintergrund der skizzierten Projektbemühungen um Wohnraumbeschaffung und finanzierte Beschäftigungsmaßnahmen für die Punks besonders strittig und sorgte in der weiteren Auseinandersetzung mit den Vertretern der Stadt für reichhaltig Konfliktstoff

konnte Ziel und Sinnhaftigkeit der Maßnahme deutlich machen, was letztlich zur Bewilligung finanzieller Zuschüsse führte.

Allerdings konnte in Fulda eine ähnlich intensive Vor- und Nachbereitungsphase, wie dies in Manchester gelungen ist, nicht geleistet werden. Als wöchentliches Forum diente der Fuldaer Gruppe das Arbeitslosenfrühstück und die vor Ort bekannten Szene-Kneipen, da entsprechende Treff-Räume und hauptamtliche Ansprechpartner fehlten. Dies wurde auch von den beteiligten ehrenamtlichen Jugendwerks-Mitarbeitern und -Mitarbeiterinnen vielfach kritisiert und als Mangel betrachtet.

Die Effizienz dieser Jugendbegegnung erweist sich auf mehreren Ebenen: Zum einen der dargestellte Verselbständigungsprozeß bei einem Teil der Fuldaer Gruppe bei gleichzeitiger Offenheit für jeweils neue Teilnehmer und Teilnehmerinnen (z.B. diejenigen Punks, die unter äußerst prekären Bedingungen in Wohnwagen am Stadtrand leben); zum anderen lassen sich eine Reihe von nur hierdurch möglich gewordenen Lernprozessen und Erfahrungswerte greifen, die ich kurz zusammenfassen will:

- bei den Manchester Punks jeweils 9 Monate Durchhaltevermögen in der Vorbereitungsphase und die Fähigkeit, sich den Teilnehmerbeitrag sukzessive zu verdienen
- gemeinsames Aushandeln von Regeln
- Einfügen in eine Gemeinschaft mit festem Rahmen
- Überwinden von Unsicherheiten und Voreingenommenheiten (bezogen auf die Situation jeweils im Ausland)
- eine nicht nur auf reine Begegnung reduzierte Maßnahme, sondern Erfahrungs- und Erkenntniszugewinn durch die Programmpunkte (z.B. Konzentrationslager Buchenwald, Besuch sozialer Einrichtungen, 'Street-Art-Projekt')
- Lernerfahrung von Kommunikation (trotz Sprachbarrieren) statt Ab- und Ausgrenzung
- Alternative zum vertrauten 'Alltagstrott'
- Einblick in die soziale und kulturelle Lebenswelt gleichgesinnter Jugendlicher in einem anderen Land
- Motivierung zu Aktivität und Partizipation versus Lethargie und Desinteresse
- die Erfahrung, eine Woche lang gemeinsam auf ein Ziel hin gerichtet kreativ zu arbeiten, sich in eigenen Talenten ihrer Kunst auszudrücken und eine gemeinsame, öffentliche Ausstellung zu produzieren, die auch in der Presse und im Bundesministerium für Jugend in Bonn Beachtung fand
- dadurch Festigung des Selbstwertgefühls
- Entwicklung und Festigung freundschaftlicher Beziehungen
- Übersiedlung einer englischen Teilnehmerin dauerhaft nach Fulda, lange Besuche von Manchester-Punks in Fulda.

7.1.6 Zum Selbstverständnis der Mitarbeiter und Mitarbeiterinnen

Bevor im folgenden Abschnitt einzelne Aussagen der Mitarbeiter und Mitarbeiterinnen dargestellt werden, sollen einige grundsätzliche Überlegungen zu diesem Themenbereich angestellt werden.

Professionelles soziales Handeln ist nicht ohne den Einfluß eigener Grundeinstellungen, eigener ethischer und philosophischer Wertesysteme der helfenden Person möglich: dies sind Aspekte, die letztlich die Persönlichkeit eines Menschen wesentlich mitbestimmen und die der 'professionell Handelnde' in die Interaktion mitbringt. Wolfgang Schlüter weist darauf hin, daß jedem Eingreifen in das Leben anderer Menschen bestimmte Werte und Normen zugrunde liegen und daß jedes helfende Engagement bis hin zu formulierten Zielsetzungen und gar Wahl der Methoden geleitet sei von einer Werthaltung, die derjenigen der Adressaten oder auch des Auftraggebers sozialer Arbeit nicht unbedingt entspreche (vgl. Schlüter 1988, S.9).

Das professionelle Selbstverständnis ist sicher auch abhängig vom jeweiligen Theorieansatz, dem sich professionell Helfende zugehörig bzw. verpflichtet fühlen. Theorieansätze als Erklärungsmuster für das Verstehen von Wirklichkeit, die Entstehung von Krisensituationen, Ursachen sozialer Notlagen, sozialer Ungleichheit oder 'abweichendem' Verhalten und darauf basierender Problemlösungsansätze formen unmittelbar soziales Handeln mit. So gehen beispielsweise der 'Sozialintegrative' Theorieansatz (Vertreter z.B. Hans Scherpner, Klaus Mollenhauer, Lutz Rössner), der 'Kritisch-emanzipatorische' Theorieansatz (Gerd Iben, Hermann Gieseke, Hans Thiersch, Thomas Rauschenbach, Sylvia Staub-Bernasconi, Wolf Rainer Wendt), der 'Gesellschafts- bzw. Systemkritische' Theorieansatz (z.B. Karam Khella, Walter Hollstein/Marianne Meinhold) und der Theorieansatz der 'Ökosozialen Perspektive' (Wolf Rainer Wendt) von unterschiedlichen Grundpositionen und Erklärungsansätzen aus, die jeweils das eigene Selbstverständnis mitprägen[42].

Die Bereitschaft zur Reflexion des eigenen Selbstverständnisses im Interaktionsprozess des professionell-Helfenden mit Klienten, aber auch mit der Institution und dem Träger sozialer Arbeit ist - als permanente Herausforderung - eine notwendige Voraussetzung für professionelles soziales Handeln. Das Ziel ist, Entwicklung und Wachstum einer Person, einer Gruppe oder Gemeinschaft zu fördern und sich möglicher Machtstrukturen im Bedingungsgefüge bewußt zu werden.

Aber auch die Reflexion philosophischer Grundfragen wie: 'Wie sehe ich die Welt?', 'Wie sehe ich mich in der Welt?' und 'Wie sehe ich andere in der Welt?' sind notwendig und formen das eigene Menschenbild wesentlich

---

[42] weiterführende Literatur zusammenfassend bei Ernst Engelke: Soziale Arbeit als Wissenschaft. Eine Orientierung. 2. Auflage 1993, Freiburg

mit, auf dessen Grundlage professionelles Handeln stattfindet. Diesen Themenkomplex in der vorliegenden Arbeit nicht unbeachtet zu lassen ist mir wichtig. In 13-jähriger sozialarbeiterischer Tätigkeit fast ausschließlich mit sog. 'Randgruppen'-Jugendlichen unserer Gesellschaft konnte ich immer wieder die Erfahrung machen, daß das eigene Selbstverständnis mit seinen Implikationen wesentlich zu gelingenden Interaktionsprozessen und zu konstruktiven und wachstumsfördernden Veränderungen in der Persönlichkeit und im Verhalten Jugendlicher beigeträgt oder dies überhaupt erst ermöglicht hat. Im folgenden kurzen Exkurs möchte ich mich bei meinen Überlegungen auf die Interaktion 'Helfer/Helferin-Klient/Klientin/Gruppe' beschränken.

Benno Hafeneger vertritt in einem Beitrag die Ansicht, daß auf dem Hintergrund der veränderten Lebenslage Jugendlicher heute und damit auch dem zunehmenden Interesse und Bedürfnis der Mitarbeiter und Mitarbeiterinnen von Jugendarbeit, das professionelle Selbstverständnis und Selbstkonzept neu zu begründen und sich zu 'verorten', es auch Abschied zu nehmen gilt "von pädagogischen Biologismen, die meinen, 'alle Menschen seien gut bzw. hätten einen guten Kern, der nur freigelegt werden müsse' " (Hafeneger 1992b, S.80).

Ob der Mensch als 'tabula rasa' geboren wird, ob er über ein 'kollektives Unbewußtes' (C.G.Jung) verfügt, was Jung mit dem Terminus des 'Archetypus' faßt, ob der Mensch determiniert ist oder einen freien Willen hat, ob er auch einen 'guten' oder auch einen 'schlechten' Kern hat - diese grundlegenden anthropologischen und philosophischen Fragestellungen können an dieser Stelle (leider) nicht vertieft werden, bestimmen jedoch meiner Ansicht nach entscheidend das eigene Menschen- und Weltbild, und eben auch das Selbstverständnis professionell Helfender mit.

Über die Ansicht Hafenegers läßt sich sicherlich streiten; ich kann ihr nicht zustimmen und gehe mit der 'humanistischen Psychologie' und der Ansicht Carl Rogers konform, der seiner Auffassung von der 'menschlichen Natur' die Überzeugung zugrundelegt, "daß der menschliche Organismus, das einzelne Mitglied der Spezies Mensch, in seinen Tendenzen und seiner Richtung im Kern konstruktiv ist" (Rogers 1987, S.7). Trotz in der Gesellschaft vielfach vorhandener destruktiver Verhaltensweisen von Menschen (Gewalt, Krieg, Zerstörung) geht er von der Annahme aus, daß der Mensch eine im Grunde 'positive Entwicklungsrichtung' habe (vgl. Rogers 1989, S.42) und das Individuum, sofern es sich der ihm offenstehenden Wahlmöglichkeiten voll bewußt sei, einer konstruktiven Wahl den Vorzug gäbe. Diese konstruktiven Potentiale könnten in einem wachstums- und entwicklungsfördernden Klima freigesetzt werden (ebd.). Er begründet seine Auffassung mit seiner in mehreren Jahrzehnten erlangten Erfahrung in der psychologisch-therapeutischen Tätigkeit mit Einzelnen und Gruppen. Zu diesem 'förderlichen Klima' zählt er (äußerst verkürzt dargestellt) den Respekt vor dem Individuum, Empathie, die Fähigkeit des professionellen Helfers, den anderen wirklich *hören* zu können (das Aufnehmen seiner Worte, Gedanken, Gefühlsnuancen und deren persönliche Bedeutung, durch Gestik und Mimik auch das *Hören* des 'zwischen-den-Zeilen-Gesagten', also Botschaften tiefer zu erfassen), ohne gleich zu bewerten, zu diagnostizieren, zu interpretieren sowie den Glauben an die Selbstlenkungsfähigkeiten und -kräfte des Menschen.

Um den gespannten Bogen hier wieder an Jugendarbeit anzuknüpfen: Auch Becker/May betonen in ihrem Aufsatz die Notwendigkeit des eigenen Selbstverständnisses von Pädagogen und der Bereitschaft, den Jugendlichen Kompetenzen zur Selbstorganisation ihrer Interessen und Bedürfnisse zuzusprechen und sie zu unterstützen (1991, S.45). Der Pädagoge werde so zum 'Ferment' und mobilisiere Eigenkräfte der Jugendlichen, die die Entwicklung solidarischer Problembewältigung begünstige mit dem Ziel, Lebenszusammenhänge zu stabilisieren (vgl. ebd.). Auch ist als Selbstverständnis wichtig, sich selbst als 'Lernende(r)' zu sehen, auch vor allem von den Jugendlichen zu lernen - wie Kraußlach u.a. es formulieren -, sich selbst in Frage stellen zu lassen (1990, S.244). Weitere Aspekte sind: die eigene Meinungen zu vertreten und Stellung zu beziehen (S.66) und sich 'als Person' in die Arbeit einzugeben, die bereit ist, sich selbst einschließend gemeinsam mit den Jugendlichen zu überlegen, "wie man heute recht und sinnvoll leben kann" (Böhnisch/Münchmeier 1990, S.109). Unterstützend im professionellen Alltag mit den Jugendlichen ist weiter, eine 'streitbare Toleranz' zu entwickeln und die Bereitschaft zu vernünftig-argumentativer Auseinandersetzung mit der Offenheit, auch eigene Überzeugungen fortzuentwickeln (vgl. Schlüter 1988, S.173). Kraußlach u.a. weisen auch auf die Gefahr hin, daß Mitarbeiter und Mitarbeiterinnen Jugendliche 'vereinnahmen', Jugendliche unbewußt in Abhängigkeit zu halten, um sich selbst von der Notwendigkeit ihrer Tätigkeit zu überzeugen (S.60) - auch dieser Aspekt erfordert immer wieder selbstkritisch Reflexion. Hans Thiersch weist zusammenfassend auf die Notwendigkeit eines professionellen Selbstverständnisses hin, damit die Gratwanderung von Vertrauen und Distanz, von Sich-Einlassen und Auf-Abstand-Gehen, von Verstehen und Auseinandersetzen im Alltag gelingt (1992, S.77).

Die Frankfurter Projektmitarbeiter und -mitarbeiterinnen formulierten für die Interaktion mit den Punks ein handlungsanleitendes "dialogisches Modell". Die Beziehungsstruktur von Mitarbeitern und der Gruppe wurde durch die Bereitschaft der Mitarbeiter gefördert, auch attackierende und aggressive Verhaltensmuster der Punks 'auszuhalten' und sich 'einzulassen'. Dies ermöglichte den Punks, entgegen ihren sonstigen Alltagserfahrungen von Abweisung und Ausgrenzung, neue Erfahrungen zu sammeln. Diese Haltung der Mitarbeiter und Mitarbeiterinnen, den Punks den notwendigen 'Raum' zum Experimentieren und 'Sich-Ausprobieren' zu geben bei gleichzeitig klarer Selbstdefinition und Rolle der Mitarbeiter und Mitarbeiterinnen (um z.B. auch einer 'künstlichen Verbrüderung' entgegenzuwirken), stellte den Zugang zu und eine Vertrauensbeziehung mit der Gruppe der Punks her und ermöglichte diesen, eigene Handlungsspielräume zu erkennen und zu entfalten. Stüwe/Weigel sprechen in diesem Zusammenhang in ihrem Abschlußbericht von "korrigierenden, emotionalen Erfahrungen", die in der Auseinandersetzung mit den Mitarbeitern und Mitarbeiterinnen neu erlebt werden konnten (vgl. 1991, S.62). Auch Hafeneger hebt in seinem Abschlußbericht des Fuldaer Projekts die Bedeutsamkeit dieses Aspekts hervor: "Die ProjektmitarbeiterInnen sind mit ihrer Präsenz und ihren Angeboten für viele Punks die einzigen sie (professionell) ernstnehmenden, unterstützenden und auseinandersetzungsbereiten Erwachsenen in Fulda" (1992a, S.26).

Die eigene Handlungskompetenz sehen die Frankfurter Mitarbeiter und Mitarbeiterinnen darin, die Gruppe zu 'begleiten' - was als Unterschied zur 'Betreuung' gesehen wird. Diese Begleitung impliziere eine zuverlässige Präsenz, das Aufzeigen und Konfrontieren vorhandener Realitätszwänge und -systeme und das Schaffen von 'Raum' für die Gruppe selbst, wobei ihr selbständige Entscheidungen und die Übernahme von Verantwortlichkeit nicht nur 'zugestanden', sondern diese herausgefordert wurde. Ihre Funktion definierten die Mitarbeiter und Mitarbeiterinnen so: "Als SozialarbeiterInnen ging es uns nicht darum, die Gruppe zu betreuen und die einzelnen zum Klientel zu machen, vielmehr sollten Vereinbarungen getroffen werden, auf deren Grundlage die Gruppe sich selbst Handlungsspielräume eröffnen sollte. Wir als Sozialarbeiter hatten uns also nicht vorgenommen, Individuen zu betreuen und einzelne Fälle zu lösen" (Stüwe 1990, Zwischenbericht der Wissenschaftlichen Begleitung, S.9). Auch in Fulda war das Selbstverständnis der Mitarbeiter und Mitarbeiterinnen von großer Relevanz. "Die Sozialarbeiterin versteht sich als prozeßbegleitende, unterstützende, beratende und intervenierende Begleiterin. Sie will sich einerseits nicht kontrollierend oder gar disziplinierend 'aufdrängen' (Selbstbegrenzung), den selbstorganisierten Prozeß nicht beeinflussen; andererseits ist ihr Interesse, daß das Wohnprojekt 'gelingt', indem sie ihre Kompetenzen prozeßbegleitend, dialogisch und stimulierend anbietet und die Jugendlichen in der Klärung von 'Binnenfragen' und 'Außenkontakten' (z.B. Konflikte mit Nachbarn und der Hausbesitzerin, Gespräche mit Ordnungsamt und Bürgermeister) berät und unterstützt" (Hafeneger 1992a, S.61). Diese Gratwanderung im sozialarbeiterischen Selbstverständnis durchzuhalten, bezeichnet Hafeneger als "eine der zentralen Herausforderungen an das professionelle Selbstkonzept" (ebd.).

Weiterhin scheint mir die an der Realität orientierte Vorgehensweise der Mitarbeiter und Mitarbeiterinnen ein bedeutsamer Garant für den insgesamt erfolgreichen Verlauf der Projekte zu sein. Authentizität im Verhalten der Mitarbeiter und Mitarbeiterinnen wird meiner Erfahrung nach von den Punks rasch erkannt und geschätzt (und von ihnen eingefordert). Demgegenüber wird widersprüchliches Verhalten oder eine beabsichtigte, 'künstliche Verschwisterung' (z.B. im äußeren Erscheinungsbild durch 'punkige' Kleidung, im Privatbereich durch das häufige Aufsuchen der 'Szenekneipen' oder auch in einem anpassenden Sprachjargon und Habitus) rasch durchschaut und abgelehnt. Die Frankfurter Mitarbeiter und Mitarbeiterinnen sehen das Gelingen, zu der Gruppe der Punks eine Bindung aufzubauen, ursächlich in diesem klaren Beziehungsverhältnis begründet. "Als SozialarbeiterInnen präsentieren wir uns nicht als Kumpel oder Ihresgleichen, wie es häufig Sozialarbeiter gerne zu tun pflegen, sondern wir zeigen klare Grenzen und die Alltagsrealität auf. Wir sagen deutlich, daß wir nicht ihre Welt präsentieren und fordern sie auf, sich auseinanderzusetzen" (Stüwe 1990, S.10).

Dieses professionelle Selbstkonzept beinhaltet für die Frankfurter Mitarbeiter und Mitarbeiterinnen vor allem auch, die Arbeit mit Randgruppen als sozialpolitische Arbeit zu begreifen und die Lebenslage und Probleme der Jugendlichen öffentlich zu machen. Doris Westphal betonte in unserem Gespräch, daß ihrer Ansicht nach zu wenig finanzielle Mittel für Streetwork und niedrigschwellige Einrichtungen zur Verfügung gestellt werden und daß Sozialpolitik die gleiche Priorität erhalten müsse wie andere Bereiche. Eine vorrangige Aufgabe von Jugendhilfe sieht sie in einer 'Vermittlerfunktion' zwischen Jugendlichen und Außenwelt, Jugendhilfe müsse verstärkt als 'Sprachrohr' und 'Lobby' für die Belange gerade jugendlicher Randgruppen fungieren, da diese das Produkt gesellschaftlicher Mißstände seien, weshalb Jugendliche in eine Marginalexistenz abgedrängt würden. Heute gehe es oft nicht mehr 'um die Freiheit der Wahl', sich einer jugendkulturellen Szene zuzuordnen, sondern die Zuordnung resultiere aus den vorgefundenen Lebensumständen. Demzufolge formulierte sie auch Forderungen an die Wohnungspolitik, jugendgerechten Wohnraum zu schaffen, der den Wünschen der Jugendlichen nach gemeinsamem Wohnen mit Gruppenräumen und Werkstätten Rechnung tragen sollte. Einen ganz anderen und wesentlichen Aspekt beinhaltet der von Rick Williams aus Manchester definierte Ansatz hinsichtlich seines Selbstverständnisses. Dadurch, daß er die Punks nicht primär als 'Opfer', sondern als Persönlichkeiten gesehen und sie somit herausgefordert hat, ihre Fähigkeiten unter Beweis zu stellen, hat er ihnen einen Weg geebnet, sich selbst etwas zuzutrauen und sie darin bestärkt, Ressourcen (wieder) zu erkennen und zu entfalten, die bislang scheinbar durch mißliche Lebensumstände verloren bzw. verschüttet waren. Große Relevanz hat auch hier die Tatsache, daß Rick Williams nach Kontaktbeginn mit der Punker-Gruppe deren Meinungen, Lebensweisen und -vorstellungen nicht bewertet hat, nicht 'besserwisserisch' aufgetreten ist, sie ernst genommen, ihnen zugehört und Loyalitätstests ausgehalten hat, ohne in diesem Interaktionsprozess seine eigenen Standpunkte zu verleugnen.

7.2 Reflexion der Ergebnisse entlang meiner Arbeitshypothesen und Fragestellungen

Zusammenfassend sollen die Ergebnisse meiner Untersuchung nun entlang meiner Arbeitshypothesen und Fragestellungen ausgewertet und reflektiert werden.

Die zentrale Hypothese meiner Arbeit kann durch die Ergebnisse meiner empirischen Untersuchung in Großbritannien und in der Bundesrepublik grundlegend als bestätigt betrachtet werden: Auch für Jugendliche aus dem subkulturellen Milieu wie für Punks lassen sich unter bestimmten Voraussetzungen und Bedingungen - die ich entfaltet habe - Angebote und Maßnahmen im Spektrum der Jugendhilfe durchführen, die zur Verbesserung ihrer Lebenslage beitragen. Meine Grundannahme, daß vielfältig empirisches Wissen in Praxiseinrichtungen vorhanden ist, das nicht erfaßt und somit durch den fehlenden Transfer für weiterführende Theoriebildung sowie als handlungsanleitende Orientierungshilfen für weitere Praxis verloren geht, hat sich ebenfalls bestätigt. Diese Lücke zu schließen - wenn auch nur durch Fallanalysen in den beiden Ländern - war die vorliegende Untersuchung angetreten. Lediglich in den als 'Modelle' geförderten Projekten werden die Projektergebnisse - hier aber nur durch die wissenschaftliche Begleitung - publiziert. Die Mitarbeiter und Mitarbeiterinnen selbst 'greifen nicht zur Feder'. Die Ursachen dafür liegen zum Teil in Gründen der Arbeitsbelastung im professionellen Alltagsgeschehen, zum Teil auch in vorhandenem Desinteresse der Mitarbeiter und Mitarbeiterinnen, die ihr Arbeitsfeld zwar als interessant bezeichnen, aber kein überregionales Interesse darin sehen. Die Verstrickungen, vielfältigen Aufgaben und Belastungen im Berufsalltag, die auch lästige administrative Tätigkeiten mit sich bringen - nicht selten bei völlig unzureichendem Stellenplan und unzumutbaren Belastungen (z.B. Punker-Pavillon Bielefeld, Streetworker in Sheffield) - demotivieren die Mitarbeiter und Mitarbeiterinnen, auch noch abends oder an den Wochenenden reflektierte Gedanken über ihre Erfahrungen und Erkenntnisse in Fachartikeln zusammenzufassen.

Die Frage nach der *Interventionsberechtigung von Jugendhilfe* in der Jugendkultur der Punks läßt sich wie folgt beantworten: In der Einleitung meiner Arbeit wurde ausgeführt, daß Jugendkulturen per se nicht Gegenstand von Jugendhilfe sein können und es nicht Intention von Jugendhilfe sein kann, Punks zum 'Objekt sozialer Fürsorge' zu machen. Auch wenn das seit 1991 in Kraft getretene Kinder- und Jugendhilfegesetz (KJHG) in den Paragraphen 11 (Jugendarbeit), 13 (Jugendsozialarbeit) und 35 (intensive sozialpädagogische Einzelbetreuung) die gesetzliche Grundlage für Jugendhilfe darstellt und auch Punks aufgrund ihrer Lebenslage zur Zielgruppe gezählt werden können, so erscheint die Frage nach der Interventionsberechtigung von Jugendhilfe bei einer Jugendkultur mehr als sinnvoll. Die Ergebnisse meiner Untersuchung lassen die Schlußfolgerung zu, daß der von Helmut Becker u.a. 1984 beschriebene intellektuell-kreative Teil der früheren Punker-Szene sich zum größten Teil mittlerweile abgespalten, neue, andere Milieus und Lebensformen gefunden, Schul- und Berufsausbildungen wieder aufgenommen, ein Studium begonnen oder sich in sog. 'Nischen' verselbständigt hat. Die Punks vornehmlich aus der Arbeiterschicht haben den 'Anschluß verloren' und bilden - nach wie vor - einen 'festen Kern' der jugend(sub)kulturellen Gruppe. Durch das Leben am Existenzminimum - und dies wird nicht selten noch unterschritten - erfüllt die Peer-Group der Punks als kollektive Solidargemeinschaft heute im besonderen Maße die Funktion von Sicherheit, Zuflucht, Heimat und Familie zugleich. Die früheren Ideale und Wertvorstellungen sind noch immer existent, auch Rituale, Stilelemente und Accessoires wurden teilweise beibehalten; die expressive und kreative Kraft von einst ging jedoch durch die sich sukzessive verschärften Lebensbedingungen und daraus folgend zum Teil prekären Lebenslagen weitgehend verloren. In allen von mir für die Untersuchung besuchten Städten - auch in Großbritannien - zeigte sich mir ein ähnliches Bild: existentielle Notlagen, Verelendungserscheinungen, durch Stigmatisierung in eine marginale Existenz gedrängt, Perspektivlosigkeit, 'Zeit-totschlagen', selbstschädigendes Verhalten vornehmlich durch Alkoholabusus, dem ordnungspolitischen Zugriff ausgesetzt: junge Menschen, die mit dem Staat und der Gesellschaft 'abgeschlossen' haben, sich 'verweigern' - auch den traditionellen Angeboten der Jugendhilfe, deren Vertrauen in sich selbst und in andere gebrochen ist. Und *erst auf diesem Hintergrund* setzt die mit 'Ja' zu beantwortende Frage nach einer Interventionsberechtigung von Jugendhilfe ein: eine Suche nach Wegen, um diese Jugendlichen nicht weiter zu ghettoisieren und sich selbst zu überlassen. Ich komme zu dem Schluß, daß hier sogar *Interventionspflicht* besteht.

Wie diese Intervention, das 'praktische Einhaken' (May 1986) von Jugendhilfe zu einer gelingenden Interaktion mit den Punks beitragen kann, soll im folgenden noch entfaltet werden.

Die These, daß der *Zugang zur Zielgruppe* erschwert und traditionelle Jugendhilfe-Angebote selbst in Krisensituationen abgelehnt werden (vorherrschende Meinung: 'hilf dir selbst, sonst hilft dir ein Sozialarbeiter') ist zunächst zu verifizieren. Es hat sich jedoch gezeigt, daß durch Streetwork und niedrigschwellige Drop-Ins unter Beachtung ganz wesentlicher Grundlagen es rasch möglich ist, einen (dauerhaften) Kontakt herzustellen.

Erst wenn eine Vertrauensbasis aufgebaut werden kann - die sich immer wieder neu bewähren muß - zeigen sich Punks durchaus bereit, sich auch auf Mitarbeiter und Mitarbeiterinnen der Jugendhilfe einzulassen. Da gerade Streetwork und niedrigschwelligen Drop-Ins eine so große Bedeutung in der Interaktion mit den Punks zukommt, werde ich mich im anschließenden Kapitel 7.3. mit diesem Bereich nochmals ausführlicher auseinandersetzen und oben angedeutete Grundlagen aufzeigen.

Die Relevanz der *Angebote und Maßnahmen der Jugendhilfe* für eine eher kurz- oder langfristig positive *Wirksamkeit* für die Punks stellt sich wie folgt dar:

Die skizzierten Beispiele in den Bereichen Wohnen, Arbeits- und Beschäftigungsmaßnahmen und Jugendaustausch lassen deutlich Konsolidierungsprozesse bei einzelnen Punks erkennen und tragen zur Bewältigung von Existenzkrisen bei, wodurch weitere Verarmung verhindert und Verelendung abgebremst werden konnte. Auf dem Wohnungsmarkt unterliegen die Punks im besonderen Maße den Selektionsmechanismen des Marktes; durch die Aktivitäten von Jugendhilfe wurde erst Zugriff auf Wohnraum möglich. Dieser ist als Grundlage der Existenzabsicherung einzustufen, auf dessen Basis Zeit und Kraft für Verhaltensmodifikation möglich wird (Teilnahme an Arbeitsaktivitäten, Wiederaufnahme von Schul- und Berufsausbildung). Mit dem Blick nach Großbritannien zeigt das Beispiel von 'Self help housing' in Bristol, daß es nicht nur um die Versorgung mit Wohnraum, sondern um die Aktivierung der Selbsthilfekräfte gehen kann, die unter Bereitstellung des entsprechenden Rahmens revitalisiert werden. Zu diesem Rahmen zählt auch die Verfügung über 'Raum' in den Projekten und Maßnahmen: Entfaltungsraum, der Mitsprache und Lernprozesse herausfordert, in dem soziale, psychische, aber auch physische Stabilisierung möglich wird, die sich langfristig manifestiert. Am Jugendaustausch wird dies exemplarisch deutlich: Erst durch die Intervention von Jugendhilfe und durch den gesamten Prozeß der langen Vorbereitungsphase für den Jugendaustausch konnte es in Manchester gelingen, daß sich einzelne Punks persönlich langfristig stabilisiert haben, nach neuen Lebensformen und Gestaltungswegen suchen. In Rick Williams haben sie einen unterstützenden Ansprechpartner gefunden, der ihre Lebenseinstellungen, Meinungen und Lebensweisen akzeptiert, ihre Autonomiebestrebungen unterstützt und vorhandene kreativkünstlerische Fähigkeiten bei den Punks aus dem verborgenen, verschütteten Inneren zu reaktivieren weiß, was letztlich in die Durchführung eines gemeinsamen Kunst-Projektes mündete. Aktionen der Punks wie das 'Street-Art-Project' in Manchester, die Rumänien-Spenden-Aktion und die jährlichen Sommerfeste in Fulda sind öffentlichkeitswirksam und schaffen Selbstbewußtsein und Anerkennung, auch von außen. Dies wirkt persönlichkeitsstabilisierend und mobilisiert weitere Kräfte. Die autonom organisierten Sommerfeste (mit dem Auftritt der Fuldaer Punk-Band 'Junge Union', aber auch überregionaler Punk-Bands) sind zudem Ausdruck einer gegenkulturellen Demonstration, ein Aspekt eigener kultureller Aneignung. Jugendhilfe stellte zwar zunächst den notwendigen 'Rahmen' für diese Aktionen dar - diese Sommerfeste in Fulda wurden jedoch auch nach dem Ende des Projekts jährlich weiter veranstaltet - wie auch der Jugendaustausch, was einen langfristigen Verselbständigungsprozess der Punks erkennen läßt.

Arbeitsprojekte wie das Beispiel 'Rütteln und Poltern' aus Frankfurt und - begrenzt - auch in Fulda bieten für diese Zielgruppe Möglichkeiten der Reproduktion in einer gesellschaftlichen 'Nische' und fördern die Lust an der Gestaltung des eigenen Lebensraums; vorhandene handwerkliche Fähigkeiten können eingesetzt und so genutzt werden. Es hat sich gezeigt, daß die Punks durchaus motiviert sind, neue Perspektiven aufzugreifen und als Herausforderung anzunehmen, sofern sich die erschlossenen Arbeitsinhalte und Aktivitäten im Bereich ihrer (Lebens)-Vorstellungen bewegen und ihre unmittelbaren Bedürfnisse berücksichtigen (Arbeiten im Freien im Forst- und Landschaftsbereich, Gartenbau, Zweirad, Renovierung, Jugendcafé, Jugendaustausch ins Ausland).

Als *ganz wesentlicher Erfolg* ist die Tatsache zu werten, daß die Punks sich überhaupt dauerhaft, teilweise über viele Jahre lang, in die Maßnahmen eingelassen haben, daß sie geblieben sind, immer wieder andere Punks mitbrachten und sich neu mit ihrem Leben auseinandergesetzt haben. Daß dies langfristig positive Auswirkungen auf ihre Persönlichkeit genommen hat, ist anhand des bereits jahrelang anhaltenden dauerhaften Engagements einzelner Jugendlicher in den skizzierten Jugendhilfe-Maßnahmen bei deutlicher Verselbständigung - auch im Wohn- und Arbeitsbereich - zu sehen.

Die Frage, welche *institutionellen Strukturen und Merkmale* bei Berücksichtigung der Eigenheit der Jugendkultur der Punks sich als eher positiv-förderlich bzw. negativ-hinderlich identifizieren lassen, soll im folgenden kurz beantwortet werden: als hilfreich erweist sich zunächst auf der räumlichen Ebene die Trennung von Gruppen-, Treff- und Büroräumen, lockere Treffmöglichkeiten (auch unbeobachtet von Mitarbeitern) mit offener 'Komm-und-Geh-Struktur'. Ein ausreichender Stellenplan und eine interne klare Struktur einzelner Aufgabenbereiche (incl. SozialManagement) ist ebenso notwendig wie Teamreflexionen und regelmäßige Supervision.

Es lassen sich jedoch auch einige hinderliche Aspekte festhalten: bezüglich der beantragten Arbeitsmaßnahmen im Fuldaer Projekt haben lange Entscheidungsfindungsprozesse der Behörden der mitunter mühsam bei den Punks erlangten Motivation zur Arbeit kontraproduktiv entgegengewirkt; einerseits sollten sie an 'berufsbildenden Wiedereingliederungskursen' (Schreib- und Rechenkurse und Bewerbungstraining) des Arbeitsamts teilnehmen, andererseits wird eine bezahlte innovative und ihren Bedürfnisssen und Fähigkeiten entsprechende und zudem noch Verselbständigungsprozesse förderliche Beschäftigungsinitiative (incl. die Erlangung des Führerscheins) verweigert und 'bürokratisiert'. Auch die zu kurz befristete Förderung, z.B. in Fulda, hat eine längerfristige Planung und Vertiefung einzelner Segmente verhindert. Erfolgversprechende Konzepte und Ansätze der Jugendhilfe können dann nicht greifen, wenn arbeits- und sozialpolitische Vorgaben, aber auch eine stigmatisierende Öffentlichkeit und Geschäftsinhaber wie z.B. in Bielefeld, die Verwirklichung der intendierten Vorhaben verhindern und keine ausreichenden Ressourcen - vor allem auch im Stellenplan - zur Verfügung gestellt werden.

Anschließend soll die These, daß Punks eher *Zugang zu freien Trägern* finden *und kommunalen Einrichtungen* und Angeboten fernbleiben, überprüft werden. Auch von Interesse ist hierbei, ob sich erkennbare Trägerspezifika bestimmen lassen. Diese Frage muß differenziert beantwortet werden: In meine Untersuchung sind Einrichtungen um Maßnahmen unterschiedlicher Träger eingeflossen:
- kirchliche Träger ('Cyrenian Day Centre' in Bristol)
- kommunale Träger (Punker-Pavillion Bielefeld, Roundabout Sheffield, Streetwork in Sheffield)
- freie Träger, gemeinnützige Vereine: Projekte Frankfurt und Fulda, 'Self Help' in Bristol und
- Mischformen, kommunale und freie Träger (Jugendaustausch).

Grundsätzlich kann die vorherrschende These, daß freie Träger für Maßnahmen mit Punks z.B. durch eine niedrigere Hemmschwelle eher geeignet seien, aufgrund der vorliegenden Ergebnisse nicht bestätigt werden. Vielmehr hat sich gezeigt, daß die Einstellungen der Mitarbeiter und Mitarbeiterinnen, also ihr professionelles Selbstverständnis und dessen Ausdruck im Hinblick auf die Kontaktbeziehung und letztlich einer dauerhaften Involvierung der Punks in einzelne Bereiche (Angebote von Seiten der Jugendhilfe, aber auch Aktivitäten, die durch die Eigeninitiative der Punks entstehen) nahezu ausschlaggebend sind. Es scheint für die Punks selbst keine Relevanz zu haben, ob z.B. das 'Drop-In' in Bristol einem kirchlichen, der Punker-Pavillion in Bielefeld und der Streetworker in Sheffield einem kommunalen oder das Punker-Projekt in Fulda einem freien Träger zugehörig ist. Wesentlich ist jeweils, *wie* von den Mitarbeitern und Mitarbeiterinnen überhaupt auf die Zielgruppe und auf krisenhafte Lebenslagen reagiert wird und welche Alternativen bereitgestellt und Perspektiven eröffnet werden. Auch die Annahme, daß kommunale Streetworker per se von den Punks als 'Behördenvertreter' betrachtet werden, kann durch die vorliegenden Ergebnisse nicht bestätigt werden. Sowohl der Streetworker in Sheffield als auch der zunächst als Streetworker tätige Mitarbeiter des Punker-Pavillion in Bielefeld ist ebenso wie die in Manchester initiierte Streetwork mit den Punks mit kommunalem Auftrag und bei kommunaler Anstellung der Mitarbeiter zustandegekommen. Keiner der Mitarbeiter äußerte erfahrene Ablehnung aufgrund dieser Tatsache; Berührungsängste zur Zielgruppe lagen eher auf Seiten der Mitarbeiter vor. Vielmehr war hier entscheidend, *wie* sich die Mitarbeiter präsentieren und wie sie ihre Berührungsängste überwinden. Allerdings sagt diese Feststellung noch nichts über die internen Strukturen in Projekten und Maßnahmen unterschiedlicher Träger aus. Hier zeigte sich in der Tat, daß freie Träger den Mitarbeitern und Mitarbeiterinnen ein eher unkonventionelles, flexibles und eigenständiges Handeln ermöglichen. Sie sind sind experimentell offen und nicht in dem Maße wie kommunale Mitarbeiter an behördliche Vorgaben gebunden. Mitarbeiter und Mitarbeiterinnen freier Träger sind hier eher autorisiert, inhaltliche Schwerpunkte selbst zu bestimmen oder Öffentlichkeitsarbeit durchzuführen, ohne erst einen behördlichen Antrag stellen und diesen genehmigen lassen zu müssen. Außerdem konnte ich feststellen, daß bei freien und kirchlichen Trägern eher ausreichende Stellenpläne vorhanden waren (z.B. 'Cyrenian Day Centre' Bristol, Projekte Frankfurt und Fulda).

Wie bereits ausgeführt, kommt dem *Selbstverständnis der Mitarbeiter und Mitarbeiterinnen* eine ganz tragende - wenn überhaupt nicht die bedeutsamste - Rolle in der Interaktion mit den Punks zu. Unerläßlich ist, im Umgang mit Punks Abschied zu nehmen vom Terminus 'Betreuung', was jedoch ein reflektiertes Selbstverständnis der Mitarbeiter und Mitarbeiterinnen voraussetzt[43]. Der Terminus 'Begleitung' ist vorzuziehen, da dieser die Mitarbeiter und Mitarbeiterinnen von Jugendhilfe eher 'neben' die Jugendlichen stellt, als 'treue' Begleiter, die die Jugendlichen nicht 'belehren', sondern herausfordern. Die Mitarbeiter und Mitarbeiterinnen sollen nicht 'besserwisserisch' auftreten, sondern sie unterstützen, sie sollen ihnen nicht alles abnehmen, sondern ihnen auch ihre Eigenverantwortlichkeit erkennbar machen. Sie sollen ihnen 'Raum' geben, ihre existentielle Not lindern, aber auch Raum, sich Auszuprobieren und dadurch Selbst- und Lernerfahrung und somit Veränderung ermöglichen. Sie sollen die Jugendlichen 'loslassen' können und sind dennoch nicht überflüssig. Sie sollen ihnen ein 'Beziehungsangebot' machen - als wesentliches Element der Jugendarbeit überhaupt -, aber auch aushalten können, wenn die Jugendlichen dieses nicht annehmen. Sie sollen selbst als Person 'greifbar' sind, sich eingeben, sich einlassen, eigenes Profil zeigen, sich aber auch abgrenzen, sich zurückziehen, sich zurücknehmen können. Sie sollen auseinandersetzungs-, aber auch

---

[43] dies wird bislang - so meine Kenntnis - weder in der Jugendforschung noch in der Ausbildung an Fachhochschulen thematisiert; lediglich im Projekt Frankfurt wurde dieser Terminus von den Mitarbeitern reflektiert. In meinen Lehraufträgen an der Fachhochschule Fulda führt diese meine Ansicht immer wieder zu kontroversen Diskussionen; meiner Ansicht wird entgegengehalten, daß dieser Terminus auch das Wort 'Treue' impliziere. Dennoch plädiere ich generell dafür, diesen Terminus in der Jugendarbeit (vor allem mit bereits älteren Jugendlichen) nicht zu verwenden, da auch zumindest die Punks selbst diesen Terminus ablehnen und dieser ein hierarchisches 'Gefälle' assoziieren läßt und den Jugendlichen für 'unmündig' erklärt

lernbereit (auch von den Jugendlichen) sein, Konflikte nicht scheuen, Provokationen aushalten, aber ihre eigene Meinung vertreten und diese zur Diskussion stellen[44].

Die Frage, was aus den *Punkern der sog. 1. und 2. Generation* - also der Spät-70er und 80er Jahre geworden ist, ob diese sich mittlerweile in die Gesellschaft integriert, ob sie sich 'Nischen' gesucht oder ganz 'ausgeblendet' haben, kann durch die vorliegende Untersuchung nur unzureichend und Lückenhaft beantwortet werden. Dieser Frage näher nachzugehen kann Aufgabe weiterer Jugendforschung sein. Die Tatsache jedoch, daß einige in die Projekte und Maßnahmen involvierte Punker schon älter sind (bis über 30 Jahre alt), läßt darauf schließen, daß sich zumindest ein 'harter Kern' verfestigt hat. Charly, der in Manchester als 'key-person' fungiert, zählt sich seit 18 Jahren der Subkultur der Punks zugehörig, ist mittlerweile über 30 Jahre alt, hat drei Kinder und versucht derzeit, sich mit einem 'T-Shirt-business' in Manchester zu etablieren. Auch von der Fuldaer Gruppe übernehmen die bereits älteren - wie skizziert - selbständig Verantwortung als 'Schlüsselpersonen' beim Jugendaustausch, haben sich in ihrem Alltagsleben jedoch seit ihrer 'aktiven Punk-Zeit' zum Teil beruflich (vorrangig im Landschaftsbereich) und auch durch ihre Wohnsituation verselbständigt[45].

Als bedeutsam sind auch folgende Erkenntnisse zu werten: Die These, daß Konzepte und Maßnahmen oftmals am 'grünen Tisch' der Mitarbeiter geplant werden, kann durch die vorliegenden Ergebnisse nicht bestätigt werden. Sowohl in Großbritannien als auch in den in die Untersuchung aufgenommenen Projekten in der Bundesrepublik haben die *Punks* durch *aktive Mitbestimmung* ihre eigenen Vorstellungen eingebracht, Inhalte und Maßnahmen mitgeplant und mitgetragen, die teilweise überhaupt erst auf von ihnen geäußerte Wünsche hin zustandegekommen sind. In diesem Kontext war auch die Frage aufgeworfen, welche *besonders förderlichen Bedingungen* im Projektgeschehen hinsichtlich der Unterstützung von Lernprozessen und der Entwicklung von Eigenständigkeit und Selbstbestimmung erkannt werden können.

Trotz mißlicher Lebenslagen kann festgehalten werden, daß bei vielen Punks mehr oder weniger ausgeprägt der Wunsch vorhanden ist, Ohnmachtsgefühle dann zu überwinden und die eigenen Geschicke in die Hand zu nehmen, wenn zunächst die existentiellen Bedürfnisse (Wohnung, Nahrung, Sozialraum) abgedeckt waren. Dies führte zu einer Befreiung aus der 'Opfer- bzw. Objekt' - Rolle hin zum handelnden Subjekt: Jugendliche, denen niemand mehr etwas zugetraut hat - und auch sie sich selbst nichts

---

[44] aufgrund meiner eigenen langjährigen Praxis weiß ich, daß ein solch reflektiertes Selbstverständnis 'wachsen' muß und ein persönlicher Lernprozeß eigener Art darstellt

[45] meist Haus- und Wohngemeinschaften, da sich spezifisch vor Ort durch den Abzug der US-Armee der Wohnungsmarkt entspannt hat

mehr - entfalten unter den skizzierten Rahmenbedingungen der Jugendhilfe hier ihre unterschiedlichen Fähigkeiten. Fehlt dieser Rahmen - und das wird am Beispiel von Sheffield deutlich -, sind diese Jugendlichen gezwungen, in der 'Opfer-Rolle' zu verharren, was bedeutet, daß sie sich selbst überlassen bleiben. Möglichkeiten von Mitbestimmung fordert die Jugendlichen heraus und läßt sie reflexiv ihre eigenen Autonomieansprüche unter Beweis stellen, wie z.B. im wöchentlichen 'members-meeting' im 'Cyrenian Day Centre' in Bristol, selbständige Organisation von Arbeitslosenfrühstück und Mittagstisch in Fulda, die Entwicklung der Treffräume hin zum 'Café Exzess' und später dann die Gründung eines eigenen e.V.'s in Frankfurt sowie die von Seiten der Fuldaer Gruppe eigenständige Programmplanung und Durchführung des Jugendaustauschs. Hier hat sich auch gezeigt, daß die Punks dann in der Lage sind, festgefahrene Handlungsmuster aufzubrechen und neue Orientierungs- und Verhaltensmuster zuzulassen, wenn ihnen Handlungsräume zugetraut werden und diese ihnen sinnvoll erscheinen. Im Projekt Frankfurt beschlossen die Jugendlichen selbst in den Gesamtplena Kündigungen von Wohn- oder Arbeitsplätzen, in Fulda, wer in die Wohngemeinschaft zieht und wer auszieht.

Auch am Beispiel des Jugendaustauschs ist deutlich geworden, daß gerade die bei Punks vorherrschende Gegenwartsorientierung aufgebrochen werden kann und die Jugendlichen sich in einen längeren Planungs- und Gestaltungsprozeß eingelassen haben. Mehr noch: es entwickelte sich in diesem Rahmen eine Eigendynamik. Es wurden erstaunliche Kräfte, Fähigkeiten, Talente und eine Vitalität freigesetzt, die in 'sichtbar-greifbare' Kunstobjekte transformiert wurden[46]. Die Frage nach den *zentralen Herausforderungen an die Mitarbeiter und Mitarbeiterinnen* - bezogen auf das Verhalten der Punks - und spezifische Problemkonstellationen im Interaktionsprozeß mit den Punks läßt sich folgendermaßen beantworten: Zunächst galt es auch für die Mitarbeiter und Mitarbeiterinnen, Berührungsängste und Fremdheitsgefühle bezüglich der Zielgruppe zu überwinden, aber auch Angstgefühle gegenüber ihren Hunden oder Ekelgefühle gegenüber ihren Ratten. Der rauhe, barsche, zuweilen grobe oder auch aggressive Umgangston der Punks untereinander, aber auch mit den Mitarbeitern und Mitarbeiterinnen, mußte ausgehalten werden. Aber in dem Maße - so auch meine persönliche Erfahrung -, wie mitunter offene Ablehnung, negative, auch verletzende Äußerungen gegenüber den Mitarbeitern und Mitarbeiterinnen oder auch direkte Angriffe auf die eigene Person 'ungefiltert' geäußert werden, so herzlich, großmütig, großzügig und hilfsbereit wird 'aus dem Bauch' heraus in anderen Situationen von den Punks gehandelt.

---

[46] diese Kunstobjekte wurden im Mai 1996 beim Bundesjugendwerkstreffen der Arbeiterwohlfahrt in Kiel und während des fünften Jugendaustauschs im Juli 1996 in Fulda in einer Ausstellung öffentlich gezeigt (mit Eröffnungsrede der Fuldaer Bürgermeisterin)

Herausforderungen auf einer anderen Ebene zeigten sich immer wieder darin, daß für die Mitarbeiter und Mitarbeiterinnen das Wissen über die teilweise äußerst begrenzten Hilfsmöglichkeiten von Jugendhilfe durch von außen gesetzte Grenzen mitunter schwer zu akzeptieren war. Auf der einen Seite stehen die Jugendlichen in Notsituationen und fordern die Umsetzung ihrer Ideen und Vorschläge, auf der anderen Seite schränken gesetzliche und behördliche Vorgaben sowie überhaupt fehlende weiterführende Hilfsinstrumente das Handlungsrepertoire deutlich ein. Die Bewußtheit darüber, lediglich 'den Mangel zu verwalten' und den 'Ist-Zustand zu verwahren' - wie Lutger Böwing es ausdrückte, oder darüber, daß die geleistete Hilfe nur 'ein Tropfen auf den heißen Stein' sei - wie Tracy Pike es formulierte - und dies bei täglich hohem Besucherstrom -, wird als Paradoxon empfunden und löst mitunter Wut, Aggression und Ohnmachtsgefühle bei den Mitarbeitern und Mitarbeiterinnen aus. Dies wird verstärkt durch auftretende Vermutungen, lediglich zur 'Befriedung' von Mißständen eingesetzt zu sein. Bei fehlender weiterer Unterstützung verdichten sich diese Ohnmachtsgefühle.

Gerade der Streetworker in Sheffield und die Mitarbeiter und Mitarbeiterinnen des Punker-Pavillion in Bielefeld erlebten diese Begrenzung täglich; hier galt es daher, eine hohe Frustrationstoleranz zu entwickeln. Diese Frustrationstoleranz war auch gefordert, wenn mit den Punks vereinbarte Regeln von diesen nicht eingehalten wurden, bereits laufende Maßnahmen durch das Verhalten der Punks selbst gefährdet waren (nächtliche Ruhestörungen, Partys bis in den frühen Morgen in der Wohngemeinschaft Fulda, in Frankfurt Drogengebrauch der Bewohner) und die Bemühungen der Mitarbeiter und Mitarbeiterinnen um Verhaltensänderung von Seiten der Punks erfolglos blieben, da diese mögliche Konsequenzen ihres Verhaltens verdrängten. Auch eine im Verlauf von Maßnahmen zeitweilig von den Punks dargelegte 'Nehmer-Haltung' reflektierte zwar den Wunsch, 'versorgt zu sein', löste jedoch in den Mitarbeitern zeitweilig Resignation und Unverständnis aus und wurde im Widerspruch mit ihren häufig geäußerten Autonomiebestrebungen gesehen. Hier waren die Mitarbeiter immer wieder herausgefordert, ihre 'pädagogischen' Ansprüche kritisch zu reflektieren.

Eine psychische Herausforderung an die Mitarbeiter und Mitarbeiterinnen stellte auch immer wieder die Tatsache dar, mit den physischen und psychischen Auswirkungen sozialen Elends konfrontiert zu sein und z.B. Jugendliche infolge fehlenden Wohnraums auf die Straße verweisen zu müssen, in dem Bewußtsein, daß man selbst abends in seine eigenen 'vier Wände' zurückkehrt. Dieses Gefühl von Hilflosigkeit aushalten zu können bedurfte schon einer intensiven Reflexion im Team selbst, aktivierte oftmals die eigenen Kräfte und motivierte die Mitarbeiter und Mitarbeiterinnen zu einer umfassenden Öffentlichkeitsarbeit, um die sozialen Mißstände publik zu machen.

7.3 Schlußfolgerungen für eine zielgruppenadäquate Jugendhilfe mit Punks

Wie bereits ausgeführt hat sich bei der Durchführung der vorliegenden Untersuchung sowohl in Großbritannien als auch in der Bundesrepublik deutlich gezeigt, daß Streetwork und niedrigschwellige Einrichtungen wie 'Drop-Ins' erste, bewährte Ansätze von Jugendhilfe für Punks sind. Daher sollen diese Ansätze im folgenden Abschnitt nochmals mit Bezug auf die gängige Literatur und die durch die Untersuchung erlangten Erkenntnisse reflektiert und gesondert betrachtet werden.

7.3.1 Streetwork und Drop-In-Centren als bewährte Ansätze in der Jugendhilfe mit Punks

Anfang der 70er Jahre begann Streetwork sich in der Bundesrepublik als 'lebensweltnahe Arbeitsform', als 'aufsuchende Sozialarbeit' zu etablieren, nachdem in den USA - hier bereits in den 20er Jahren -, den Niederlanden, Großbritannien, Frankreich und den skandinavischen Ländern schon jahre-, mancherorts jahrzehntelang diese Ansätze in der sozialen Arbeit praktiziert wurden. Schon damals zeichnete sich ab, daß viele von besonderen Problemen und sozialen Notlagen bedrohte und betroffene Jugendliche (aber auch Erwachsene) durch herkömmliche Angebote der Sozialarbeit nicht mehr zu erreichen waren.

Eines der ersten Arbeitsfelder von Streetwork in der Bundesrepublik war die Drogenarbeit Anfang der 70er Jahre, nachdem - ausgelöst durch die 'Woodstock-Ära' - unterschiedliche psychedelische Drogen aus den amerikanischen in die europäischen Länder kamen und die Drogenabhängigkeit unter Jugendlichen anstieg.

Walther Specht kann als 'Vater' von Streetwork/Mobile Jugendarbeit in der Bundesrepublik bezeichnet werden. Er war der erste, der Ende der 60er Jahre ein Streetwork-Projekt in Stuttgart ins Leben rief. In den letzten Jahren sind Streetwork und niedrigschwellige soziale Arbeit auch zunehmend in der Jugendarbeit attraktiv geworden. Auch wenn Hans Thiersch zu Beginn der 90er Jahre von einer bei vielen Sozialarbeitern und Sozialarbeiterinnen fehlenden Attraktivität der mobilen Arbeit mit Gruppen und Gangs spricht (1992, S.76), so liegen doch mittlerweile aus dem In- und Ausland Erfahrungsberichte vor. Die vorliegende Arbeit will als Beitrag aufzeigen, daß eine steigende Zahl von Mitarbeitern und Mitarbeiterinnen der Jugendarbeit sich auf diese Ansätze einlassen und bereit sind, neue Wege zu gehen.

Streetwork/Mobile Jugendarbeit sucht die Jugendlichen an ihren selbstgewählten Trefforten an öffentlichen Plätzen, in Parks, Kneipen und in Fußgängerzonen auf. Die Mitarbeiter verlassen also ihren Schreibtisch, ihre Beratungszimmer und gehen direkt auf die Straße, akzeptieren diese als ihren Arbeitsraum. Straßensozialarbeit ist daher auch für Thiersch der Versuch, Disziplinierung und Entfremdung, wie sie in institutionalisierten Hilfsangeboten und -maßnahmen angelegt sind, zu vermeiden (vgl. Thiersch 1989, S.414f).

Auf die von Steffan (1989, S.189) als 'Knackpunkt' bezeichnete Kontaktaufnahme wird nachfolgend noch detaillierter expliziert. Neben Streetwork, also der aufsuchenden Kontaktarbeit auf der Straße, bieten niedrigschwellige Angebote der Jugendhilfe in Drop-In-Centren, Kontaktläden oder Tagestreffs marginalisierten Jugendlichen erste Anlauforte in besonders problembehafteten Lebenslagen. Diese niedrigschwelligen Einrichtungen zeichnen sich durch eine offene Komm- und Geh-Struktur, durch einen geringen Grad an Verbindlichkeit für die Jugendlichen, durch geringe Zugangsbarrieren und vor allem durch einen von bisherigen Vorgaben, Regeln und Zwängen in traditionellen Jugendhilfe-Einrichtungen entlasteten Raum aus. Die Atmosphäre ist eher ungezwungen und unkonventionell. Es erscheint mir wichtig zu betonen, daß diese Einrichtungen jedoch als 'Zwischenstationen' definiert und als 'Bindeglied' zu eventuell weiterführender Hilfe betrachtet werden sollten.

Nachfolgend soll differenzierter auf die Adressaten, die Kontaktaufnahme sowie die zentralen Herausforderungen an die Mitarbeiter und Mitarbeiterinnen eingegangen werden. Es sollen dazu einige Überlegungen zu den für eine 'gelingende' Jugendarbeit in diesem Bereich notwendigen Grundlagen wie Vertrauen, Zuverlässigkeit, Freiwilligkeit, Parteilichkeit und letztlich Anonymität ausgeführt werden.

Als Zielgruppe lassen sich diejenigen Jugendlichen fassen, die als sozial benachteiligt, bereits stigmatisiert oder kriminalisiert gelten (vgl. Steffan/Krauß 1991, S.24), 'Randgruppen' der Gesellschaft, deren Habitus und Gesellungsformen an öffentlichen Plätzen in Innenstädten häufig mit schwierigem, aggressivem oder auffälligem Verhalten beschrieben wird. Im einzelnen zählen hierzu jugendliche Drogenabhängige, Jugendliche sogenannter Jugendgangs, obdachlose, langzeitarbeitslose Jugendliche, Jugendliche aus jugendkulturellen Szenen wie Punks und Autonome, auch Skin-Heads und Fußballfans (vgl. Keppeler 1989, S.16; Steffan/Krauß 1991, S.24; Specht W. 1991, S.20; KJHG § 13 und 35). Diese Jugendlichen gelten - wie bereits zu Beginn der vorliegenden Arbeit ausführlich dargestellt - in der Jugendforschung als Zielgruppe, die eine mehr oder weniger stark ausgeprägte Distanz und Aversion gegen einrichtungsgebundene Jugendarbeit haben. Sie gelten in der Regel als für Beratungsangebote und traditionelle

Hilfsansgebote nicht (mehr) erreichbar (vgl. auch Arnold/Stüwe 1991, S.76, Specht, W. 1989, S.409f).

Streetwork ermöglicht Krisenintervention in der Alltagsumgebung der Zielgruppe. Als Ausgangsposition von Streetwork wird durch persönliches Engagement der Streetworker die individuelle, aber auch gruppenbezogene Verbesserung der materiellen, psychischen und sozialen Lage Jugendlicher angestrebt.

Diese Ansätze sind als erweitertes und ergänzendes Angebot der sozialen Dienste zu definieren. Als Stichworte mögen hier auch 'Entinstitutionalisierung' und 'Dezentralisierung' dienen. Sie sind theoretisch auf der Grundlage der 'Lebensweltorientierung' (Thiersch 1993) am sozialen Milieu und an der aktuellen Lebenswelt der Jugendlichen orientiert. Lebensweltnah meint hier, den Blick auf die gesamtgesellschaftliche Situation und Lebenslage Jugendlicher heute zu richten, auf die biographisch geprägten Lebenserfahrungen sowie die derzeitigen Problemlagen der Jugendlichen. Hans Thiersch weist darauf hin, daß der Begriff der Lebensweltorientierung nicht neu ist und bislang mit 'Lebensweltprinzip' bezeichnet und durch Leitsätze wie "Den Klienten da abholen, wo er steht", "Hilfe zur Selbsthilfe" gefaßt wurde. Der Terminus verweise jedoch seit den 80er Jahren zunehmend auf schwierige Lebensverhältnisse (1993, S.13), was in Kap. 1. dieser Arbeit bereits unter 'Pluralisierung von Lebenslagen', 'Individualisierung der Lebensführung', 'brüchige Lebenssituationen' und 'brüchige Struktur von Lebenswelt Jugendlicher heute' skizziert wurde.

Straßensozialarbeit müsse die Aufenthaltsorte im Lebensfeld der Jugendlichen als vorhandene Chance und spezifische Möglichkeit nutzen, um die sich zeigenden Probleme in anderer Form zu thematisieren; Straßensozialarbeit gelinge dann, wenn diese Chance "gleichsam wie ein Vorankommen auf treibenden Eisschollen sich zu einem anregenden und unterstützenden Konzept zusammenfüge" (Thiersch 1993, S.19).

Das Leben auf der Straße ist für viele Jugendlichen - und hier auch für die häufig obdachlosen Punks - zum täglichen Überlebenskampf geworden, Fragen nach der nächsten Mahlzeit oder einem möglichen Schlafplatz bestimmen den Tagesablauf und reflektieren die soziale Not. Bei länger andauernder Obdachlosigkeit und fehlender Perspektiven wird - so meine Beobachtung - quasi eine 'Aushalte-Strategie', ein inneres Arrangement mit der vorgefundenen Lebenslage getroffen, was dazu führen kann, sich mit dem Leben auf der Straße 'abzufinden': eine lebensresignative Einstellung, die noch vorhandene Ressourcen nicht nur blockiert, sondern nach und nach verkümmern läßt. Will man diese Jugendlichen nicht gänzlich sich selbst überlassen und aufgeben, will man sie menschenwürdig behandeln, nicht in Ghettos abschieben und alleine lassen oder gar Hilfestellung verwehren (vgl. Specht, W. 1991, S.23), sind flexible und unkonventionelle Ansätze - wie sie Streetwork und Drop-Ins, also der niedrigschwellige Ansatz darstellen -,

zunehmend wichtig geworden, um diese Jugendlichen überhaupt noch für Hilfeangebote zu erreichen. "Mobile Jugendarbeiter brauchen in solchen Fällen schon eine große Überzeugungskraft und echte attraktive Alternativen, um hier vom Jugendlichen die Chance eingeräumt zu bekommen, daß er sich auf das sozialpädagogische Angebot überhaupt einläßt" (Specht, W. 1989, S.406). Wie aber kann sich diese Überzeugungskraft entfalten und welche zentralen Herausforderungen werden hier an die Mitarbeiter und Mitarbeiterinnen gestellt? Die erste 'Hürde' ist der Schritt der Kontaktaufnahme. Wolfgang Miltner (1981) schildert in seiner Dissertation, wie seine Kontaktaufnahme mit einer Gruppe Jugendlicher in deren Stammkneipe verlief und welche Gratwanderung es zwischen "sich nicht aufdrängen" und "konkrete Hilfsangebote formulieren" zu beschreiben galt (S.218ff). Miltner skizziert drei Kontaktformen für die Phase des Kontaktgeschehens, die mittlerweile auch in der gängigen Fachliteratur ihren Eingang gefunden haben (vgl. Keppeler 1989, S.22):
1. eine defensive Form, in der der Streetworker über Tage oder Wochen hinweg als 'heimlicher' Beobachter der Szene sich unauffällig an den Trefforten der Szene aufhält, um sich mit dem Szenegeschehen vertraut zu machen und um so 'beiläufig' mit den Jugendlichen ins Gespräch zu kommen;
2. eine indirekte Form, in der die Kontaktaufnahme über einen 'Gewährsmann' erleichtert wird, der ihn mit der Gruppe bekannt macht und bereits eine vertrauensvolle Beziehung zur Gruppe hat;
3. eine offensive Form, in der der Mitarbeiter die Kontakte selbst initiiert und seine Rolle und Funktion transparent macht (vgl. Miltner 1981, S.216f).

Gerade auf dem Hintergrund häufig negativer Alltagserfahrungen der Jugendlichen mit Erwachsenen, ihrer Skepsis und ihres Mißtrauens (auch zu Sozialarbeitern und Sozialarbeiterinnen), ist eine direkte, offene und aufrichtige Vorgehensweise, z.B. indem man sich zu den Jugendlichen setzt, sagt wer man ist und so in einen Gesprächskontakt tritt, zwar ehrlicher; das Beispiel von Rick Williams in Manchester hat jedoch gezeigt, daß auch die ersten beiden Kontaktformen durchaus geeignete Möglichkeiten sind. Die Vertrauenswürdigkeit des Streetworkers muß sich ohnehin erst durch seine Handlungen zeigen.

Die zentrale Herausforderung für die Mitarbeiter und Mitarbeiterinnen liegt sicher darin, das eigene Selbstverständnis neu zu definieren und zu reflektieren und ganz neue Ausgangsüberlegungen und Grundorientierungen zuzulassen. Dazu gehört es auch, die Rolle eines Lernenden einzunehmen (vgl. Steffan 1989, S.187). Es gilt, Abschied zu nehmen von der Vorstellung, daß man diese Jugendlichen "erziehen" und "betreuen" muß, daß man ihnen ein Programm "bieten", daß man sie lenken und leiten muß, daß man weiß, was gut für sie ist. Vielmehr müssen Mitarbeiter die Bereitschaft entwickeln, sich als Begleitpersonen anzubieten, als zuverlässige, auseinandersetzungsbereite Erwachsene - als nicht selten einzige Erwachsene, mit denen die Jugendlichen überhaupt noch in Kontakt treten. Auch sollten die Erwartungen an das Verhalten der Jugendlichen niedrig gehalten, Rückschläge in Kauf genommen werden, also eine hohe Frustrationstoleranz aufgebaut werden, ohne gleich daran zu verzweifeln, wenn sich die Jugendlichen nicht nach den eigenen Vorstellungen der Jugendarbeiter verhalten. Ablehnung muß ausgehalten werden können, ohne gleich am eigenen Selbstwertgefühl zu zweifeln.

Durch eine regelmäßige, zuverlässige Präsenz von Streetworkern kann sich eine Vertrauensbeziehung aufbauen. Jugendliche müssen sich mit ihren Ängsten und Bedürfnissen aufgehoben und verstanden fühlen. Sie müssen Vertrauen entwickeln, auch zu sich selbst, und ihnen muß Vertrauen entgegengebracht werden. Eine vertrauensvolle und belastbare Beziehung baut sich auf durch ein sensibles Vorgehen und ein verläßliches 'DA' - Sein, aber auch durch eine realistische Einschätzung von Möglichkeiten und Grenzen der Hilfe. In Anlehnung an Burkhard Müller schlägt Hans Thiersch vor, Verträge auszuhandeln und mit den Adressaten klare Abmachungen zu treffen. Er versteht dies als "Transparenz der wechselseitigen Erwartungen in bezug auf das, was wer von wem mit welchen Mitteln erwarten kann und darf" (Thiersch 1993, S.24).

Zuverlässigkeit der Mitarbeiter und Mitarbeiterinnen von Streetwork und mobiler Jugendarbeit ist die oberste Maxime, um das Vertrauensverhältnis zu den Jugendlichen zu stabilisieren. Zuverlässigkeit meint hier vor allem, getroffene Absprachen einzuhalten und sich durch eigenes Verhalten und konkretes Handeln als zuverlässige Begleitperson zu präsentieren, was auch durch Verschwiegenheit besonders im Umgang mit sozialen Kontrollinstanzen wie Polizei, Gericht oder allgemein Behörden zum Tragen kommt. Die Wahrung der Anonymität ist daher ein weiterer wesentlicher Aspekt; hierzu ist es auch notwendig, daß Streetwork von jeglichen behördlichen Kontroll- und Sanktionsmaßnahmen entbunden ist (keine Akten, keine Aufzeichnungen) - die Aktualität der Diskussion um das Zeugnisverweigerungsrecht für Mitarbeiter der sozialen Dienste wird hieran deutlich.

Die Angebote von Streetwork und niedrigschwelligen Drop-Ins basieren auf einem Prinzip der Freiwilligkeit, was bedeutet, daß den Jugendlichen nichts aufgezwungen wird und die Entscheidung zu Annahme von Hilfen bei ihnen selbst liegt. Auch dies fordert die Mitarbeiter und Mitarbeiterinnen in ihrem Selbstverständnis heraus. Kraußlach drückt es folgendermaßen aus: "Wer sich aufdrängt, verprellt die Jugendlichen" (1990, S.226), und Werner Steffan führt aus: "Der Streetworker muß lernen, nichts zu wollen" (1989, S.188). Es gilt, Sensibilität zu entwickeln und zu erkennen, wann man stört. Streetwork ist eine nicht an Bedingungen geknüpfte Umgangs- und akzeptierende Verhaltensweise und eine Gratwanderung zwischen 'sich nicht aufdrängen', zuhören können und konkrete Hilfs- und Unterstützungsangebote machen. Der Streetworker ist immer in den Szenen der Jugendlichen 'zu Gast' und muß sich darüber stets bewußt sein.

Ebenso geht es um eine kritische Parteilichkeit im Sinne der Jugendlichen, um die Übernahme einer anwaltschaftlichen Funktion, die deutlich die Interessen der Jugendlichen gegen eine sie oftmals ablehnende Öffentlichkeit vertritt. Steffan/Krauß fordern, daß Streetwork "als Bestandteil eines vernetzten Systems von Unterstützungsangeboten" konzipiert und gehandhabt werden sollte, " 'Einzelkämpfertum' belastet persönlich und stößt schnell an Grenzen" (1991, S.28), wie das Beispiel des englischen Streetworkers in Sheffield gezeigt hat.

Aufgabe der Mitarbeiter und Mitarbeiterinnen ist es, mit einem lebensweltorientierten Blick die biographisch geprägten Lebenserfahrungen, die Lebenslage, brüchige familiäre Hintergründe und die alltägliche Lebenswirklichkeit der Jugendlichen, ihre Erfahrungen, Konflikte und Notlagen aus der Perspektive der Jugendlichen zu begreifen und ihre Wünsche, Interessen und Vorstellungen kennenzulernen. Es gilt, selbstschädigende Sackgassen zu erkennen und zu versuchen, diese aufzulösen. So können Lernprozesse eingeleitet werden, die dazu beitragen, Handlungsmöglichkeiten wiederherzustellen und zu erweitern.

Während vielerorts die Jugendzentren leer bleiben, sich statistisch gesehen immer weniger Jugendliche in Vereinen, Verbänden, Gewerkschaften und Kirchen organisieren, scheinen diese niedrigschwelligen Ansätze für einen Teil der Jugendlichen in Notlagen zunehmend mehr in die richtige Richtung zu weisen. Sie gewinnen an Bedeutung und haben sich als offensichtlich hilfreiche Ansätze bewährt, wie die bisherigen Ergebnisse zahlreicher Projekte im In- und Ausland in der gängigen Fachliteratur belegen (Wolfgang Miltner 1981; Werner Steffan 1989; Walther Specht 1991; Hans Thiersch 1992; Hans-Joachim Jungblut 1993). Die unbürokratische und flexible Handhabung von Hilfestellung, wie z.B. durch die Bereitstellung von Waschmaschinen/Trocknern, Bade- und Duschmöglichkeiten zur freien Nutzung, freie antialkoholische Getränke und gesunde Mahlzeiten zum Selbstkostenpreis setzt erste Akzente. Im Diskurs der Jugendhilfe werden diese als "nutzerfreundliche Settings" bezeichnet (Jungblut 1993, S.93f). Die Hilfesettings zielen in dem so zur Verfügung gestellten Rahmen auf die Unterstützung von selbständigem LebensManagement, auf die Reaktivierung noch vorhandener Kräfte, Energien und Ressourcen der Besucher, ohne ihnen gleichzeitig sozialpädagogische "Betreuung" und Inanspruchnahme von Beratung aufoktroyieren zu wollen. Darüberhinaus bieten diese Einrichtungen für Jugendliche einen zentralen Raum, in dem ihr Lebensstil akzeptiert wird, wo emotionale Sicherheit gewährt und ihrem Bedürfnis nach unreglementierten Treffmöglichkeiten nachgekommen wird. In diesem

'Raum' ist es ihnen möglich, neue Handlungs- und Verständnismuster, neue Sichtweisen und Perspektiven für ihre eigene Lebenslage zu entwickeln, über die Gestaltung neuer alternativer Lebensräume in all ihren Möglichkeiten und Grenzen nachzudenken und diese Gestaltung gegebenenfalls in Angriff zu nehmen. Sozialarbeit stellt also Ressourcen zu Verfügung.

Zu diesen verfügbaren Ressourcen der Sozialarbeit zählt auch ein Netzwerk von kooperativen Jugendhilfe-Einrichtungen, die weiterführende Hilfen (etwa Wohnraumbeschaffung, Arbeitsprojekte im Alternativbereich etc.) ermöglichen. Die Entscheidung darüber, ob diese Ressourcen der Sozialen Arbeit von den Jugendlichen aufgegriffen werden, kann allein bei den Jugendlichen liegen. Niedrigschwellige Drop-Ins im Spektrum der Jugendhilfe haben gerade den strukturellen Vorteil, daß ein Gesprächsangebot und Hilfestellung angenommen werden kann, aber nicht zwangsläufig mit dem Besuch in der Einrichtung verbunden sein muß. Als ein gelungenes Beispiel hierfür kann das 'Cyrenian Day Centre' in Bristol dienen, das von seiner Struktur und räumlichen Aufteilung her die Entscheidung zur Inanspruchnahme von Beratung und weiterführenden Hilfestellung bei den Jugendlichen beläßt, da die Mitarbeiter und Mitarbeiterinnen nicht ständig im Untergeschoß - dem eigentlichen Tagestreff - präsent sind und die Büros und Beratungsräume sich im oberen Stockwerk befinden.

Wenngleich Jungblut seinen Beitrag zur 'Niedrigschwelligkeit' am Beispiel der Drogenarbeit aufzeigt, so lassen sich doch seine Sichtweisen, Ergebnisse und Forderungen für niedrigschwellige Angebote auch auf andere Bereiche ausdehnen. Im Kontext weiterführender Hilfen merkt er an: "Wenn auch Beratung und Betreuung in Form regelmäßiger Gespräche nicht Ziel dieser Einrichtungen sind, so ergeben sich doch kommunikative Kontakte in unterschiedlicher Intensität, die auch dazu benutzt werden können, aktuelle Probleme zu erörtern oder Hilfestellung bei deren Lösung zu geben" (Jungblut 1993, S.103).

Dies darf kein Angebot 'durch die Hintertür' sein, mit dem versucht wird, den Jugendlichen vordergründig durch die Befriedigung existentieller Bedürfnisse zu weiterführenden Beratungs- oder gar "Betreuungs"-Formen zu führen. Hier geht es zuerst um die Einsicht, die vorgefundene Notlage primär aufzufangen, denn erst die Befriedigung menschlicher Grundbedürfnisse schafft Freiraum für weiterführende Aufmerksamkeit für sich selbst.

Obwohl bislang durchaus positive und mutmachende Erfahrungen und Ergebnisse vorliegen, sollen abschließend einige kritische Fragen und Perspektiven aufgeworfen werden: Diese Form der Jugendarbeit birgt durch das direkte Kontaktgeschehen im Lebensfeld der Jugendlichen eine besondere Gefahr des Distanzverlusts für die Mitarbeiter und Mitarbeiterinnen. In der Fachliteratur wird immer wieder auf diese Gefahr verwiesen, wie z.B. bei Thiersch in seinem neueren Beitrag zur Methodenfrage einer lebensweltorientierten Sozialarbeit (1993). Für ihn steht sozialpädagogisches Handeln im

Zeichen der Lebensweltorientierung "immer in Gefahr, in die Strukturen der Lebenswelt, des Alltags hineingezogen zu werden und so Distanz und Kompetenz, die Voraussetzungen für klärende, strukturierende und alternative Problemlösungen, zu verlieren" (Thiersch 1993, S.24). Weiter wirft er kritisch auch folgende Fragen auf: Ist dieser Ansatz der aufsuchenden Sozialarbeit nicht aufdringlich? Dringt Jugendarbeit dadurch in die letzten Refugien der Jugendlichen ein, in dem sie auf der Straße in diese Gruppen hineingeht, und sich quasi in das Lebensfeld der Jugendlichen hineinschleicht, den Jugendlichen so unmittelbar zu Leibe rückt, denn öffentliche Plätze sind eben auch für die Jugendlichen Rückzugsorte von der Erwachsenenwelt? (vgl. Thiersch 1991, S.17). Diese Gefahr der 'Aufdringlichkeit' sehe ich jedoch nicht gegeben, wenn Streetworker sensibel und taktvoll - wie beispielsweise Rick Williams - auf die Jugendlichen zugehen und es auch akzeptieren, falls diese das Gesprächsangebot ablehnen. Das setzt jedoch ein klar definiertes und reflektiertes Selbstverständnis der Mitarbeiter voraus, wozu vor allem in kritischer Selbstreflexion das Erkennen, Zulassen und Setzen eigener Grenzen und somit auch das Akzeptieren wahrgenommener Grenzen der Jugendlichen zählt.

Die Mitarbeiter und Mitarbeiterinnen müssen sich auch mit widersprüchlichen Erwartungshaltungen ('doppeltes Mandat') auseinandersetzen: Zum einen erwarten die Jugendlichen selbst die Umsetzung ihrer Interessen, z.B. eigene Treffmöglichkeiten, eventuell Unterstützung bei der Job- und Wohnungssuche, sie erwarten Verschwiegenheit und Akzeptanz; zum anderen erwartet 'die Öffentlichkeit', der Anstellungsträger, die 'Gesellschaft' die Lösung des Problems, daß Jugendliche ihr auffälliges, 'abweichendes' Verhalten ablegen und möglichst mit ihrem negativen Erscheinungsbild und ihrem 'störenden' Verhalten aus der öffentlichen Wahrnehmung verschwinden. Ziel des skizzierten Ansatzes kann (und darf) jedoch nicht die Auflösung von Gruppenstrukturen sein, sondern deren Stabilisierung auf der Basis der bestehenden Zusammenhänge.

Diese Ansätze dürfen sich nicht als 'Befriedungsinstrumentarien' mißbrauchen lassen. Es sind keine Methoden *gegen* 'auffällige' Jugendliche, sondern ist eine Auseinandersetzungs- und Umgangsform *mit* Jugendlichen (vgl. Keppeler 1989, S.22).

Streetwork und niedrigschwellige Arbeit steht auf der Seite der Jugendlichen, wirbt für Verständnis und Anerkennung ihrer Einstellungen und Problemlagen, ohne jedoch den kritischen Blick zu verlieren. Nicht der alle jugendlichen Aktivitäten tolerierende Pädagoge ist hier gefordert, sondern derjenige, der die Bereitschaft mitbringt, kritisch Verhalten zu reflektieren, sich auseinanderzusetzen, der selbst klar Stellung bezieht und so (be)greifbar und damit ernst genommen wird. Streetwork als erweitertes Angebot im Spektrum von Jugendarbeit sollte aufgrund der unmittelbaren Erreichbarkeit der Jugendlichen in ihrem Lebensfeld sowie der hohen Akzeptanz als Wechselspiel zwischen Krisenintervention und Prophylaxe gelten und deswegen einen größeren Stellenwert innerhalb der Jugendhilfeplanung erhalten. Fehlt dieser Stellenwert, so läuft Streetwork Gefahr, "in den von Praktikern kritisierten, weil kurzsichtigen und kaum zu erfüllenden Arbeitsauftrag (abzugleiten), gewissermaßen als 'Sozialfeuerwehr' die Häufung der Äuffälligkeiten schnellstmöglich zu beseitigen" (Steffan/Krauß 1991, S.23).

Diese Gefahr wird sich dann noch verstärken, wenn zukünftig dieser von vielen Jugendlichen angenommene und akzeptierte Ansatz in der Jugendarbeit - einschlägige Untersuchungen belegen dies (Kraußlach 1978, 1983; Steffan 1988; 1989; Specht, W. 1989, 1991; Arnold/Stüwe 1991; Stürzbecher 1992), keinen eigenen Platz im Angebotsspektrum sozialer Dienste der Jugendhilfe erhält. Die Ausstattung mit einem vernünftigen Stellenplan, flexibler Handhabung von Arbeitszeiten, Supervision für und Erfahrungsaustausch unter Kollegen und Kolleginnen sowie bessere Vergütung und Aufstiegsmöglichkeiten für Mitarbeiter müssen als Grundvoraussetzung betrachtet werden.

Arnold/Stüwe zählen zu diesen entsprechenden Arbeitsbedingungen für 'szene-orientierte' Streetwork auch eine feste zentral gelegene Anlaufstelle für die Mitarbeiter und Mitarbeiterinnen: "Als ein allgemeiner Standard für Streetwork hat sich inzwischen herauskristallisiert, eine Anlaufstelle oder einen Stützpunkt für die Fachkräfte 'vor Ort' zu schaffen" (1991, S.76). Diesen in einem für die Jugendlichen bequem erreichbaren, niedrigschwelligen Tagestreff zu kombinieren, erweist sich - wie die Beispiele aus Bristol und Bielefeld zeigen - als sinnvoll. Diese Rahmenbedingungen für Streetwork und niedrigschwellige Einrichtungen gilt es zukünftig verstärkt zu verbessern, sozialpolitisch einzufordern und abzusichern.

7.3.2 Aufgaben, Möglichkeiten und Grenzen der Jugendhilfe

Jugendarbeit kommt heute auf dem skizzierten Hintergrund der veränderten Lebensrealität Jugendlicher auch eine - in langfristiger Perspektive - ressourcenbeschaffende und -absichernde Funktion zu. Eine nur kurzfristige Ressourcenbeschaffung muß mehr als 'Befriedungsangebot der Sozialpolitik' denn als innovatives, strukturveränderndes Hilfsinstrumentarium betrachtet werden; auf diesen Mangel muß Jugendarbeit immer wieder hinweisen. Streetwork und niedrigschwellige Einrichtungen wie Drop-Ins bieten als Kontaktmöglichkeit erste Anlauforte - vor allem für Jugendliche in Krisensituationen. Wenn Böhnisch/Münchmeier (1989) die Frage aufwerfen: "Müssen wir jetzt als Jugendarbeiter gar in gesellschaftliche Felder vorstoßen, die im klassischen Sinne eigentlich mit Jugendarbeit gar nichts zu tun haben ?" (S.90), so muß diese Frage auf der Grundlage der dargestellten

Untersuchungsergebnisse deutlich mit 'Ja' beantwortet werden. Jugendarbeit ist aufgefordert, neben einem 'Beziehungsangebot' (im weitesten Sinne) Bewältigungshilfen für den Lebensalltag zu organisieren und sicherzustellen. Von Wolffersdorff (1993) sieht Jugendhilfe in Zukunft bei der Bewältigung der Lebensprobleme Jugendlicher heute noch stärker sozialpolitisch "in die Pflicht genommen" und vertritt die Ansicht, daß sich ihr Zuständigkeitsbereich vom 'rein Pädagogischen' wegbewege hin zu - auch materieller - Ressourcenbeschaffung. Die begriffliche Neuschöpfung des Sozialpädagogen als 'Sozialmanager' deute diese Erweiterung von Aufgaben bereits an (S.51).

Gerade weil Jugendhilfe vorhandene strukturelle gesellschaftliche Probleme nicht lösen oder beseitigen kann, ist sie aufgefordert, sich in die sozialpolitische Diskussion 'einzumischen' - Damm nennt dies die 'gesellschaftlichen Ernstbereiche' (1988, S.433) - und gesellschaftlich produzierte Lebensumstände, -lagen und -zusammenhänge aufzudecken und zu skandalisieren. Hafeneger (1991a) fordert in diesem Kontext die Mitarbeiter und Mitarbeiterinnen der Jugendhilfe und ihre Träger auf, "zu streiten - selbstbewußt und engagiert die kommunale Politik mit Erfahrungen, Problemen von Jugendlichen zu konfrontieren" (S.19). Diese Kenntnisse und Erfahrungen sind in die politische Diskussion einzugeben und zu übersetzen in Forderungen und Vorstellungen, wodurch Jugendarbeit auch eine Lobbyfunktion einnehmen muß, da "Randgruppen keine Lobby haben" (ebd.).

Walther Specht (1991) weist auf die Notwendigkeit politischer Unterstützung für die dauerhafte Sicherstellung solidarischer Zuwendung für gesellschaftlich Verachtete und Ausgegrenzte hin (S.24). Für Kraußlach u.a. (1990) sind Auseinandersetzungen um Randgruppenarbeit stets auch 'politische' Auseinandersetzungen (S.73). Hierbei sei es notwendig, die Argumentationen weniger auf einer emotionalen, sondern auf einer sachlichen, inhaltlichen Ebene zu führen. Auch der britische Sozialwissenschaftler Bernard Davies sieht Jugendhilfe hier aufgefordert, weitreichender zu handeln. Auch er plädierte in unserem Gespräch für eine 'Strategie der aktiven Einmischung' in die Sozialpolitik; gerade im Tätigkeitsbereich mit marginalisierten Jugendlichen sei Jugendhilfe aufgefordert, nach neuen Wegen zu suchen, gar zum 'Gegenangriff' auf die herrschende Politik überzugehen, da nur so wirksam etwas in Bewegung gesetzt werden könne. Jugendhilfe sei ursprünglich nicht dazu angetreten, lediglich soziales Elend zu verwahren und ihr Tätigkeitsfeld auf die Vermittlung von Kenntnissen über Beihilfen in Notlagen zu reduzieren. So verharre Jugendhilfe in einer Reaktion auf sozialpolitische Mißstände, anstatt durch 'Aktionen' der zunehmenden Verschärfung von Förderungskriterien für innovative Bestrebungen zu begegnen (Davies 1991).

Der engagierte und beharrliche Einsatz der von mir interviewten Fachkollegen und -kolleginnen und unseres Team in Fulda führte in diesem

Kontext vielfach erst zur Initiierung von Maßnahmen für Punks, trug aber auch zur Sensibilisierung der Gesamtproblematik der Jugendlichen in der Öffentlichkeit bei. Die sozialpolitische 'Einmischung' zeigte sich vorrangig in Gesprächen
- mit den zuständigen Jugend- und Sozialdezernenten
- den Jugend-, Ordnungs- und Wohnungsamtsleitern, den Leitern der Arbeits- und Sozialverwaltung
- im Jugendhilfeausschuß und Sozialausschuß
- mit *allen* in den Stadtparlamenten vertretenen Parteien
- mit sozialen Verbänden und Organisationen
- sowie durch öffentlich wirksame Aktionen wie Infostände, Bürgerbefragungen, öffentliche hearings, Initiierung von und Teilnahme an Podiumsdiskussionen, öffentliche Gesprächsrunden, Öffentlichkeitsarbeit in Presse, Rundfunk und Fernsehen.

Bei all diesen Bemühungen darf Jugendhilfe jedoch nicht unter Legitimationsdruck geraten. Es kann primär nicht darum gehen, nur Erfolge nachzuweisen, z.B. Erfolge im Sinne von Befriedung, Abnahme der Auffälligkeiten und Ärgernisse, die Punks in den Innenstädten auslösen. Jugendhilfe ist hier gefordert, 'advokatorisch' die Interessen der Jugendlichen zu vertreten (vgl. Becker/May 1991, S.45; Hafeneger 1992b, S.81) und Ursachen jugendlicher Orientierungslosigkeit, Wut, Enttäuschung, Ohnmacht, das Empfinden von Ausweglosigkeit und Ausgrenzung sichtbar zu machen. Diese Ursachen müssen benannt, in den gesellschaftlichen Kontext gesetzt und als Reaktion auf Mißstände gekennzeichnet werden. Hierbei ist es notwendig, daß die Mitarbeiter und Mitarbeiterinnen tatsächliche Möglichkeiten und Grenzen von Jugendhilfe realistisch einschätzen können und sich nicht in eine Legitimationsrolle drängen lassen. Die Überfrachtung von Ansprüchen an Jugendarbeit, was sie alles leisten soll, verstellt den Blick auf das, was offene Jugendarbeit tatsächlich leisten kann. Hier gilt es, Abschied zu nehmen von euphorischen Phantasien und Vorstellungen und selbstreflexiv Mögliches und Machbares zu erkennen. Jugendhilfe darf nach Damm nicht 'zum Ausfallbürgen des Systems' werden (1988, S.433).

Erst in jüngster Zeit wurde wieder einmal deutlich, wie durch die Morde, Anschläge, Ausschreitungen und gewalttätigen Aktionen einzelner Jugendlicher gegenüber ausländischen Mitbürgern und Mitbürgerinnen auch Jugendhilfe ins Kreuzfeuer der Kritik geriet: neben Familie und Schule wurde auch der Jugendhilfe vorgeworfen, versagt zu haben. Bei auftretenden Jugendproblemen entsteht in der Öffentlichkeit, aber auch im konservativen politischen Umfeld der Ruf nach 'gesonderten Maßnahmen', nach einer 'schärferen Gangart' - dies degradiert Jugendhilfe als 'Zwangsinstrument', als 'Problemfeuerwehr' oder gar 'Entsorgungseinrichtung' (vgl. v. Wolffersdorff 1993, S.43f).

Kommunalpolitiker und Öffentlichkeit definieren den 'Erfolg' von Jugendhilfemaßnahmen häufig unter einem quantitativen Aspekt: immer wieder sollen 'Zahlen' vorgelegt werden, z.B. wieviele Punks dauerhaft in Arbeitsplätze integriert werden konnten. Hier sind Mitarbeiter und Mitarbeiterinnen der Jugendarbeit herausgefordert, gerade auf den qualitativen Aspekt eines gesamten Prozesses in Maßnahmen hinzuweisen und ihn transparent zu machen. Ebenso muß auf die Notwendigkeit längerfristiger Ressourcensicherung und eine flexiblere Handhabung in Behörden und Ämtern hingewiesen werden. Anhand der Beschäftigungsinitiativen soll dies verdeutlicht werden: Die dargestellten Arbeitsaktivitäten und Beschäftigungsinitiativen wie das Frankfurter Projekt im Forstbereich und das Fuldaer Projekt im Zweirad- und Renovierungsbereich stellen sozial, ökonomisch und ökologisch sinn- und wertvolle Dienstleistungen dar. Die Projekte stellen zwar zunächst öffentlich subventionierte Arbeitsplätze bereit; diese könnten sich jedoch mittel- oder langfristig selbst tragen und würden so die Arbeits- und Sozialverwaltungen langfristig entlasten. Diese 'Einsicht' ist jedoch z.B. in Fulda bei den zuständigen Behörden nicht vorhanden gewesen. Deshalb kam die geplante Maßnahme nicht zustande. Solche kurzsichtigen Verfahrensweisen müssen von Seiten der Jugendhilfe immer wieder skandalisiert werden - in einer Strategie von Einmischen, Klären, Informieren, Einfordern, Impulse geben. Als Teil der kommunalen Sozialpolitik soll Jugendhilfe zur Lobby und zum Anwalt für eine zunehmende Zahl junger Menschen tätig werden, die ins gesellschaftliche Abseits gedrängt werden oder sich aus Resignation oder Wut selbst dort plazieren.

Zusammenfassung

Für meine empirische Untersuchung habe ich methodologisch mit qualitativen Interviews mit Mitarbeitern und Mitarbeiterinnen von Jugendhilfe-Einrichtungen in Großbritannien und der Bundesrepublik versucht, Antworten auf die Frage nach der Einflußbeziehung von Jugendarbeit/Jugendhilfe im Umgang mit Punks zu finden. Mein Anliegen war, die Mitarbeiter und Mitarbeiterinnen selbst zu Wort kommen zu lassen, ihre Sichtweisen und Einschätzungen als Resultate ihres professionellen Alltags zu erfassen, um so als Beitrag zur Praxisforschung möglichst direkte, authentische Ergebnisse 'von der Basis' zu erlangen.

Die Wahl meiner Forschungsmethode und mein dreimonatiger Forschungsaufenthalt in Großbritannien haben sich bewährt, da nur mit der Methode der qualitativen Interviews mit offenen Gesprächselementen, ergänzend durch zahlreiche persönliche Kontakte - auch in den jeweiligen Jugendbehörden der ausgewählten Städte in Großbritannien - eine Fülle von authentischem Material erschlossen werden konnte und der Jugendaustausch mit Punks aus Manchester und Fulda nur dadurch zustande gekommen ist.

Im theoretischen Teil habe ich mich mit den veränderten Lebenslagen Jugendlicher heute, mit der Jugendkultur der Punks, ihrer Entstehung und Entwicklung, mit der heutigen Lebenswelt und -realität der Punks und deren Veränderungen im kontextbezogenen jugendhilfetheoretischen Diskurs und den kontextrelevanten Theorien auseinandergesetzt. Die Lebensweltanalyse der Punks heute, ihre aktuellen Problemlagen im strukturellen Bezugsrahmen des jeweiligen Landes erschien mit notwendig, um Praxisansätze in der Jugendhilfe in einen Reflexionszusammenhang von Bedarfslage und adäquater Reaktion hierauf stellen zu können. Nachdem die kritische Frage nach einer generellen Interventionsberechtigung von Jugendhilfe thematisiert wurde, habe ich mich der Frage zugewandt, wie Interventionen angemessen gelingen können.

Im jugendhilfetheoretischen Diskurs werden auch Punks denjenigen Jugendlichen aus subkulturellen Milieus zugeordnet, die - selbst in krisenhaften Lebenssituation - Angeboten der Jugendhilfe kritisch gegenüberstehen, diese eher meiden, sie selbst aber auch von Seiten der Jugendhilfe 'gemieden' werden. Die vorliegenden Ergebnisse zeigen jedoch, daß vielfältige Praxiserfahrungen in Einrichtungen mit der Zielgruppe vorliegen und daß

Angebote, Maßnahmen und Initiativen im Spektrum von Jugendhilfe von den Punks dann angenommen und aufgegriffen werden, wenn
* Autonomiebestrebungen der Punks akzeptiert und unterstützt werden;
* die Eigenheit des Lebensstils und die Kommunikationsweise der Gruppe unter- und miteinander (die auch Streit und zum Teil latente oder offene Aggressivität beinhaltet), akzeptiert und von den Mitarbeitern 'ausgehalten' wird;
* von den Mitarbeitern die Bereitschaft zum Dialog signalisiert und geübt wird;
* 'Raum' als Treff- und Lebensraum verfügbar ist, ohne daß damit sozialarbeiterische/sozialpädagogische Beratung oder gar 'Betreuung' direkt verbunden ist;
* aufgrund der aktuell vorgefundenen Problemlagen der Punks (Obdachlosigkeit/Wohnungsnot, Arbeitslosigkeit, kein Geld, nichts zu Essen, Schulden etc.) sich relativ rasch zumindest in Teilbereichen Abhilfe schaffen läßt;
* die Selbstverfügungskräfte im Sinne noch vorhandener Ressourcen und Potentialitäten reaktiviert, unterstützt und im Rahmen dieses förderlichen Klimas auf Eigenverantwortlichkeit verwiesen wird;
* die Konfrontation mit realen Gegebenheiten sowie das Aufzeigen von (auch persönlichen) Grenzen nicht gescheut wird;
* ein vernünftiger Stellenplan und Supervision für Mitarbeiter und Mitarbeiterinnen vorhanden ist;
* ausreichende Ressourcen zur Verfügung gestellt werden, die flexibel und unbürokratisch je nach der aktuellen Berdarfslage eingesetzt werden können.

Die gewonnenen Ergebnisse machen deutlich, daß Jugendhilfe mit ihren Möglichkeiten, Ressourcen und Kompetenzen auch im Umgang mit Punks eigene Akzente setzen kann. Diese zielen nicht nur ab auf die unmittelbare Bewältigung ihrer Lebenslage, sondern auch über Handlungsfeldgrenzen hinaus auf die Aktivierung weiterführender Prozesse, die eine Neudefinition und Gestaltung des eigenen Lebens möglich machen. Erst durch die Intervention von Jugendhilfe mit Streetwork und niedrigschwellige Drop-Ins konnte vielerorts Kontakt zur Zielgruppe hergestellt werden; erst durch Jugendhilfe konnte der 'Zugriff' auf (legalen) Wohnraum möglich werden. Die Mitarbeiter und Mitarbeiterinnen von Jugendhilfe sind oftmals (noch) die einzigen erwachsenen Bezugs- und Kontaktpersonen für die Jugendlichen.

Die skizzierten Beispiele aus Großbritannien und der Bundesrepublik haben gezeigt, daß die vorhandene 'Sozialarbeiterresistenz' bei den Punks und die Ablehnung von Jugendhilfe durchaus 'aufgebrochen' werden können, wenn grundsätzliche Voraussetzungen erfüllt sind. Die täglich hohe

Frequentierung in Tagestreffs z.B. in Bristol und Bielefeld weist darauf hin, daß diese Angebote der Jugendhilfe nicht nur akzeptiert sind, daß sie 'Struktur' bieten und eine 'soziale Heimat' für diejenigen darstellen, die außerhalb ihrer Szene keine Heimat mehr haben. Auch Maßnahmen wie der Jugendaustausch bieten den Punks eine notwendige Struktur, die vielen völlig abhanden gekommen ist. Erst durch die Intervention von Jugendhilfe konnten Verelendungstendenzen abgebremst, sukzessive Verselbständigungsprozesse eingeleitet und begleitet, das verschüttete Kreativitätspotential reaktiviert und transformiert und ihrem künstlerischen Selbstausdruck (wieder) eine Plattform gegeben werden.

Obwohl in einigen Projekten einzelne intendierte Ziele nicht erreicht wurden, zeigen die Beispiele aus Großbritannien und der Bundesrepublik doch deutlich, daß trotz konfliktreicher Prozesse Jugendarbeit/Jugendhilfe im Binnengeschehen hier einen autonomieverstärkenden, stabilisierenden, remotivierenden und Verselbständigung fördernden Rahmen zur Verfügung stellt. Dieser Rahmen stellt den Jugendlichen Raum zum Experimentieren bereit und ist ein Angebot zu neuen Erfahrungen. Er bietet ihnen Raum zur Selbsterfahrung und Selbstentfaltung, Raum für die Entfaltung sozialer Kontakte und Aktivitäten nach eigenen Vorstellungen und Ideen. Ein kritisch reflektiertes Selbstverständnis der Mitarbeiter und Mitarbeiterinnen in ihrem Rollenverständnis trägt wesentlich zum Gelingen bei. Mitsprache- und Mitgestaltungsrecht bis hin zur eigenverantwortlichen Selbstgestaltung (Café Exzess, Gründung eines eigenständigen Kulturvereins, Sommerfeste, Jugendaustausch, Jugendwerkstätigkeit in den Vorständen etc.) mobilisieren Selbstverfügungskräfte der jungen Menschen und entläßt sie aus der 'Opfer-Rolle'. Die Jugendlichen werden so zum handelnden Subjekt. Die Ergebnisse bestätigen das Konzept des 'Empowerment' (Herriger 1991, 1995) auch für den Umgang mit 'schwierigen' Jugendlichen wie den Punks und Jugendlichen angrenzender Szenen. Dieses Konzept fordert einen neuen Blick auf die Adressaten heraus und formuliert eine Absage an den Defizit-Blickwinkel. Es setzt Vertrauen in die Stärken und Fähigkeiten der Menschen, selbst Regie über das eigene Leben führen zu können, auch in Lebensetappen der Schwäche und der Verletzlichkeit die Umstände und Situationen des eigenen Lebens selbstbestimmt gestalten zu können. So kann Ohnmacht handelnd überwunden werden (vgl. Herriger 1995, S.34). Für die Jugendarbeit heißt das, junge Menschen bei der Suche nach selbstbestimmter Lebensorganisation zu unterstützen, Prozesse aufzuschließen, Ressourcen zur Verfügung zu stellen.

Die vorliegenden Ergebnisse lassen mich zu der Schlußfolgerung kommen - als eine wesentliche Erkenntnis der durchgeführten Untersuchung -, daß es von außen gesteckte Grenzen sind, die die Effizienz von Maßnahmen beeinträchtigen (mangelnder Wohnraum, Blockierung von Arbeitsprojekten, keine ausreichend langfristigen finanziellen Zuwendungen, fehlende Einsicht der zuständigen Behörden, 'Einzelkämpfertum', etc.) Es sind also nicht etwa 'der fehlende Zugang zur Zielgruppe', die 'Ablehnung der Punks von Sozialarbeitern und Jugendhilfe' oder der als 'nicht machbar' angesehene Umgang mit Punks, der die Wirksamkeit einschränkt.

Die Effizienz von Maßnahmen könnte grundsätzlich erhöht und die Wirksamkeit einzelner Bestrebungen in langfristiger Perspektive verbesssert werden, wenn strukturelle Rahmenbedingungen wie ausreichend Stellenpläne, räumliche Voraussetzungen und finanzielle Absicherung von Projekten, Initiativen und Maßnahmen vorhanden wären. Jugendhilfe ist aufgefordert, für diese Jugendlichen 'Lebens- und Entfaltungsräume' zur Verfügung zu stellen und eigene Handlungs- und Entfaltungsräume innerhalb der Jugendarbeit zu entwickeln und abzusichern. Der Blick nach Großbritannien hat gezeigt, daß das Modell des 'social-sponsorings' und der 'Pool-Finanzierung' offenbar dort weit etablierter ist als dies bei uns in der Bundesrepublik der Fall ist. Der Jahresbericht 1991 des 'Roundabout Nightshelter' in Sheffield beispielsweise umfaßt auf der letzten Seite die Nennung ca. 120 Einzelpersonen, Kirchengemeinden, Stiftungen, Vereinigungen und Geschäftsleuten, die die Einrichtung regelmäßig finanziell unterstützen. Modelle wie 'Self Help Housing' und das 'Cyrenian Day Centre' in Bristol, vor allem freilich der Jugendaustausch, können neue Impulse und Anstöße geben, richtungsweisende Akzente für die Bundesrepublik setzen und die kontextbezogene Diskussion innerhalb der Jugendhilfe bereichern.

Jugendhilfe könnte hier also wesentlich weitreichender als bislang Jugendlichen Unterstützung und Hilfestellung in prekären Lebenslagen geben, um diese zu überwinden und bei den Jugendlichen noch vorhandene Ressourcen zu reaktivieren, auch mit dem Ziel, ein selbstbestimmtes und von staatlicher Versorgung weitgehend unabhängiges Leben zu führen.

Die vorliegende Arbeit hinterläßt jedoch auch Lücken; diese zu füllen kann Aufgabe weiterer Praxisforschung sein. So konnte nicht ausreichend geklärt werden, was heute aus den Punks der sog. 1. und 2. Generation geworden ist; es war äußerst schwierig, hierzu in den Projekten und Maßnahmen Antworten zu erhalten. Auch muß die Frage offen beliben, wie die Punks selbst die Effizienz der Maßnahmen beurteilen. Es konnte in meiner Untersuchung nicht geleistet werden, ihre eigenen Sichtweisen und Einstellungen zu erfassen.

Jugendarbeit mit Jugendlichen 'im Abseits' ist eine Herausforderung für Träger von Jugendhilfe, aber vor allem auch für die Mitarbeiter und Mitarbeiterinnen von Jugendhilfe; Jugendarbeit braucht Mitarbeiter und Mitarbeiterinnen, die - wie Diethelm Damm es treffend ausdrückt - "über die Zuversicht verfügen, daß Probleme lösbar, Selbstorganisation möglich und Hürden überwindbar sind" (Damm 1993, S.214). Der Typ des ewigen Skeptikers, stets kritischen Kritikers ohne Neugier und 'Drive' sei hingegen kontraproduktiv in einem Bereich, in dem es um die Erprobung von Neuem gegen vielerlei Hindernisse geht (ebd.). Die vorliegenden Ergebnisse zeigen, daß es engagierte Jugendarbeiter und Jugendarbeiterinnen gibt, die sich dieser Herausforderung stellen und die bereit sind, neue Wege einzuschlagen - auch mit 'schwierigen' Jugendlichen.

Literaturverzeichnis

Adamy, Wilhelm/Hanesch, Walter: Erwerbsarbeit und soziale Ungleichheit. Benachteiligung und Ausgrenzung am Arbeitsmarkt. In: Döring et.al., a.a.O. S.161-184

Adorno, Theodor W.: Erziehung zur Mündigkeit. Frankfurt 1971

Airs, Michael/Cattermole, Francis: Introduction: Young people in society. In: Airs/Cattermole/Grisbrook: Managing Youth Services, Harlow/Großbritannien 1987

Arnold, Thomas/Stüwe, Gerd: Befragung von Jugendlichen und jungen Erwachsenen an öffentlichen Plätzen in der Innestadt. Institut für Sozialarbeit und Sozialpädagogik e.V. Frankfurt (Hrsg.) August 1991

dies.: Jugendcliquen als sozialpolitisches Problem. Eine Untersuchung zu Jugendlichen an öffentlichen Plätzen. In: Neue Praxis Nr.4/1992, S.345-361

Atteslander, Peter: Methoden der empirischen Sozialforschung. 2. Auflage, Berlin, New York 1971 und 7. Auflage, 1991

Baacke, Dieter/ Frank, Andrea/Frese, Jürgen/Nonne, Friedhelm: Am Ende - postmodern? Next Wave in der Pädagogik. Weinheim und München 1985

Baacke, Dieter: Jugendkulturen und Popmusik. In: Baacke/Heitmeyer 1985, a.a.O., S.154-174

Baacke, Dieter/Heitmeyer, Wilhelm (Hrsg.): Neue Widersprüche. Jugendliche in den achtziger Jahren, Weinheim und München 1985

Baacke, Dieter: Jugend und Jugendkulturen. Darstellung und Deutung. München 1987

Bäcker, Gerhard: Lebenslage und soziale Reformen. Probleme und Anforderungen einer solidarischen Sozialpolitik gegen Ausgrenzung und Verarmung. In: Döring et.al., a.a.O., 1990, S.375-398

Banks, Michael H./Ullah, Philip: Youth Unemployment in the 1980s: Its Psychological Effects. London und Sidney 1988

Bauer, Rudolph/Busch-Geertsma, Volker/Oerleder, Peter et.al.: Wie Armut entsteht und Armutsverhalten hergestellt wird. Denkschrift zum UNO-Jahr für Menschen in Wohnungsnot. In: Sozialmagazin, Heft 10, Oktober 1987, S.20.24

Beck, Ulrich: Risikogesellschaft. Auf dem Weg in eine andere Moderne. Frankfurt 1986

Becker, Helmut/Eigenbrodt, Jörg/May, Michael: Der Kampf um Raum - Von den Schwierigkeiten Jugendlicher, sich eigene Sozialräume zu schaffen. In: Neue Praxis, Heft 2/1983, S.125-137

dies.: Unterschiedliche Sozialräume von Jugendlichen in ihrer Bedeutung für pädagogisches Handeln. In: Zeitschrift für Pädagogik, Nr. 4/1984 a, Weinheim, S.499-517

dies.: Pfadfinderheim, Teestube, Straßenleben. Jugendliche Cliquen und ihre Sozialräume. Frankfurt 1984 b

Becker, Helmut/Hafemann, Helmut/May, Michael: "Das ist hier unser Haus, aber...". Raumstruktur und Raumaneignung im Jugendzentrum. Institut für Jugendforschung und Jugendkultur e.v., Frankfurt 1984

Becker, Helmut/May, Michael: "Die lungern eh' nur da 'rum". Raumbezogene Interessenorientierung von Unterschichtjugendlichen und ihre Realisierung in öffentlichen Räumen. In: Specht, Walther (Hrsg.), a.a.O., 1991, S.35-46

Berg, Wolfgang: Jugendaustausch gegen Ausländerfeindlichkeit. In: Deutsche Jugend, Heft 12, 1993, S.533-539

Bundesministerium für Jugend, Familie, Frauen und Gesundheit (Hrsg.): Fünfter Jugendberich 1980 und Achter Jugendbericht 1990. Bericht über die Bestrebungen und Leistungen der Jugendhilfe, Bonn 1980, 1990

Böhnisch, Lothar/Münchmeier, Richard: Wozu Jugendarbeit? Orientierung für Ausbildung, Fortbildung und Praxis. Weinheim und München 1989

dies.: Pädagogik des Jugendraums. Zur Begründung und Praxis einer sozialräumlichen Jugendpädagogik. Weinheim und München 1990

Bopp, Jörg: Die Jugend: Angepasst und Aufsässig. In: Psychologie Heute, Heft 9, September 1988, S.28-35

Brake, Mike: The sociology of youth culture and youth subcultures. Sex and drugs and rock' n 'roll? London 1980

ders.: Soziologie der jugendlichen Subkulturen. Eine Einführung. Frankfurt 1981

ders.: Veränderungen in der englischen Jugendkultur in den 80er Jahren - Der Kollaps des Jugendarbeitsmarktes in Großbritannien. In: Ferchhoff/Olk, a.a.O., 1988

Brand, Ralf: Tagungsbericht "Brennpunkt Stadtteilarbeit" vom 24.4.1991 in Osnabrück. In: Unsere Jugend, Nr. 1, 1992. S.38

Braun, Frank/Coffield, Frank/Lagrée, Jean Charles et.al.: Jugendarbeitslosigkeit, Jugendkriminalität und städtische Lebensräume. Literaturbericht zum Forschungsstand in Belgien, Frankreich, Großbritannien und der Bundesrepublik Deutschland. DJI-Verlag Deutsches Jugendinstitut, München 1990

Brenner, Gerd: Besetzt euren Platz! Über die Vernachlässigung des Territorialen in der Jugendarbeit (Teil I). In: deutsche jugend, Heft 3/1987, S.62-70

Bucher, Willi/Pohl, Klaus (Hrsg.): Schock und Schöpfung. Sammelband. Jugendästhetik im 20. Jahrhundert. Darmstadt, Neuwied 1986

Bundesarbeitsgemeinschaft für Nichtseßhaftenhilfe e.V.:Wohnungspolitik der Bundesregierung führt zur Obdachlosigkeit. Aus einer Stellungnahme der BAG Nichtseßhaftenhilfe e.V. im Rahmen einer öffentlichen Anhörung des Deutschen Bundestages im Dezember 1988 - Dokumentation. In: Neue Praxis Nr.2, 1989, S.184-188

Burton, Paul/Forrest, Ray/Stewart, Murray: Growing Up And Leaving Home, Dublin 1989

Bynner, John: Zukunftsperspektiven. Lebensziele und Einstellungen der britischen Jugend. In: Ferchhoff/Olk 1988, a.a.O., S.93-105

Cashmore, Ellis E.: No Future. London, Großbritannien 1984

Cashmore, Roger: Management of projects funded through specific programmes. In: Airs et.al., a.a.O., 1987

Clarke, John/Hall, Stuart/Jefferson, Tony/Roberts, Brian: Subkulturen, Kulturen und Klasse. In: Clarke, John u.a., a.a.O., 1979, S. 39-131

Clarke, John/Cohen, Phil/Corrigan, Paul/Garber, Jenny/Hall, Stuart/Hebdige, Dick/Jefferson, Tony/McCron, Robin/McRobbie, Angela/Murdock, Graham, Parker, Howard/Roberts, Brian: Jugendkultur als Widerstand. Milieus, Rituale, Provokationen, Frankfurt 1979

Cockburn, Cynthia: Two-Track Training: Sex Inequalities and the YTS. Houndsmill, Basingstoke, Großbritannien 1987

Cohen, Phil: Territorial- und Diskursregeln bei der Bildung von "Peer-Groups" unter Arbeiterjugendlichen. In: Clarke, John et.al.: Jugendkultur als Widerstand, a.a.O., 1979, S.238-266

Cohen, Stanley: Visions of Social Control. Cambridge, Großbritannien 1985

Coffield, Frank: Jugendarbeitslosigkeit, Jugendkriminalität und Innenstadt: Großbritannien. In: Braun et.al., a.a.O., 1990, S.127-158

Cox, Alistair and Gabrielle: Borderlines. 'A Partial View of Detached Work with Homeless Young People', Leicester, Großbritannien 1977

Damm, Diethelm: Arbeitsbedürfnis. In: Lessing, Helmut/Damm, Diethelm/Liebel, Manfred/Naumann, Michael, a.a.O. 1986, S.103-110

ders.: Thesen zu Chancen und Problemen offener Jugendarbeit heute. In: Deutsche Jugend, Zeitschrift für die Jugendarbeit, Nr.10/1988, S.431-438
ders.: Jugendarbeit in selbstorganisierten Initiativen. Praxiserfahrungen und Konzeptentwicklung. München 1993
Davies, Bernard: Threatening Youth. Towards a national youth policy. Stony Stratford, Großbritannien, 1986
Davis, John: Youth and the Condition of Britain. Images of Adolescent Conflict. London 1990
Deinet, Ulrich: Raumaneignung in der sozialwissenschaftlichen Theorie. In: Böhnisch/Münchmeier: Pädagogik des Jugendraums. Zur Begründung und Praxis einer sozialräumlichen Jugendpädagogik. 1990, a.a.O., S.57-70
Department of Employment, Employment Service, Bristol: Labour Market Review, Soth West, Summer 1991,
Dewe, Bernd/Ferchhoff, Wilfried/Scherr, Albert/Stüwe, Gerd: Professionelles soziales Handeln. Soziale Arbeit im Spannungsfeld zwischen Theorie und Praxis. Weinheim und München 1995
Döring, Diether/Hanesch, Walter/Huster, Ernst-Ulrich: Armut im Wohlstand, Frankfurt 1990
Dreifert, Barbara: Warum Frauen obdachlos werden - Vielleicht geht ja doch wieder alles schief. In: Sozialmagazin, Heft 4/1992, S.13-17
Dufner, Reinhard: Wohin geht' s mit der Jugendarbeit? Plädoyer für eine Renaissance politischer Zielbestimmungen. In: deutsche jugend, Heft2/1989, S.65-70
Engelke, Ernst: Soziale Arbeit als Wissenschaft. Eine Orientierung.
Freiburg im Breisgau, 2. Auflage 1993
Ferchhoff, Wilfried: Zur Pluralisierung und Differenzierung von Lebenszusammenhängen bei Jugendlichen. In: Baacke/Heitmeyer, a.a.O. 1985, S.46-85
ders.: Jugendliche und Jugendkulturen zu Anfang der 90er Jahre. In: Theorie und Praxis der sozialen Arbeit, Arbeiterwohlfahrt, Bundesverband e.V. (Hrsg.), Nr.1, Bonn 1991, S.15-22
ders.: Pädagogische Herausforderungen angesichts des Strukturwandels der Jugend. In: deutsche jugend. Zeitschrift für die Jugendarbeit, Nr.7-8, 1993,
S.338-346
Ferchhoff, Wilfried/Neubauer, Georg: Jugend und Postmoderne. Analysen und Reflexionen über die Suche nach neuen Lebensorientierungen. Weinheim und München 1989
Ferchhoff, Wilfried/Olk, Thomas (Hrsg.): Jugend im internationalen Vergleich. Sozialhistorische und sozialkulturelle Perspektiven, Weinheim und München 1988
Fietzek, Lothar: Zur Lebenslage sozial benachteiligter Jugendlicher. In: Sozial extra Nr. 10/1990, S.14
Finn, Dan: Training Without Jobs: New Deals and Broken Promises. From Raising the School Leaving Age to the Youth Training Scheeme. Basingstoke, Hampshire and London, Großbritannien 1987
Firth, Simon: Jugendkultur und Rockmusik. Soziologie der englischen Musikszene. Reinbeck bei Hamburg 1981
Fleischmann, Gunter: Möglichkeiten und Grenzen der Wohnraumbeschaffung in der Jugendhilfe. In: Unsere Jugend, Heft 1/1995, S.27-32
Fritz, Michael/Hafeneger, Benno/Krahulec, Peter/Thaetner, Ralf: "... und fahr' n wir ohne Wiederkehr". Ein Lesebuch zur Kriegsbegeisterung junger Männer. Band 1 Der Wandervogel, Frankfurt 1990
Fromm, Erich: Haben oder Sein. Die seelischen Grundlagen einer neuen Gesellschaft. Stuttgart 1976
Geiger, Manfred: Obdachlose Frauen - Keine sagt: Ich habe keine Wohnung, weil ich arm bin. In: Sozialmagazin, Heft 4/1992, S.18-31
Geiger, Manfred/Steinert, Erika: Alleinstehende Frauen ohne Wohnung. Soziale Hintergründe, Lebensmilieus, Bewältigungsstrategien, Hilfeangebote. Schriftenreihe des BMJFG Stuttgart, Berlin, Köln, Band 5, 1992

Giesecke, Hermann: Die Jugendarbeit. München 1983
ders.: Pädagogik als Beruf. Grundformen pädagogischen Handelns. Weinheim und München 1992
Gillen, Gaby/Möller, Michael: Anschluß verpaßt. Armut in Deutschland. Bonn 1992
Grobe, Karl: Abschied vom Thatcherismus. Kommentar. In: Frankfurter Rundschau 23.11.1990, S.3
Hafeneger, Benno: Drittes Beispiel: Jugendarbeit. Einmischung gegen politische Anpassung. In: Sozial Extra, Nr.5, 1987, S.11-12
ders.: Da wirst Du nicht alt! Älterwerden in der Jugendarbeit. Frankfurt 1990
ders.: Randgruppen in der Jugendarbeit - kein Thema? In: Sozial Extra, Mai 1991 a, S.18-19
ders.: Witzig und vital. StudentInnen untersuchen Jugendkulturen im Raum Fulda. In. Sozial extra, September 1991 b, S.22
ders.: Jugendarbeit als Beruf. Geschichte einer Profession in Deutschland. Opladen 1992
ders.: Abschlußbericht "Wohnen, Arbeiten, Leben". Ein Jugendhilfeprojekt mit Punks in der Provinz. Fachhochschule Fulda, 1992 a
ders.: Professionalitätsprofile und Berufsbilder in der Jugendarbeit. Eine perspektivische Skizze. In : Unsere Jugend, Nr.2/1992 b, S.79-86
ders.: Gewalt und Gewaltbereitschaft von und unter Jugendlichen. Thesen zur Diskussion. In: Unsere Jugend Nr.6/1992 c, S.244-247
ders.: Das "Pädagogische" in der Jugendarbeit - Plädoyer für eine Wi(e)derbelebung. In: deutsche Jugend, Nr.7-8/1993, S.331-337
ders.: Jugendpolitik in der Krise - Krise in der Jugendpolitik. In: Neue Praxis Nr.2/1994, S.168-179
ders.: Lernfeld "Jugendarbeit". Fünf Hinweise zur Profildebatte. In: Unsere Jugend, Nr.3/1995, S.95-98
Hafeneger, Benno/Stüwe, Gerd/Weigel, Georg: Punks in der Großstadt. Punks in der Provinz. Opladen 1993
Hall,Stuart/Jefferson, Tony: Resistance through Rituals. Youth subcultures in post-war Britain. London 1976
Hanesch, Walter: Unterversorgung im Bildungssystem: Das Beispiel berufliche Bildung. In: Döring et.al., a.a.O., S.185-205
Hebdige, Dick: Subculture. The Meaning Of Style. New York 1979
Hebdige, Dick/Diedrichsen, Dietrich/Marx, Olaph: Schocker, Stile und Moden der Subkultur. Reinbeck bei Hamburg 1983
Heitmeyer, Wilhelm/Olk, Thomas: Das Individualisierungs-Theorem - Bedeutung für die Vergesellschaftung von Jugendlichen. In: Heitmeyer/Olk (Hrsg.), a.a.O., 1990, S.11-34
dies. (Hrsg.): Individualisierung von Jugend. Gesellschaftliche Prozesse, subjektive Verarbeitungsformen, jugendpolitische Konsequenzen, Weinheim und München 1990
Heitmeyer, Wilhelm: Jugend, Staat und Gewalt in der politischen Risikogesellschaft. In: Heitmeyer/Möller/Sünker (Hrsg.), a.a.O. 1992, S.11-46
Heitmeyer, Wilhelm/Möller, Kurt/ Sünker, Heinz (Hrsg.):Jugend - Staat - Gewalt. Politische Sozialisation von Jugendlichen. Jugendpolitik und politische Bildung. Weinheim und München 1992
Herding, Richard/Heins, Rüdiger: Punks, Prolos und die Provinz. In: Sozialmagazin, Oktober 1987, S.31-35
Herriger, Norbert: Empowerment - oder: Wie Menschen Regie über ihr Leben gewinnen. In: Sozialmagazin, Heft 3/1995, S.34-40
Hornstein, Walter: Strukturwandel der Jugendphase in der Bundesrepublik Deutschland. Kritik eines Konzepts und weiterführende Perspektiven. In: Ferchhoff/Olk (Hrsg.), a.a.O., 1988, S.70-92
Huster, Ernst Ulrich: Gesundheit - Risiken und Unterversorgung. In: Döring et.al., a.a.O. 1990, S.244-269

Hutson, Susan/Liddiard, Mark: "Young Homeless People in Wales: Government policy, insecure accommodation and agency support", Studie der Universität Swansea 1988. In: Wolmar, Christian, a.a.O. 1991

Iben, Gerd/Völker, Susanne: Armut und Obdachlosigkeit in Großbritannien. In: Social Management. Magazin für Organisation und Innovation, Nr.2/1991, S.6-7

Jahresbericht des "Wohn- und Arbeitsprojekt 'Stoltzestraße' des 'Vereins für soziale Arbeit im Stadtteil e.V.' ", Frankfurt, 1992

Jeffs, Tony/Smith, Mark: Youth Work, Youth Service and the next few years. In: Youth and Policy, Nr. 31, 1990

dies.: Welfare and Youth Work Practice. Basingstoke, London, Großbritannien 1988

Jung, Carl Gustav: Monographie mit Selbstzeugnissen und Bilddokumenten, dargestellt von Gerhard Wehr, Reinbeck bei Hamburg 1984

Jungblut, Hans-Joachim: Niedrigschwelligkeit. Kontextgebundene Verfahren methodischen Handelns am Beispiel akzeptierender Drogenarbeit. In: Rauschenbach/Ortmann/Karsten (Hrsg.)., a.a.O., 1993, S.93-111

Kämper, Andreas: Knallbunte Haare - aber kein Dach über dem Kopf. Die Situation wohnungsloser Punks. In: Jugend und Gesellschaft, Nr.4, Juli 1989, S.4-7

Keppeler, Siegfried: Grundsätzliche Überlegungen zu Streetwork in der Jugendarbeit und Jugendhilfe. In: Steffan, Werner (Hrsg.), a.a.O., 1991, S.16-30

ders.: Grundsätzliche Überlegungen zu Streetwork in der Jugendarbeit und Jugendhilfe. In: Steffan, Werner (Hrsg.), a.a.O., 1989, S.16-30

Kilb, Rainer: Zerteilte Stadtregion - zerrissene Lebenswelten. Jugendliche in benachteiligten Wohngebieten. Beispiel Frankfurt. In: deutsche jugend, Nr.2/1993, S. 69.78

ders.: Großbaustelle "Multikulturelle Stadt". Wie verstehen sich die Jugendszenen einer Großstadt? Das Beispiel Frankfurt. In: Sozial Extra, Juni 1994, S.17-18

Köhnen, Helga: Deutsch-englisches Glossar der Jugendhilfe. Ein vergleichendes Handbuch. German-English Glossary of Youth Services. A Comparative Handbook. Weinheim und München 1992

König, Jürgen: Ein Land gerät aus den Fugen. In: Die ZEIT Nr.10, 5. März 1993, S.10

Krafeld, Franz-Josef: Stärken Offener Jugendarbeit. In: deutsche jugend, Nr.2, 1990, S.61-66

ders.: Akzeptierende Jugendarbeit mit rechten Jugendcliquen, Bremen 1992 a

ders.: Theorie cliquenorientierter Jugendarbeit. Konzeptionelle Grundlagen zur Perspektivendiskussion. In: deutsch Jugend, Nr. 7-8, 1992 b, S.310-321

Krauβlach, Jörg/Düwer, Friedrich W./Fellberg, Gerda: Aggressive Jugendliche. Jugendarbeit zwischen Kneipe und Knast. München 1990, 6. Auflage (erstmals 1976)

Landwehr, R./Baron,R: Geschichte der Sozialarbeit. Weinheim 1983

Lenz, Karl: Die vielen Gesichter der Jugend. Jugendliche Handlungstypen in biographischen Portraits. Frankfurt/New York 1988

Leibfried, Siegfried/Tennstedt, Florian: Politik der Armut und die Spaltung des Sozialstaats, Frankfurt 1985

Lessing, Helmut/Damm, Diethelm/Liebel, Manfred/Naumann, Michael: Lebenszeichen der Jugend. Kultur, Beziehung und Lebensbewältigung im Jugendalter, Weinheim und München 1986

Lessing, Hellmut/Liebel, Manfred: Zweimal Ausgrenzung. In: Lessing et.al., a.a.O. 1986, S. 97-103

Liebel, Manfred: Langeweile und Zeitnot. In: Lessing et.al. 1986, S.89-96

Lindner, Werner: Die Punk Krawalle in Hannover. Ein Nachtrag. In: deutsche jugend, Heft 10, 1994, S.430-432

Lutz, Jürgen/Walper, Gerhard: Territorialität - Stilelement einer Clique. In: deutsche jugend, Heft 2/1987, S.71-78

Main, B./Shelly, M.:The Effectivness of YTS as a Manpower Policy. In: Wengert-Köppen, a.a.O. 1989

Manchester Survival Guide. Shades City Centre Project Ltd (Hrsg.), September 1990, Manchester Großbritannien 1990
Mann, Neil: Youth on the street. A study of the problems faced by young people in Knowle West/Bristol and the problems they create for the community. Bristol/Großbritannien, Summer 1990
May, Michael: Provokation Punk. Versuch einer Neufassung des Stilbegriffs in der Jugendforschung. Institut für Jugendforschung und Jugendkultur, Frankfurt 1986
McKie, Linda: The Youth Training Scheme: The Panacea of the 1980s, the liability of the 1990s. In: Youth and Policy, Nr.30, 1990
McRobbie, Angela/Garber, Jenny: Mädchen in den Subkulturen. In: Clarke John et.al., a.a.O., 1979, S.217-237
McRobbie, Angela: Mädchen und Frauen in Großbritannien. In. Burton/Forrest/Stewart, a.a.O. 1989, S.31
Mehler, Frank: Punk als Lebensstil. Eine jugendliche Subkultur im Wandel. In: Jugend und Gesellschaft, Nr.3/1988, S.7-9
Miltner, Wolfgang: Kneipenleben und Street Work. Eine Analyse der Interaktions- und Kommunikationsstrukturen zweier Stammbesuchergruppen einer proletarischen Eck-Kneipe und der in diesem Kontext möglichen Ansätze von street work. Dissertation, Universität Tübingen 1981
Muchow, Martha: Der Lebensraum des Großstadtkindes. Reihe reprint. Herausgegeben von B. Schonig und J. Zinnecker, Bensheim 1980 (zuerst 1935)
Mühlfeld, Claus/Windolf, Paul/Lampert, Norbert/Krüger, Helga: Auswertungsprobleme offener Interviews. In: Soziale Welt, Heft3/1981, S.325-352
Müller, Burkhardt: Jugendkultur und die Pädagogen. In: Neue Praxis Nr.3/1989, S.221-234
Müller-Wiegand, Irmhild: Jugendliche als Punks in einer osthessischen Stadt. Untersuchung zu ihrer Selbstdefinition und Lebenslage. Unveröffentlichte Diplomarbeit an der Goethe-Universität Frankfurt 1990
dies.: Kunst aus der "working-class". Ein Graffiti-Projekt im Jugendzentrum Barton Hill, Bristol, Großbritannien. In: Päd Extra Nr. 6, Juni 1993, S.46-47
dies.: Über die Grenzen. Internationale Jugendbegegnung von Punks aus Manchester und Fulda. In: Sozial Extra Nr.12/1994, S.12-13
Murphy, Mike: Unemployment Among Young People. Social and Psychological Causes and Consequences. In: Youth and Policy, Nr. 29, 1990
Naumann, Michael/Penth, Boris: Stiltransit, Gedanken zur Ästhetik des Punk. In: Bucher/Pohl (Hrsg.), a.a.O., 1986
Naumann, Michael: Alltagsmythen. In: Lessing et.al., a.a.O., 1986, S.131-135
Nörber, Martin/Hafeneger, Benno: 'Nachwuchsprobleme' in der 'Profession Jugendarbeit'. In: Sozialmagazin, Nr.5, 1993, S.36-43
Oppenheim, Carey: Poverty: The Facts. London 1990
Penth, Boris/Franzen, Günther: Last Exit. Punk: Leben im toten Herz der Städte. Hamburg 1982
Popple, Keith: Perspektiven zu einem gemischt-rassischen Großbritannien und dessen Beziehung zur Jugend- und Gemeinwesenarbeit. In. Specht, Walther (Hrsg.), a.a.O., 1991, S.67-82
Powell, Rachel/Clarke, John: A Note On Marginality. In: Hall/Jefferson, a.a.O., London 1976
Poverty. Journal Of The Child Poverty Action Group. Nr. 79, London, Summer 1991
Projektkonzeption "Wohn- und Arbeitsprojekt für junge Erwachsene" - Haus:Stoltzestraße 11. Frankfurt, des: 'Vereins für sozial Arbeit im Stadtteil e.V.', Schilling/Weigel (Verfasser), 1989
Rauschenbach, Thomas/Ortmann, Friedrich/Karsten, Maria-E. (Hrsg.): Der sozialpädagogische Blick. Lebensweltorientierte Methoden in der Sozialen Arbeit. Weinheim und München 1993
Reimitz, Monika: Punkräume. In: Bucher/Pohl, a.a.O. 1986
Report Of The Youth Service Review Panel. A Youth Service for Manchester: Time for a Change, Manchester City Council Department (Hrsg.), September 1987
Roberts, Brian: Naturalistic Research into Subcultures and Deviance. In. Hall/Jefferson, a.a.O., 1976

Rogers, Carl R.: Die klientenzentrierte Gesprächspsychotherapie. Client-Centered Therapy. Frankfurt 1983

ders.: Der Neue Mensch. Stuttgart, 3. Auflage 1987

ders.: Entwicklung der Persönlichkeit. Stuttgart, 7. Auflage 1989

Roker, Debra/Mean, Lindsey: Youth Policies in the 1980s & 1990s. One for the Rich, One for the Poor? In: Youth and Policy, Nr.33, May 1991

Rudolf, Georg: Sozialarbeit mit politisch engagierten Gruppen. Hausbesetzer, Punks, Autonome. In: Streetcorner. Zeitschrift für aufsuchende soziale Arbeit. Nr.1/ Nürnberg 1991, S.40-63

Sachße, Christian/Tennstedt, Florian: Geschichte der Armenfürsorge in Deutschland. Vom Spätmittelalter bis zum 1. Weltkrieg. Stuttgart 1980

Schäfers, Bernhard: Soziologie des Jugendalters. Eine Einführung. Opladen 1984

Scherr, Albert: Subjektivität und Ohnmachtserfahrungen. Überlegungen zur Wiedergewinnung einer emanzipatorischen Perspektive in der Jugendarbeit. In: deutsche jugend, Heft 5/1990, S.205-213

ders.: Jugend im Diskurs der Sozialpädagogik. In: Neue Praxis Nr.2/1995, S.182-188

Schlüter, Wolfgang: Sozialphilosophie für helfende Berufe. Der Anspruch der Intervention. München 1988

Self Help Community Housing Association, Bristol: Allocation Procedure, Allocation Policy, Annual Report 1988/89, Licence Agreement, Finanz Report 1990, 1991

Sheffield City Council: Department of Employment. Economic Development (Hrsg.): Sheffield Unemployment Bulletin, March, May, July, August 1991, Labour Market Notes - Research & Strategy Group, March 1991, July 1991

Schröder, Achim: Aufsuchende Jugendarbeit - ein methodisches Prinzip mit wachsender Bedeutung für viele Praxisfelder. In: deutsche jugend, Heft 1, 1994, S.16-23

Schwendter, Rolf: Theorie der Subkultur. Frankfurt 1978

Semrau, Peter: Entwicklung der Einkommensarmut. In: Döring et.al., a.a.O. 1990, S.111-128

Sidler, Nikolaus: Am Rande leben - abweichen - arm sein. Konzepte und Theorien zu sozialen Problemen. Freiburg im Breisgau 1989

Simon, Titus: Raufhändel und Randale. Eine Sozialgeschichte aggressiver Jugendkulturen und pädagogischer Bemühungen von 1880-1995, Wiesbaden 1995

Smith, Mark: Developing Youth Work. Informal Education, Mutual Aid and Popular Practice. Stony Strateford, Großbritannien 1988

Social Work. Journal of the National Association of Social Workers. July 1991, S.309-314

Specht, Christa: Ausgrenzung und Teilhabe. Mädchen in der Straßenclique und ihr Kampf um öffentlichen Raum. In: Specht, Walther (Hrsg.), a.a.O., 1991, S.47-63

Specht, Thomas: Spaltung im Wohnungsmarkt - Die unsichtbare Armut des Wohnens. In: Döring et.al., a.a.O. 1990 a, S.227-243

ders.: Eine Wohnung auf der Straße - Durchsetzung von Sozial- und Wohnungshilfen für alleinstehende Wohnungslose, 1990 b, In: Der Bundesminister für JFFG (Hrsg.): Schriftenreihe des BMJFFG, Band 246, zusammengestellt von Dieckmann/Feldmann/Reis, Stuttgart, Berlin, Köln, 1990 b

Specht, Walther: Jugend auf der Straße und Mobile Jugendarbeit. In: Neue Praxis Nr.5/1989, S.405-410

ders.: Streetwork in den USA im Widerstreit der Konzepte. In: Steffan, Werner (Hrsg.): 1989, a.a.O, S.76-83

ders. (Hrsg.): Die gefährliche Straße. Jugendkonflikte und Stadtteilarbeit. Bielefeld 1991

ders.: Jugendkonflikte als Herausforderung für sozialpädagogisches Handeln. In : Specht, Walther (Hrsg.), a.a.O., 1991, S. 19-32

Steffan, Werner/Krauß, Günther: Streetwork in der Sozialarbeit. In. Theorie und Praxis der sozialen Arbeit, Arbeiterwohlfahrt Bundesverband e.V. (Hrsg.), Nr. 1, Januar 1991, S.22-29

Steffan, Werner (Hrsg.): Straßensozialarbeit. Eine Methode für heiße Praxisfelder. Weinheim und Basel 1989
ders.: Rahmenbedingungen und arbeitsorganisatorische Fragen von Straßensozialarbeit. In: Steffan, Werner (Hrsg.) 1989, a.a.O., S.178-186
ders.: Beratung im lebensweltlichen Kontext. Grundorientierungen des Streetworkers, Kontaktaufnahme und Interaktionsablauf. In: Steffan, Werner (Hrsg.) 1989, a.a.O., S.187-195
Stoppe, Arnd: Love, Peace and Unity - Jugendarbeit in der Postmoderne. In: Theorie und Praxis der sozialen Arbeit, Arbeiterwohlfahrt Bundesverband e.V. (Hrsg.), Bonn, Nr. 6/1995, S.230-237
Strauch, Rainer: ... und es geht doch! Altbau-Sanierung durch ein Punker-Jugendhilfeprojekt. In: Theorie und Praxis der sozialen Arbeit. Arbeiterwohlfahrt Bundesverband e.V. (Hrsg.), Bonn, Nr. 2/1994, S.48-54
Stürzbecher, Wolfgang: Tatort Straße. Schlägereien, Raubüberfälle, Drogenmißbrauch, Bandenkriege... Aus dem Leben eines Streetworkers. Bergisch-Gladbach 1992
Stüwe, Gerd: Zwischenbericht der Wissenschaftlichen Begleitung des Projekts 'Wohnen und Leben mit Punkern' in Frankfurt, Februar 1990
Stüwe, Gerd/Weigel, Georg: Zwischenbericht der Wissenschaftlichen Begleitung des Projekts 'Wohnen und Leben mit Punkern' in Frankfurt, Februar 1990
dies.: Abschlußbericht "Betreutes Wohnen mit randständigen Jugendlichen", Institut für Sozialarbeit und Sozialpädagogik (Hrsg.), Frankfurt 1991
dies.: Soziale Arbeit mit Punkern. In: Theorie und Praxis der sozialen Arbeit, Arbeiterwohlfahrt, Bundesverband e.V. (Hrsg.),Bonn, Nr. 10/1991, S.385-390
Thiersch, Hans: Die Erfahrung der Wirklichkeit. Perspektiven einer alltagsorientierten Sozialpädagogik. Weinheim und München 1986
ders.: Position und Bedeutung von Jugend in der Gesellschaft. In: Neue Praxis Nr.5/1989, S.410 - 415
ders.: Jugendkonflikte und Stadtteilarbeit. Das Konzept der Mobilen Jugendarbeit. In: Specht, Walther (Hrsg.), a.a.O., 1991, S. 11-18
ders.: Lebensweltorientierte Sozial Arbeit. Aufgaben der Praxis im sozialen Wandel. Weinheim und München 1992
ders.: Strukturierte Offenheit. Zur Methodenfrage einer lebensweltorientierten Sozialen Arbeit. In: Rauschenbach et.al., a.a.O. 1993, S.11-28
Tomsett, Chris: Ressources and financial Management. In: Airs/Cattermole, a.a.O., 1987
Ulbrich, Rudi: Wohnverhältnisse einkommensschwacher Schichten. In: Döring et.al., a.a.O., 1990, S.206-226
Wallace, Claire: Young People in Rural South West England. In: Youth and Policy, Nr.33, May 1991
Wartenberg, Gerd: Jugend-Subkulturen nach 1945. Was hat sich gewandelt? Was ist geblieben? In: Sozial Extra, Juli/August 1990, S.9-11
Watts, Dave: The Concept of Effectiveness in relation to Youth Work. In: Youth and Policy, Nr.30, 1990
Wengert-Köppen, Marie-Luise: Berufseingliederung und Jugendarbeitslosigkeit in Großbritannien. München 1986
Wendt, Peter-Ulrich: Professionalität neu bestimmen! Anmerkungen zur Perspektive der Jugendarbeit - auch im Kontext der aktuellen Gewaltdiskussion. In: Sozialmagazin Heft 1/1994, S.35-41
Wenzel, Gerd/Leibfried, Stephan: Armut und Sozialhilferecht. Eine sozialwissenschaftlich orientierte Einführung für die Sozialhilfepraxis. Weinheim und Basel 1986
Werth, Beate: Alte und neue Armut in der Bundesrepublik Deutschland. Frankfurt 1991
White, Michael/McRae, Susan: Young Adults And Long-Term Unemployment. Policy Studies Institute, Exeter, Großbritannien 1989
Willis, Paul: Spaß am Widerstand. Gegenkultur in der Arbeiterschule. Frankfurt a.M. 1979

Wolffersdorf von, Christian: Wandel der Jugendhilfe - Mehr als nur ein Wort? Anmerkungen zur "Lebensweltorientierung". In: Neue Praxis, Nr.1-2, 1993, S.42-61
Wolmar, Christian: Waiting for Benefit, Losing Homes. In: Search, York, Großbritannien, May 1991
Zapf, Wolfgang: Über soziale Innovation. In: Soziale Welt. Zeitschrift für sozialwissenschaftliche Forschung und Praxis, Heft 1/2/1989, S.170-183
Zeller, Susanne: Volksmütter. Frauen im Wohlfahrtswesen der zwanziger Jahre. Düsseldorf 1987
Zimmermann-Freitag: Wer klopft, kommt auch rein. Unterschlupf im Sleep-In in Frankfurt. In: Frankfurter Rundschau vom 29.10.1992, S.28
Zinnecker, Jürgen: Jugendkultur 1945 bis heute. Opladen 1988
ders.: Jugendkultur 1945 bis heute. Opladen 1988

Aus den Projekten und Städten:

Department of Employment, Bristol, Juni 1991
Department of Employment, Bristol, Summer 1991
Department of Employment, Statistical Date May 1991

Annual Report of 'Self Help Housing Association', Bristol 1988/89
Annual Report of 'Self Help Housing Association', Bristol 1989/90
Finance Report of 'Self Help`, Bristol 1990 to 1991

Bristol Cyrenians' Day Centre, Informationsbroschüre 1991
Bristol Cyrenians' Supported Residential Accomodation, Informationsbroschüre 1991
Finance Report of 'Bristol Cyrenians', Annual Report 1990
Annual Report Bristol Cyrenians' 1990

Sheffield Economic Bulletin, Summer 1991
Department of Employment Sheffield March 1991
Unemployment Bulletin März bis August 1991, Sheffield
Department of Employment, Sheffield, Labour Market Notes, March 1991

Report Roundabout, Sheffield May 1991
Annual Report Roundabout, Sheffield 1990-1991

Department of Employment, Labour Market Notes, Manchester, March 1991

Zeitungen, Zeitschriften, Rundfunksendungen

Bristol Evening Post 29.12.1990
Daily Mirror, South West, 7. Juni 1990
deutsche jugend Nr. 7-8/1992
Evening Post, 29.12.1990
Frankfurter Rundschau vom 23.11.1990; 11.12.1991; 14.01.1992; 29.10.1992; 20.11.1992; 08.12.1992; 04.01.1993
Fuldaer Zeitung vom 14.09.1990; 11.06.1994; 17.06.1994; 13.07.1994
Neue Praxis Nr.2/1989
Sozialmagazin Nr.1/1992; Nr. 12/1992
Sozial Extra Heft 3/1991
The Independent, London, vom 14.08.1991; 21.08.1991; 11.09.1991; 12.09.1991
Der Spiegel: "Ich bin eine Niete". Spiegel-Reporter Jürgen Neffe über eine Serie von Todesfällen unter Jugendlichen (Punks) in Passau. Nr. 26/1995, S.174-179

Sendung im Hörfunk: Freizeit 1981 - Freiheit 1995 - Punks von Passau bis Kämpten. Sendung von Ralf Hohmann und Roderich Fabian. 15.7.1995, BR 2, 15.Uhr

TV-Sendung: Voll drauf - Jugend in Großbritannien. Von Marie-Elisabeth Simmat, 24.6.1991, ARD, 19.30 Uhr

TV-Sendung: "Faul, verwöhnt und undankbar - Unsere Jugend taugt doch nichts!" Doppelpunkt, ZDF vom 9.10.1991, 19.30 Uhr